Menschen.
Medien.
Märkte.

Inhalt

Vorwort

Als ich mit der Arbeit an diesem Buch begann, war ich nicht frei von bestimmten Meinungen und Ansichten, besonders über den Nutzen industriell gefertigter Nahrungsmittel, und auch nicht frei von negativen Urteilen über multinationale Konzerne. Durch die vorbereitende Lektüre vieler Bücher zu diesen Themen, durch das Lesen von Zeitschriftenartikeln über Nestlé und besonders durch die Darstellung der Themen im Fernsehen und im Internet hatte ich viele der gängigen Argumente, zum Teil unbemerkt, als Hypothesen übernommen, zum Teil aber auch bewusst als richtig akzeptiert. Das hat sich auch in der konkreten Formulierung der vier Thesen niedergeschlagen, die meine Arbeitsgrundlage bildeten.

These 1
So sehr Nestlé-Produkte auch überall nachgefragt werden, gerade in den hoch entwickelten Länder gibt es viele engagierte Zeitgenossen, bei denen Nestlé äußerst unbeliebt ist. Das ist auch in Deutschland der Fall. Zwischen der tatsächlich konsumierten Menge von Nestlé-Produkten und der vorgetragenen Wertschätzung der Marke besteht eine so große Diskrepanz, dass sie einer besonderen Erklärung bedarf.

Wie begründet sich das negative Image, und ist es berechtigt? Was hat Nestlé getan oder auch unterlassen, was hat Nestlé falsch gemacht oder auch falsch eingeschätzt? Weshalb gibt es diese Diskrepanz? Hier eröffnet sich ein ganzer Fragenkomplex, zu dessen Beantwortung die grundsätzliche Auseinandersetzung mit dem Kapitalismus ebenso gehören müsste wie die Entscheidung, wo welche Menschenrechte wie durchzusetzen sind. Eine jeden befriedigende Antwort werde ich nicht geben können, wohl aber aufzeigen, was Nestlé wirklich tut. Wer bereit ist, das Unternehmen an seinen Taten zu messen, wird vielleicht überrascht sein. Was mich allerdings irritierte, war die latente Aggressivität und manchmal sogar offene Böswilligkeit, mit der das Thema Nestlé behandelt wurde.

These 2
Nestlé greift mit seinen Nahrungsmitteln und durch deren Herstellung in die sozialen Strukturen vieler Länder ein und verändert die Lebensweise der Menschen rund um den Globus.

Diese These hat sich bewahrheitet. Die Auswirkungen der industriellen Nahrungsproduktion in den Schwellenländern werden jedoch kontrovers beurteilt. Und nicht der Geschmack, aber die Nahrung und die Ernährungsweise befinden sich weltweit in einem dramatischen Veränderungsprozess, an dem Nestlé einen entscheidenden Anteil hat.

These 3
Nestlé ist so erfolgreich und mächtig, weil der Konzern nach eigenen Regeln handelt.

Diese These wollte Nestlé nicht unbedingt unterstellen, dass das Unternehmen gegen Recht und Gesetz verstößt, auch wenn dies von verschiedenen Seiten immer wieder behauptet wird. Dies war zu prüfen. Es geht aber vor allem darum, die Werte, Prinzipien und Handlungsweisen dieses Megakonzerns zu betrachten und die Auswirkungen daraus, dass er rund zwanzig Jahre lang von einer einzigen Person dominiert wurde.

These 4
Nestlé ist deshalb so erfolgreich, weil durch die Globalisierung auch der Geschmack weltweit »gleichgeschaltet« wird.

Um es gleich vorwegzunehmen, die vermutete Gleichmacherei des Geschmacks war mein größter Irrtum. Es gibt kaum etwas, das in einem Menschen so nachhaltig programmiert und von Generation zu Generation weiter gereicht wird wie die Ausrichtung des Geschmacks. Der außerordentliche und dauerhafte Erfolg Nestlés hat ganz andere Ursachen.

Die Bearbeitung dieser Thesen konnte nur dann wirklich funktionieren, wenn ich Originalquellen im Unternehmen erschloss. Um die entsprechenden Gesprächspartner treffen zu können, bedurfte es der Bereitschaft von Nestlé, mit mir zusammenzuarbeiten, mir Unterlagen zur Verfügung zu stellen und, das Wichtigste, mir Rede und Antwort zu stehen. Bevor ich also mit der eigentlichen Arbeit beginnen konnte, gab es deshalb eine Phase des einander Kennenlernens und gegenseitigen Abschätzens, dann gaben Helmut Maucher und Peter Brabeck ihr Okay, und die Türen standen mir offen.

Nahrung und Globalisierung sind zwei hochgradig mit Ideologien belastete Themen, und alte Vorurteile sitzen tief. Vieles von dem, was ich vorher für richtig gehalten hatte, musste ich über Bord werfen, weil es einer realistischen Überprüfung nicht standhielt. Zu bestimmten Themen, etwa dem der Gentechnologie, gibt es viele endgültige Meinungen, aber noch kein endgültiges Wissen. Wie sich erneut zeigte, spielt der jeweilige Blickwinkel bei der Betrachtung von Problemen die ausschlaggebende Rolle.

Ich möchte die Leser gern an meinem Lernprozess teilhaben lassen. Viele Materialien waren bisher der breiten Öffentlichkeit nicht zugänglich, aber wichtiger als alles Gedruckte sind die vielen persönlichen Gespräche gewesen, die ich zum Teil auch im Wortlaut wiedergegeben habe, um ihre Echtheit und Authentizität zu erhalten.

Es war für mich wichtig, zu entdecken, dass Nestlé mehr ist als ein Haufen Geld und viele Fabriken; dass Nestlé anders ist als viele andere Unternehmen, in denen die Leser vielleicht selbst arbeiten. Ich möchte mit meinen Lesern auch die Erfahrung teilen, dass die Lebensweise Europas und Nordamerikas nicht die der Mehrheit der Menschen ist, dass wir nur eine kleine privilegierte Minderheit sind, deren Ansprüche im globalen Maßstab für alle Menschen nie zu verwirklichen sein werden.

1 | Das Nestlé-Dilemma – ungeliebt, doch gern gekauft

So sehr Nestlé-Produkte auch überall nachgefragt werden, gerade in den hoch entwickelten Länder gibt es viele engagierte Zeitgenossen, bei denen Nestlé äußerst unbeliebt ist. Das ist auch in Deutschland der Fall. Zwischen der tatsächlich konsumierten Menge von Nestlé-Produkten und der vorgetragenen Wertschätzung der Marke besteht eine so große Diskrepanz, dass sie einer besonderen Erklärung bedarf.

Eigentlich sollten schon allein die Umsatzzahlen den schlagenden Beweis für die Beliebtheit der Nestlé-Produkte rund um den Globus liefern. Um mehr als 90 Milliarden DM Umsatz mit Produkten zu erwirtschaften, die in einigen Teilen der Welt als Pfennigartikel verkauft werden, darf eine gewisse Nachfrage von Seiten der Kunden vorausgesetzt werden. Die verschiedenen Artikel der zu Nestlé gehörenden Marken werden anderen Produkten des Nahrungsbereichs vorgezogen und auch gern wieder gekauft, weil sie offensichtlich die gesamte Palette der Erwartungen der Kunden, nicht nur zum Preis/Leistungsverhältnis, sondern auch hinsichtlich Geschmack, Sättigung und Verträglichkeit, erfüllen.

Diese Wertschätzung der Produkte spiegelt sich allerdings nicht in den Äußerungen wider, die ich während der Arbeit an diesem Buch zumindest in Deutschland immer und immer wieder zu hören bekam. Sie machten eine gewisse Distanz und Ablehnung gegenüber Nestlé und vielen Nestlé-Marken deutlich, die mich in dieser Häufigkeit doch überraschte. Dabei konnte ich schon bald drei Grundmuster erkennen, die sich allerdings in den meisten Fällen überlappen: die Ablehnung globaler Unternehmen und ihrer Produkte, die Ablehnung industriell gefertigter Nahrung und speziell die Ablehnung von Nestlé-Produkten aus ethischen oder gesellschaftspolitischen Gründen.

Erstaunlich war für mich bei den positiven wie den negativen Stimmen zu Nestlé der deutlich erkennbare Mangel an Kenntnissen über das Unternehmen. Man wusste zwar, dass Nestlé groß ist, nur war die Größenvorstellung außerordentlich unpräzise. Von den Nestlé-Marken waren meist nur zwei oder drei wirklich spontan präsent. Und wenn es um die weltweiten Aktivitäten ging, fiel den meisten nur das Thema Babynahrung ein. Bevor ich also versuchen werde, zu erklären, weshalb einerseits viele Menschen Nestlé ablehnen und weshalb andererseits für eine noch viel größere Zahl der Schriftzug und das Symbol des Nestlé-Nests ein Gütesiegel sind, möchte ich das Unternehmen an sich vorstellen. Wer ist eigentlich Nestlé?

Nestlé – der leise Riese

Jeder Leser wird Nestlé-Marken kennen und Nestlé-Produkte konsumieren, oft genug ohne zu wissen, wer hinter den Marken steckt. 95 Prozent der Japaner glauben, dass Nestlé eine nationale japanische Marke sei. Deutsche Urlauber sind überrascht, in den entlegensten Winkeln der Welt auf die urdeutsche Marke Maggi zu treffen. Perrier oder San Pellegrino, die selbstverständlichen Begleiter der Kreationen der internationalen Spitzengastronomie, auch sie gehören zu Nestlé.

Vermutlich werden heute fast überall auf der Welt, wo es Nestlé-Marken gibt, diese bereits in der dritten Generation verwendet. Das heißt, die meisten Menschen mittleren Alters sind von Kindesbeinen an mit Nestlé-Produkten vertraut. Von der Babymilch über Kondensmilchmarken bis zum löslichen Kaffee, von der Schokolade über das Eis und den Joghurt bis zur Suppenwürze, Nestlé-Produkte begegnen uns in den vielfältigsten Formen und unter den unterschiedlichsten Namen.

Will man Nestlé in seiner Gesamtheit begreifen, muss man sich zunächst die Größe und Vielfalt vor Augen führen. Damit hätte man dann aber nur die zwei vordergründigen Dimensionen betrachtet, die noch nichts über die Motive, Perspektiven und Ziele des Unternehmens aussagen, die aber in der Kritik eine besonders große Rolle spielen. Um Nestlé wirklich als Ganzes zu erfassen, sollte man auch noch etwas über die Geschichte des Unternehmens wissen und auch versuchen, die Menschen, die es führen, zu verstehen. Erst dann dürfte das Bild vollständig sein.

Mit 74,7 Mrd. Schweizer Franken (sfr) Gesamtumsatz im Jahre 1999 ist Nestlé größter Nahrungsmittelhersteller der Welt. Dies entsprach Ende 1999 umgerechnet 46,7 Mrd. Dollar oder 46,4 Mrd. Euro. Der Konzern beschäftigt in 509 Fabriken in 83 Ländern der Welt insgesamt rund 231 000 Mitarbeiter. Diese starke Dezentralisierung der Produktion unterscheidet Nestlé von vielen anderen Global Playern, die ihr Know-how und ihre Investitionen im Bereich der Fertigung an einigen wenigen Standorten gebündelt haben und im Rest der Welt hauptsächlich mit Vertriebs- und Kundendienstniederlassungen präsent sind. Nestlé gibt jährlich etwa drei Mrd. sfr für Fabriken, Anlagen, Maschinen und andere Ausrüstungen aus, das ist mit vier Prozent vom Umsatz für die Nahrungsmittelbranche verhältnismäßig viel und ein Hinweis darauf, wie weit Nestlé weltweit mit anderen Wirtschaftszweigen verflochten ist. Nestlé-Produkte werden in nahezu allen Ländern der Erde verkauft; das ist allerdings kaum verwunderlich, wenn in 83 Staaten produziert wird und die Gesamtzahl der Länder einschließlich der kleinsten Einheiten zur Zeit bei 193 liegt.

Auch wenn man über den Nahrungsmittelsektor hinausblickt, gehört der Nestlé-Konzern zu den ganz Großen. Nestlé ist der umsatzstärkste Industriekonzern der Schweiz und lag 1999 unter den größten Industrie- und Dienstleistungsunternehmen Westeuropas auf Platz neun nach DaimlerChrysler, Royal Dutch/Shell, BP Amoco, Volkswagen, Siemens, Veba, Glencore International und Fiat. Weltweit gehört Nestlé sowohl nach Umsatz als auch nach der Beschäftigtenzahl zu den 50 führenden Unternehmen. Gemessen am Börsenwert der Aktien war Nestlé Anfang Januar 2000 die Nr. 68 unter den größten weltweit börsennotierten Unternehmen. Der Börsenwert der Aktien betrug Ende Dezember 1999 mehr als 112 Mrd. sfr. Er war damit größer als zum Beispiel das Bruttosozialprodukt von Neuseeland und das von rund der Hälfte aller Länder, in denen Nestlé Fabriken hat.

Nach den Umsätzen, die 1998 weltweit im Nahrungsmittelbereich erzielt wurden, ergibt sich folgende Rangfolge der Nahrungsmittel-Konzerne. Dabei ist zu beachten, dass der Nestlé-Umsatz 1999 gegenüber 1998 in Schweizer Franken gestiegen, in Dollar umgerechnet aber gefallen ist.

1. Nestlé, Schweiz, 49,5 Mrd. Dollar
2. Philip Morris, USA, 27,3 Mrd. Dollar
3. Unilever, Niederlande/Großbritannien, 23,7 Mrd. Dollar
4. ConAgra, USA, 17,9 Mrd. Dollar
5. Mars, USA, 14,0 Mrd. Dollar
6. Danone, Frankreich, 12,8 Mrd. Dollar
7. Sara Lee, USA, 10,8 Mrd. Dollar
8. Heinz, USA, 9,2 Mrd. Dollar
9. Bestfoods, USA, 8,4 Mrd. Dollar

1999 hat sich an dieser Liste kaum etwas geändert, aber umso mehr nach den Megafusionen im Jahr 2000. Nestlé ist an der Spitzenposition geblieben. Die Philip Morris Nahrungsmitteltochter Kraft Foods hat etwa 8,3 Mrd. Dollar Umsatz von Nabisco hinzugekauft und ist damit dichter an Nestlé herangerückt. Auch Unilever verkürzte den Abstand zur Spitze durch den Zukauf von 8,6 Mrd. Dollar Umsatz von Bestfoods. General Mills hat Pillsbury gekauft und ist mit einem Umsatz von nunmehr 13 Mrd. Dollar auf Platz fünf der führenden Lebensmittelhersteller vorgerückt.

Auf der UNCTAD-Liste transnationaler Unternehmen steht Nestlé auf Platz eins. Die UN-Konferenz über Welthandel und Entwicklung in Genf bildet den Transnationalisierungsindex aus dem Durchschnitt der Anteile des Auslandskapitals, des Auslandsumsatzes und der Auslandsbeschäftigung. Der Nestlé-Konzern ist auch der globalste Konzern unter den Großen der Branche. Das bedeutet, aus den Schwellenländern oder »Emerging Markets« stammen inzwischen 30 Prozent des Nahrungsmittelumsatzes, aus Europa 36 Prozent und aus den USA rund 20 Prozent. Unter den Hauptwettbewerbern agiert nur Unilever ähnlich international, hier entfallen 47 Prozent auf Europa, 21 Prozent auf Nordamerika, 12 Prozent auf Lateinamerika und 14 Prozent auf den asiatisch-pazifischen Raum. Bei Danone stammen immer noch 36 Prozent des Konzernumsatzes aus dem Heimatmarkt Frankreich und knapp 40 Prozent aus anderen Ländern der Europäischen Union. Lateinamerika kommt auf einen Anteil von sieben Prozent und Asien auf acht Prozent. Nur knapp sieben Prozent werden in Nordamerika erzielt. Philip Morris ist – ähnlich wie die anderen US-Wettbewerber – im Nahrungsmittelbereich noch stark auf den Heimatmarkt USA konzentriert, wo etwa zwei Drittel des Umsatzes gemacht werden. Größe und Globalisierung des Unternehmens sind also zwei wesentliche Merkmale, die Nestlé von seinen Wettbewerbern und vielen anderen Unternehmen unterscheidet. Wie das von verschiedenen Seiten bewertet wird, werde ich noch zeigen.

Nestlé – der Markenmulti

Niemand, nicht einmal bei Nestlé selbst, kennt die Produkte und Marken des Nestlé-Konzerns in ihrer ganzen Vielfalt. Täglich entstehen irgendwo auf der Welt neue Produkte oder Varianten, werden neue Namen vergeben. Die sechs Hauptmarken Nestlé, Nescafé, Nestea, Maggi, Buitoni und Friskies sind als »Global Brands« weltweit vertreten, daneben gibt es rund 8500 nationale und regionale Marken. Nestlé macht 70 Prozent des Umsatzes mit Marken, die auf Platz eins oder zwei des jeweiligen Produktsegmentes stehen.

Mit mehr als 3000 getrunkenen Tassen pro Sekunde ist Nescafé die am meisten konsumierte Kaffeemarke der Welt. Auch im Bereich Schokoladen- und Malzgetränke ist Nestlé weltweit die Nr. 1. Die bekanntesten Marken sind hier Nesquik, Milo und Nescau.

Viele Konsumenten wissen nicht, dass Nestlé auch in den Bereichen Mineral- und Quellwasser weltweit die Führungsposition innehat. Zum Konzern gehören die in Europa bekannten Marken Contrex, Perrier, San Pellegrino, Levissima, Vera, Panna, Fürst Bismarck und Naleczowianka, in den USA Arrowhead, Poland Spring, Zephyrhills, Deer Park und Ozarka. Ende 1998 wurde zudem Pure Life in Pakistan eingeführt, ein preisgünstiges Wasser, das speziell für Schwellenländer entwickelt wurde. Auf den europäischen Markt kam im Jahre 2000 das neue Quellwasser Aquarel. Getränke sind mit insgesamt fast 28 Prozent Hauptumsatzträger des Nestlé-Konzerns.

An zweiter Stelle mit 27 Prozent Umsatzanteil steht der Bereich »Fertiggerichte, Produkte für die Küche und diverse Aktivitäten«, kurz kulinarische Produkte genannt. Dazu gehören Suppen, Brühen und Küchenhilfen sowie Instant-Nudeln der Marke Maggi, die weltweit – Land für Land an regionale Geschmacksrichtungen und Zutaten angepasst – verkauft werden. Tiefkühlprodukte tragen den Namen Stouffer's in den USA und Findus beziehungsweise Maggi in anderen Teilen der Welt. Buitoni-Produkte umfassen nicht nur Nudeln und Saucen, sondern auch ein breites Angebot an Pizzen und Tiefkühlgerichten. Herta bietet Wurstwaren und andere Delikatessen. Außerdem gehören zu Nestlé Saucen und Salatdressings der Marken Thomy, Crosse & Blackwell und Winiary. Haustierfutter, vor allem der Marke Friskies, ist den »diversen Aktivitäten« dieses Bereichs zugeordnet.

»Milchprodukte, Ernährung und Speiseeis« machen 26 Prozent des Umsatzes aus. Hierzu zählen Milch für Neugeborene, Säuglinge und Kleinkinder, Frühstückszerealien und verschiedene Fertignahrungsmittel bis hin zu Produkten für die künstliche Ernährung, Speiseeis, Joghurts und Produkte mit Zusätzen für die Gesundheit oder die Leistungssteigerung wie Nestlé LC1 oder Nestlé Omega.

Platz 4 in der Konzernrangliste nehmen mit 13,7 Prozent Umsatzanteil »Schokolade und Süßwaren« ein. Hier findet sich neben internationalen Marken wie Nestlé, KitKat, Smarties, Lion, Crunch oder After Eight auch eine Vielzahl lokal bekannter Marken.

Der Bereich »Pharmazeutische Produkte« macht 5,4 Prozent des Konzernumsatzes aus. Nestlé hält eine Kapitalbeteiligung an L'Oréal, dem Weltmarktführer von Kosmetikprodukten mit über 500 Marken und mehr als 2000 Produkten. Die hundertprozentige Nestlé-Tochter Alcon ist der weltweit größte Hersteller von ophthalmologischen Produkten – das sind Produkte, die für Therapien und Augenoperationen eingesetzt werden – und Kontaktlinsenpflegemitteln.

Starke Marken, hohe Präsenz in den Märkten und Marktführerschaft sind also drei weitere typische Nestlé-Eigenschaften. Die Ursachen dafür sind allerdings auf der Produktseite zum Teil ebenso unterschiedlich wie die Käufer und ihre Motive.

In zwanzig Jahren an die Spitze

Vor zwanzig Jahren war Nestlé zwar auch schon ein relativ großer Konzern, allerdings fehlten ihm ein eigenständiges Profil und scharfe Konturen. Diversifikation war damals in der Wirtschaft groß in Mode, Metallgesellschaften legten sich Bäckereien zu und Energiekonzerne Hotels und Luxusrestaurants. Unter dem Konzernnamen Nestlé, der gleichzeitig auch der Markenname einiger Produkte war, versammelte sich ein ziemlich bunter Haufen von Firmen und Firmengruppen mit den verschiedensten Marken und Produkten, von denen jede Einheit für sich sehr unterschiedlich, mal recht gut und mal mehr schlecht als recht funktionierte, die aber ein ziemlich eigenständiges Leben führten, unterschiedliche Ziele verfolgten und deren Zusammenhalt oft nur über die Besitzverhältnisse gegeben war.

Nestlé stand damals vor der prinzipiellen Entscheidung, sich möglicherweise zu teilen, zu einer reinen Holding zu werden oder den Weg zu gehen, der beschritten wurde: die Konzentration auf die Kernkompetenzen und Wachstum in den Kernbereichen. »Wir beginnen jetzt mit der Ernte aus all jenen Maßnahmen, die während der letzten Jahre getroffen wurden. Dazu gehören die großen Akquisitionen seit Mitte der achtziger Jahre, die Erweiterungen und Abrundungen von Marktanteilen, die Restrukturierung der Organisation in den Märkten und im Zentrum. Mit diesen Entscheidungen wurde die Grundlage für Wachstum und Leistung gelegt, und auf dieser Grundlage konnten wir seit 1997, trotz gewichtigen makro-ökonomischen Problemen, in fast allen Regionen mit wachsendem Erfolg unser Programm umsetzen«, sagte Nestlé-Chef Peter Brabeck-Letmathe anlässlich der Bilanzpressekonferenz im März 2000.

Der Erfolg von Nestlé in den vergangenen zwanzig Jahren lässt sich sehr beeindruckend an folgenden Zahlen verdeutlichen: Der Umsatz wuchs von 24,5 Mrd. sfr in 1980 um 205 Prozent auf 74,7 Mrd. sfr in 1999, und der Reingewinn kletterte in diesem Zeitraum sogar um 588 Prozent von 683 Mio. sfr auf 4,7 Mrd. sfr. In anderen Worten, blieben damals 2,6 Prozent des Gesamtumsatzes als Reingewinn, beläuft sich heute die Gewinnmarge auf 6,3 Prozent des Umsatzes. Es gibt also unter ökonomischen Gesichtspunkten eine ganz eindeutige Erfolgsstory, aber auch diese Entwicklung wird nicht einhellig positiv beurteilt. Bevor ich das weiter ausführe, halte ich es für sinnvoll, den Leser kurz durch die Geschichte Nestlés zu führen.

Nestlé 1866 bis 1981 – eine kurze Reise durch die Zeit

Weshalb der Apotheker Heinrich Nestlé von seiner Geburtsstadt Frankfurt am Main im Jahre 1830 nach Vevey an den Genfer See zog, ist nicht überliefert. Aber er traf damit eine Entscheidung, die noch heute nachwirkt. Die Zentrale des Unternehmens ist in all den Jahren des Wachstums und der großen Fusionen dort geblieben. Im Mai des Jahres 2000 wurde der Umbau und die Modernisierung des prächtigsten Gebäudes der Stadt gefeiert. Viele große Unternehmen wählen für ihr Zentrum eine Weltmetropole als Standort. Vevey hat nicht einmal einen Flughafen, sondern man muss bis auf die andere Seite des Sees nach Genf fahren, um an den internationalen Luftverkehr Anschluss zu finden. Aber Vevey bietet eine einmalige Umgebung. Hohe Berge, die auch im Sommer schneebedeckt sind, und die Weite des Genfer Sees, dessen Horizont sich in der Ferne verliert. Am Seeufer selbst mediterranes Klima mit seiner Pflanzenvielfalt, darüber Weinberge und dann die Almen mit den berühmten Schweizer Kühen.

Das Zentrum des Ortes ist die Altstadt mit schmalen Gassen und überwiegend großbürgerlichen Häusern an der Seepromenade, die immer noch den Eindruck eines internationalen Ferienortes der Jahrhundertwende vermitteln und Leute wie Charly Chaplin, der dort seinen Alterssitz hatte, anzog. Französischer Lebensstil, schweizerischer Ordnungssinn und eine internationale Geisteshaltung sind an jeder Ecke zu finden. Wärme, Ruhe und Heiterkeit bestimmen den Ort den größten Teil des Jahres. Wenn es in Vevey eine Rushhour gibt, dann dauert sie am Nachmittag allenfalls 15 Minuten, und die Staus vor den Ampeln sind nicht länger als drei Rotphasen.

Wie sehr wird das Denken der Menschen von ihrer Umgebung beeinflusst? Alle Fenster des Nestlé-Gebäudes reichen vom Boden bis zur Decke und geben den Blick frei auf die Berge und den See, den Wechsel der Jahreszeiten, auf das Spiel von Licht und Schatten durch den Lauf der Sonne. Jeder Blick aus dem Fenster konfrontiert einen mit der überwältigenden Natur. Muss das Lebensgefühl nicht ein ganz anderes sein, als wenn man in die Straßenschluchten New Yorks oder auf das Häusermeer Tokios blickt? In welchem anderen Unternehmen werden globale Entscheidungen im Angesicht einer überwältigenden Natur getroffen?

Heinrich Nestlé ließ sich in Vevey als Drogist nieder, als der Ort noch viel kleiner war als heute, und verdiente seinen Lebensunterhalt nun mit dem Verkauf von Sämereien, Senf und Petroleumlampen. Im Jahr 1857 schloss sich Nestlé mit mehreren Geschäftsleuten aus Vevey zusammen, sie gründeten einen kleinen Betrieb, der flüssiges Gas und Kunstdünger herstellte.

Heinrich Nestlé war nicht nur ein Unternehmer, sondern auch ein Forscher. Bereits 1947 hatte er sich in Vevey sein eigenes privates Laboratorium eingerichtet. Die damalige hohe Säuglings- und Kleinkindersterblichkeit veranlasste ihn, nach einem Ersatzstoff für Muttermilch zu suchen, den er auch tatsächlich fand. Das so genannte »Kindermehl«, das 1866 auf den Markt kam, wurde durch ein spezielles Trocknungsverfahren aus Milch, gemälztem Getreide und Zucker hergestellt. Das Neue an diesem Verfahren war, dass die Nährstoffe bei diesem Prozess erhalten blieben. Erste Erfolge stellten sich rasch ein, doch standen zunächst skeptische Ärzte und Händler einer größeren Produktion im Weg, was sich aber bald änderte.

1866 gilt auch als das offizielle Gründungsjahr des Unternehmens, allerdings nicht nur weil Heinrich Nestlé mit seinem Kindermehl auf der Produktseite den Grundstein legte, sondern weil es auch das Gründungsjahr der »Anglo-Swiss Condensed Milk Company« war, mit der es später zu einer Fusion kam.

Da er selbst keine Nachfolger hatte, verkaufte Heinrich Nestlé im Alter von 61 Jahren seine inzwischen florierende Firma. Es entstand eine neue Aktiengesellschaft »Farine Lactée Henri Nestlé«. Die ersten Jahre dieser Gesellschaft standen unter dem Zeichen der betriebsinternen Neuorganisation, der Forschung zur Qualitätsverbesserung sowie der Erschließung neuer Produktgruppen.

Ein erster wichtiger Meilenstein für den späteren Nestlé-Konzern war die Fusion mit der Anglo-Swiss Condensed Milk Co. im Jahre 1905, die im Schweizer Cham von den amerikanischen Brüdern Charles und George Page gegründet worden war und die über Jahre hinweg der Nestlé-Gesellschaft starke Konkurrenz machte. 1929 folgte die Eingliederung der Schokoladenhersteller Peter, Cailler, Kohler und damit für Nestlé der Einstieg in das Schokoladengeschäft. In der Folgezeit entwickelte die Gesellschaft den ersten brauchbaren löslichen Kaffee, der 1938 unter der Marke Nescafé angeboten wurde.

Die Weltwirtschaftskrise und die beiden Weltkriege brachten die entwickelten internationalen Geschäftstätigkeiten des Unternehmens zwar öfter in größere Schwierigkeiten, konnten aber den unaufhaltsamen Aufstieg nicht verhindern. Im Jahre 1946 hatte die Nestlé-Gruppe bereits 107 Fabriken in allen fünf Kontinenten. Die damaligen vier Tätigkeitsbereiche waren Milchprodukte, speziell gezuckerte Kondensmilch, Kindernährmittel, Schokolade und sofort lösliche Getränke.

Im Jahre 1947 kam der Bereich kulinarische Produkte durch die Fusion mit der schweizerischen Alimentana hinzu, die unter der Marke Maggi Suppen, Brühwürfel und Würzmittel in vielen Ländern herstellte und verkaufte. Dies war zwar für Nestlé ein neuer Bereich, aber viele Produkte von Nestlé und Maggi beruhten auf der gleichen Trocknungstechnologie.

Die fünfziger Jahre waren durch ein rasches internes Wachstum geprägt, hingegen wurde keine einzige größere Erwerbung getätigt. Dennoch verdoppelte sich der Franken-Umsatz inflationsbereinigt innerhalb von zehn Jahren. Auf geographischer Ebene expandierte Nestlé in allen Kontinenten kontinuierlich. Am schnellsten weitete sich das Angebot in den beiden jüngsten Bereichen des Unternehmens aus: bei den kulinarischen Produkten und vor allem bei den Sofort- oder Instantgetränken.

Die Strategie der sechziger Jahre hatte drei Schwerpunkte. Zum einen wollte man innerhalb der Bereiche der Nahrungsmittel diversifizieren, das heißt eine breitere Produktpalette anbieten. Zum zweiten verstärkte Nestlé die Anstrengungen, die technologischen Verfahren über getrocknete Produkte hinaus zu erweitern. Zum dritten suchte man weltweit nach neuen, zukunftsträchtigen Märkten.

Von 1960 bis 1974 kaufte Nestlé eine Vielzahl von Unternehmen beziehungsweise Beteiligungen in sieben Produktbereichen: Konserven, Eiskrem, Tiefkühlprodukte, gekühlte Produkte, Mineralwasser, Restaurants und schließlich Kalifornische Weine. Der

Umsatz stieg von 4,146 Milliarden Franken 1960 auf 16,624 Milliarden im Jahre 1974.

Im Bereich Konserven erwarb Nestlé im Jahre 1960 die britische Crosse & Blackwell, die Dosensuppen und gebackene Bohnen in Dosen herstellte. 1963 erfolgte eine Beteiligung an Libby, McNeill & Libby, dem amerikanischen Produzenten von Frucht-, Gemüse- und Fleischkonserven. Diese Beteiligung wurde 1976 auf 100 Prozent aufgestockt. Im Eiskremsektor gründete Nestlé zusammen mit französischen Partnern die France Glaces und beteiligte sich an Jopa in der Bundesrepublik Deutschland sowie an Delasa in Spanien, wobei beide später voll übernommen wurden. Bei Tiefkühlprodukten übernahm der Konzern Findus International, das damals hauptsächlich in Skandinavien und Großbritannien tätig war, und in den Vereinigten Staaten die Firma Stouffer. In den Bereich der gekühlten Produkte wie Joghurt kam Nestlé 1968 durch eine Minderheitsbeteiligung an der französischen Chambourcy.

In das Mineralwassergeschäft stieg Nestlé 1968 mit der Minderheitsbeteiligung an der französischen Vittel ein, die zwanzig Jahre später auf 100 Prozent ausgeweitet wurde. Es folgte der Kauf von Deer Park in den USA, Allan Beverages in Kanada und 1974 der Blauen Quellen in der Bundesrepublik. Im Jahre 1992 hat Nestlé dann die Edelmarke Perrier übernommen.

Die Diversifizierungsbemühungen brachten den Konzern in das Restaurantgeschäft, mit der Gründung der Eurest 1970, einem Joint Venture mit der Internationalen Schlafwagengesellschaft, und mit der Mehrheitsbeteiligung an der Restaurantkette Cahills in Australien. Schließlich wurden 1971 Weinberge und die Weinmarke Beringer in Kalifornien hinzugekauft.

Durch die 1971 erfolgte Fusion mit der schweizerischen Ursina-Franck, die in vielen Ländern mit Milchprodukten, Kindernährmitteln und kulinarischen Produkten vertreten war, erzielte man erhebliche Synergien, vor allem in der Produktion, der Distribution und im Verkauf. 1974 ging Nestlé im Rahmen der Bemühungen um Diversifizierung über den Nahrungsmittelsektor hinaus und erwarb eine Minderheitsbeteiligung an der Kosmetikfirma L'Oréal in Frankreich. Ausschlaggebend für diesen Schritt waren damals die guten Wachstumsaussichten der Haar- und Schönheitspflegemittelbranche.

Die Jahre von 1975 bis 1980 waren durch eine Verschlechterung des wirtschaftlichen Umfelds gekennzeichnet. Während die Industriestaaten mit zweistelligen Inflationsraten zu kämpfen hatten, nahm die Geldentwertung in den Entwicklungsländern geradezu irrwitzige Formen an. Nach der Aufgabe der Dollar-Gold-Konvertibilität kam es zu einer Destabilisierung der Wechselkurse, sämtliche Fremdwährungen gaben gegenüber dem Schweizer Franken nach. Darüber hinaus explodierten die Notierungen der beiden für Nestlé wichtigsten Rohstoffe: Vervierfachung bei Rohkaffee, Verdreifachung bei Kakao. Das Umsatzwachstum von Nestlé verlangsamte sich. 1975 lag der Umsatz bei 18,286 Mrd. sfr, 1979 bei 21,639 Mrd. sfr.

1977 erwarb Nestlé die amerikanische Alcon Laboratories, die auf Augenmedikamente und Augenpflegeinstrumente spezialisiert war. Ausschlaggebend für diese Akquisition war eine geographische Umgewichtung. Die Nestlé-Aktivitäten wuchsen in den Entwicklungsländern schneller als in den Industrieländern. Um zu verhindern, dass die Länder der Dritten Welt einen zu großen Teil am Gesamtumsatz ausmachen, suchte man in Industrieländern nach rasch wachsenden Unternehmen als Gegengewicht. Zu dieser Zeit agierte man zwar international, dachte aber noch keineswegs in globalen Maßstäben. Europa und Nordamerika waren noch der Nabel der Welt.

In der zweiten Hälfte der siebziger Jahre wurde Nestlé mit weiteren Problemen konfrontiert. In den Industrieländern verlangsamte sich die Verbrauchsentwicklung, die wirtschaftliche Lage wurde schlechter und der Wettbewerb auf den Märkten härter. Dies schlug sich natürlich auf den Gewinn von Nestlé nieder. In den Entwicklungsländern war schnelles Wachstum in einem unsicheren und labilen wirtschaftlichen Umfeld riskant. So führten dann auch plötzliche Verluste der argentinischen Tochtergesellschaft

1980 zu einem starken Rückgang des Konzern-Reingewinns von vorher durchschnittlich 3,7 Prozent des Umsatzes auf nur noch 2,8 Prozent. [1]

Dies war die Situation, als Helmut Maucher im Jahre 1981 die Führung des Konzerns übernahm.

Der richtige Mann zur richtigen Zeit

Um Helmut Maucher, »Mr. Nestlé«, ranken sich viele Geschichten, die einzelne Facetten, aber nie die ganze Person erfassen. Leider gibt es noch keine Biografie Helmut Mauchers, und auch dieses Buch soll keine werden. Die beste Darstellung seines Lebensweges stammt zur Zeit wohl von dem japanischen Journalisten Kakinoki und ist als Artikelserie im *Nihon Keizai Shimbun* erschienen.

Helmut Oswald Maucher wurde 1927 in Eisenharz im Allgäu geboren. Er war einer der besten Abiturienten seines Jahrgangs, als er 1948 in Wangen die Schule abschloss. Er machte zunächst in der inzwischen zu Nestlé gehörenden Molkerei in seinem Heimatort eine zweijährige kaufmännische Lehre. Dieser Ausbildungsvertrag war der einzige Vertrag, der jemals schriftlich zwischen ihm und Nestlé geschlossen wurde, was er immer wieder gern betont. Es ist bei schweizerischen Firmen tatsächlich generell nicht üblich, schriftliche Verträge für Angestellte auszustellen. Keiner der Führungskräfte von Nestlé besitzt einen geschriebenen Vertrag, in dem Gehalt, Urlaub, Pensions- oder auch Abfindungsansprüche geregelt sind. In deutschen Firmen wäre das undenkbar; die Absicherungsmentalität und das Misstrauen gegenüber dem Unterneh-

1 Wer sich einen genaueren Überblick über die Geschichte Nestlés und über die parallel laufenden gesellschaftlichen, politischen und wirtschaftlichen Entwicklungen machen möchte, dem sei das Buch *Nestlé hundertfünfundzwanzig Jahre von 1866 bis 1991* von Jean Heer empfohlen. Auf knapp 600 Seiten werden dort unzählige Details ausgebreitet, von denen manche bis heute und manche nur in ihrer Zeit von Bedeutung sind bzw. waren, die aber alle gemeinsam verdeutlichen, welche Bedeutung Geschichte für Marken und für Markenunternehmen hat, auch oder besser gerade in der heutigen Zeit.

men, für das man arbeiten möchte, sind hier doch größer als das Vertrauen darauf, im Problemfall anständig behandelt zu werden.

1951 ging Maucher dann zu Nestlé nach Frankfurt, um gleichzeitig neben seiner Arbeit noch Betriebswirtschaft, Volkswirtschaft und Recht zu studieren. Zum Zeitpunkt seines Studienabschlusses als Diplomkaufmann war er bei Nestlé bereits Prokurist. Die immer wieder auftauchende Geschichte, Helmut Maucher wäre Autodidakt, der es vom Molkereiarbeiter zum Konzernchef gebracht habe, stimmt also nicht.

Seine Karriere bei Nestlé ging in den folgenden Jahren zügig voran, er war Marketingchef von Nestlé Deutschland und Vorstand bei Findus-Jopa, bis er 1970 das Unternehmen wegen interner Meinungsunterschiede verließ und nach Hamburg zur Coop ging, einem großen genossenschaftlichen Handelskonzern. 1972 holte man ihn zurück zu Nestlé.

Im Oktober 1980 wurde Helmut Maucher, der zu dem Zeitpunkt Chef von Nestlé Deutschland war, in die Konzernleitung in die Schweiz berufen als Generaldirektor und eines der drei Mitglieder des Exekutivkomitees, das als höheres Führungsorgan eingerichtet worden war. Diesem Komitee gehörten auch die Generaldirektoren Carl L. Angst als Sprecher und José Daniel an. Im November 1981 wurde Helmut Maucher zum Delegierten des Verwaltungsrats der Nestlé SA ernannt. Ihm standen die beiden anderen Mitglieder des Exekutivkomitees zur Seite, das dann 1986 aufgelöst wurde, als Carl L. Angst in Pension ging und in das Verwaltungsratskomitee eintrat. Von da an war Maucher alleiniger Konzernchef, entsprechend dem Vorstandsvorsitzenden in einer deutschen Aktiengesellschaft oder dem Chief Executive Officer (CEO) in Großbritannien oder den USA. Aber seine Machtfülle ließ sich noch steigern. Maucher wurde 1990 in Personalunion neben seiner Funktion als Delegierter des Verwaltungsrats auch Präsident dieses Gremiums. Eine solche Konzentration von Macht bei einer einzigen Person wäre nach dem deutschen Aktienrecht nicht möglich, das eine strenge Trennung zwischen Aufsichtsrat und Vorstand vorschreibt.

Der Verwaltungsrat in einer schweizerischen Aktiengesellschaft entspricht im Prinzip dem Aufsichtsrat einer deutschen Aktiengesellschaft, hat aber eine wesentlich stärkere Stellung. Ihm obliegt nicht nur die Aufsichtsfunktion, sondern auch die Unternehmerfunktion.

Das Schweizer Gesetz lässt verschiedene Möglichkeiten der Verteilung von Aufgaben und Verantwortung zwischen Verwaltungsrat und Generaldirektion zu. Der Präsident des Verwaltungsrates kann die Geschäfte führen, er kann einen Delegierten ernennen oder einen Direktionspräsidenten. Wichtig sind in diesem Zusammenhang klare Festlegungen der Verantwortung. Wie immer Aufgaben und Verantwortungen intern verteilt sind, der gesamte Verwaltungsrat übt eine Gesamtkontrolle aus und muss, wo es notwendig wird, auch konsequent handeln. Dies betrifft besonders Entscheidungen über die Führung.

Neben dem Delegierten des Verwaltungsrates gehören die Generaldirektoren oder General Manager zur Konzernleitung. Sie entsprechen den Vorstandsmitgliedern in deutschen Aktiengesellschaften. In Großbritannien und den USA gibt es keine Trennung zwischen Vorstand und Aufsichtsrat, sondern beide Funktionen sind im Board of Directors vereint.

Größe als Ziel

Innerhalb von drei, vier Jahren erreichte es Maucher, die Liquidität des Unternehmens so weit zu erhöhen, dass wieder Akquisitionen und damit weiteres Wachstum möglich wurden. Maucher hatte bereits damals die Rolle der Größe erkannt und als einer der ersten die Globalisierung der Wirtschaft vorausgesehen. »In vielen Branchen muss man einfach groß und global sein, um das langfristige Überleben zu sichern«, hat er einmal gesagt. Deshalb baute Maucher den Nestlé-Konzern zielstrebig zum größten Nahrungsmittelunternehmen der Welt aus. 1996 hatte er dieses Ziel erreicht.

Im Jahre 1983 kaufte Nestlé einige kleinere Unternehmen aus

den Bereichen Lebensmittel, Schokolade und Kosmetik. Gleichzeitig entschied sich Maucher für den Einstieg in das Röstkaffeegeschäft durch den Erwerb einiger kleinerer Firmen in Kanada, Spanien und Schweden. Zu den großen Erfolgen Mauchers gehörte 1985 die Übernahme der Carnation Company, eines US-Herstellers von Milchprodukten, Tierfutter und kulinarischen Produkten, für die damals horrende Summe von 3,5 Mrd. Dollar. 1988 kaufte Nestlé Rowntree Mackintosh, den weltweit viertgrößten Hersteller von Schokoladen und Konfekt, und Buitoni-Perugina, Italiens drittgrößten Nahrungsmittelproduzenten. Ein weiteres wichtiges Ereignis von 1988 war eine Satzungsänderung, die es Ausländern erlaubt, auch Nestlé-Namensaktien zu kaufen. Diese Namensaktien, die zwei Drittel des gesamten Aktienkapitals ausmachten, hatten bis dahin nur Schweizer Bürger erwerben dürfen.

Im Jahre 1990 gründete Nestlé mit General Mills eine gemeinsame Tochter im Bereich Frühstückszerealien, die Cereal Partners Worldwide SA mit Sitz in Morges in der Schweiz. Im selben Jahr wurde mit dem Walt-Disney-Konzern ein Vertrag über eine langfristige Partnerschaft geschlossen, die eine exklusive Präsenz Nestlés mit Nahrungsmitteln und Getränken in den Restaurants und Vergnügungsparks und die Exklusivrechte für die Verwendung der Figuren von Walt Disney auf Verpackungen und in der Werbung für Europa sowie den Nahen und Mittleren Osten beinhaltet. Weitere hervorragende Akquisitionen unter der Führung von Helmut Maucher waren der Erwerb des Mineralwasserherstellers Perrier in 1992, der Kauf von Finialgel (Gelati Motta) in 1993 und von Alpo in 1994.

Rückschauend sagte mir Helmut Maucher über seine Arbeit:

»Ich habe den Mut oder die Konsequenz gehabt, Dinge umzusetzen, auch wenn es die meisten um mich herum noch nicht verstanden hatten. Manchmal gehört allerdings auch die Macht dazu, dass einer eben sagen kann, jetzt machen wir das mal.« Allerdings musste er auch erfahren, wie es ist, wenn man diese Macht nicht besitzt. Es gibt Beispiele aus seinen Anfangsjahren bei

Nestlé, als er Vorstandsassistent war und mit seinen Vorschlägen nicht durchgekommen ist, weil er zu jung war und keine einflussreiche Position hatte.

»Ich habe als ganz junger Mitarbeiter in Deutschland vorgeschlagen, man soll in das Geschäft der Zerealien gehen. Kellogs hatte vor rund 45 Jahren einen Umsatz von 13 Millionen DM. Damals habe ich Nestlé gesagt, geht in dieses Geschäft, das hat eine große Zukunft. Und man braucht für die Grundstoffe nicht den Umweg über das Tier, das ist also billiger. Der Weg über das Tier wird immer siebenmal teurer. Zerealien sind ein Trend, der laufen wird. Das spürte ich direkt. Nestlé ist damals nicht in diesen Bereich gegangen, weil man nur Milch, Kaffee und Schokolade im Kopf gehabt hat.

Ich habe diese Entscheidung dann mit Mühe nachgeholt, als ich in Vevey war. Und habe, da wir zwanzig Jahre hinterher waren, um den Prozess zu beschleunigen ein Joint Venture mit General Mills vereinbart und die Marke Nestlé auf die Verpackungen draufgesetzt. Inzwischen weiß jeder, dass Frühstücksprodukte, vom Müsli über Zerealien, ein Geschäft sind, das weltweit läuft.

Ich hatte früher noch eine andere Idee, da haben mich die Leute fast gesteinigt. Ich habe nämlich vorgeschlagen, wir müssen ins Petfood, also ins Futtergeschäft für Haustiere. Da hätte man mich fast rausgeschmissen. ›Wir gehen doch nicht ins Petfood‹, hieß es. Ich sagte, wieso? Das kommt. Die Menschen lieben ihre Tiere, die müssen vernünftig ernährt werden und die Leute geben für ihre Hunde und ihre Katzen alles aus. Ja, jetzt weiß das jeder.

Gut, ich hab dann mit der Akquisition von Carnation 1984 auch das Petfood-Geschäft bekommen. Wir sind jetzt die Nummer zwei weltweit. Das ist auf der ganzen Welt ein Riesengeschäft, das läuft in Japan, in Australien, überall.

Damals, als ich Carnation kaufte, haben einige Schweizer gesagt, jetzt hat dieser Germane den Höhenrausch bekommen. Es war die größte Übernahme, die bis dahin ein europäisches Unternehmen in Richtung Amerika durchgeführt hatte. Und jetzt lachen Sie nicht über die Summe. Das waren 3,5 Mrd. Dollar, die würde

Herr Kopper, der frühere Vorstandsvorsitzende der Deutschen Bank, heute als Peanuts bezeichnen. Heute geht's bei Übernahmen um 50, 60 oder auch 100 Mrd. Dollar.«

Helmut Maucher macht immer wieder deutlich, wie wichtig für ihn das Gespür war, dass die Restrukturierungen, die neuen Größenordnungen und die Globalisierung kommen werden und dass es wichtig für Nestlé war, in ganz andere Größenordnungen hineinzuwachsen und sich rechtzeitig darauf vorzubereiten.

»Ich habe alle Akquisitionen für Nestlé durchgeführt, bevor die anderen angefangen haben, bevor in allen Zeitungen über Mergers geschrieben wurde und ganze Investment-Abteilungen in den Banken entstanden sind. Wir haben 80 Prozent der Hausaufgaben vor den Wettbewerbern gemacht. Die anderen fingen eigentlich erst in dem Moment an, als alles viel teurer geworden war, als es einen wahnsinnigen Konkurrenzkampf gab, als die Goodwills sehr hoch waren, die sie dann abschreiben mussten.

Es ist wichtig, Dinge zu erspüren oder zu erfassen, bevor es alle anderen machen. Alles andere ist bei unseren Mitbewerbern, zum Beispiel Unilever, auch vorhanden. Man hat dort ebenso professionelle Leute wie wir sie haben. Die kennen die Marketinginstrumente wie wir, die kennen die Ergebnisse der Marktforschungen mindestens ebenso wie wir, in der Technologie haben die ebenfalls eine lange Erfahrung, die machen jeden Tag eine bessere Margarine oder eine bessere Eiskrem. Worin unterscheiden wir uns? Darin, dass wir ein paar Leute mit mehr Visionen haben, die über die Kraft, die Qualität, das Engagement und die Motivationsfähigkeit verfügen, diese Visionen durchzusetzen. Nur in diesen beiden Bereichen, den Visionen und deren Umsetzung, kann man sich differenzieren. In allen anderen Dingen sind die Unterschiede marginal.«

In der Zeit, als Helmut Maucher die entscheidenden Akquisitionen für das Unternehmen tätigte, war das Interesse der Medien an Wirtschaftsthemen weltweit noch wesentlich geringer als heute, wo selbst Musiksender Börsenmeldungen in den Nachrichten verbreiten. Vieles, was bei Nestlé geschah, passierte von der Öffentlichkeit weitgehend unbemerkt und unbeachtet. Helmut Maucher bevorzugte auch eine sehr individuelle Informationspolitik: Wer fragte, bekam eine ausführliche Antwort auf seine Frage, aber man lief den Medien nicht hinterher, um ihnen Material für die Berichterstattung über den Konzern aufzudrängen. Ebenso suchte man nicht aktiv den öffentlichen Schlagabtausch mit Gegnern und Kritikern. Das heißt jedoch nicht, dass Helmut Maucher, wenn er sich zu Wort meldete, seine Überzeugungen verheimlicht oder ein Blatt vor den Mund genommen hätte. Für die einzelnen Marken in den verschiedenen Ländern wurden natürlich alle Marketinginstrumente genutzt, die aus Sicht des Unternehmens Sinn machten, aber der Konzern hielt sich im Hintergrund, und wenn einer für Nestlé sprach, dann Helmut Maucher. Das mag manchmal den Eindruck erzeugt haben, dass es bei Nestlé nur wenig Mitarbeiter gibt, die fähig und kompetent sind, sich öffentlich zu äußern. Es war aber Teil einer ganz gezielten Imagepolitik.

2 | Ein Konzern und seine Kritiker

Die Kritiker von Nestlé begründen ihre Ablehnung des Unternehmens überwiegend wie folgt:

1. Nestlé ist ein globales Unternehmen. Globalisierung bedeutet unkontrollierte Wirtschaftsmacht und ohnmächtige nationale Regierungen, sie bringt große Nachteile für die Weltbevölkerung mit sich. Folglich werden auch die Produkte entsprechender Unternehmen abgelehnt.

2. Nestlé stellt Nahrungsmittel industriell her. Solche Produkte sind nachteilig für den Verbraucher. Die bessere Alternative zur industriellen Produktion sind Produkte aus einer im Einklang mit der Natur stehenden biologisch-dynamischen Landwirtschaft. Dabei ist das zentrale, emotionsgeladene Thema die Gentechnologie.

3. Nestlé verstößt gegen geltendes Recht und verletzt ethische und gesellschaftspolitische Grundsätze. Das zentrale Thema ist hierbei die Gesundheit von Säuglingen und Kleinkindern, als Fortsetzung der Kampagnen der siebziger und achtziger Jahre.

Globalisierung – die Welt im Würgegriff der multinationalen Konzerne?

Das Thema Globalisierung rational, wertfrei und zur Zufriedenheit aller zu behandeln, dürfte gegenwärtig kaum möglich sein. Zum einen ist es sowohl von Seiten der Befürworter als auch von Seiten der Gegner mit klar erkennbaren Meinungen, Überzeugungen und Ideologien befrachtet, und zum anderen gibt es nur wenig Fakten und Erfahrungen, die allgemein akzeptiert die Auswirkungen der Globalisierung dokumentieren und dabei keinen Interpretationsspielraum lassen. Zur Zeit ist es eher so, dass ein und derselbe Tatbestand oft erst im Auge des Betrachters seine für ihn »wirkliche« Bedeutung erhält.

In einem Gastkommentar in der *Financial Times Deutschland* (FTD) vom 26. Juli 2000 schreibt Mark Weisbrot, einer der Direktoren am Center for Economic and Policy Research, Washigton: »Globalisierung nützt der breiten Masse nicht.« Nicht nur in den Entwicklungsländern, sondern auch in den hoch entwickelten Industriestaaten bleiben viele von den Vorteilen des Welthandels ausgeschlossen. Diese These begründet er damit, dass das Median-Realeinkommen in den USA seit 26 Jahren nicht mehr gewachsen ist und deshalb der durchschnittliche Arbeitnehmer auch nicht am Wirtschaftswachstum teilhaben durfte. Das gleiche Phänomen des stagnierenden oder gar rückläufigen Pro-Kopf-Einkommens diagnostizierte er auch in den Ländern der Dritten Welt. Nach seiner Ansicht würde erst der Zusammenbruch der zur Zeit bestehenden Globalisierungskonzepte den Weg für eine sozial gerechte internationale Entwicklung frei machen.

Ganz anders sieht das der Harvard-Ökonom Robert J. Barro. Er belegt in seiner Studie *Determinants of Democracy,* dass vor allem mangelnder Wohlstand die Demokratisierung bremst, während eine expandierende Wirtschaft besonders den unteren und mittleren Einkommensschichten zugute kommt und deren Möglichkeiten verbessert, ihre Interessen zu organisieren. Direktinvestitionen, Arbeit, Bildung und Freiheitsrechte gehen für ihn also Hand in Hand.

Die *Wirtschaftswoche* sieht in ihrer Ausgabe Nr. 10 vom 2. März 2000 die Entstehung einer zweiten Internationale, die sich nicht auf das Kommunistische Manifest stützt, sondern als eine ungewöhnliche Allianz aus Politikern von rechts und links, Umweltaktivisten, Dritte-Welt-Gruppen, Bauernfunktionären, Kirchenmännern, Gewerkschaften und Verbraucherverbänden beschrieben wird. Die neue Internationale der Globalisierung spiegele die diffusen Ängste der Bevölkerung wider und funktioniere als Synonym für alle Übel der Welt, Arbeitslosigkeit, Armut, ökologische Katastrophen, Werteverfall und die weiter bestehende Kluft zwischen armen und reichen Ländern.

Der Harvard Professor Jeffrey A. Frankel belegt in seinem beim National Bureau of Economic Research, Cambridge, erschienen Arbeitspapier »Globalization of the Economy«, dass die der Globalisierung zugeschriebenen Effekte für die verschiedenen Volkswirtschaften weitaus geringer sind, als sowohl die Befürworter als auch die Gegner annehmen. Andere Faktoren wie die gemeinsame Sprache oder geltende Gesetze haben laut Frankel einen viel größeren Einfluss.

Nestlé als Symbol einer generellen Entwicklung zu kritisieren, deren genaue Wirkungen man gar nicht kennt, ist also kaum geeignet, Veränderungen im Rahmen der Globalisierung in die eine oder andere Richtung herbeizuführen. Viel wichtiger ist die Auseinandersetzung mit nachprüfbaren Fakten. Trotzdem habe ich hier versucht, möglichst viele der gängigen Argumente mit eigenen Worten zusammenzufassen:

Die multinationalen Konzerne sind perfekte, aber seelenlose Renditemaschinen, die nur einem einzigen Zweck dienen, den Aktionären möglichst schnell möglichst hohe Gewinne zu verschaffen. Wie und zu wessen Lasten, ist ihnen egal. Der Mensch hat in den unendlichen Zahlenkolonnen der Finanzstatistiken keinen Platz mehr. Die Mitarbeiter sind nur beliebig auszutauschendes Rationalisierungspotenzial, so wie die Kunden nur in der Masse als Umsatzbringer zählen, von trickreicher Werbung zu immer neuen Käufen überflüssiger Waren von zweifelhafter Qualität animiert.

Diejenigen, die diesen pauschalen Behauptungen widersprechen würden, bilden kaum die große Mehrheit in der öffentlichen Diskussion. Lässt sich nicht doch ein wahrer Kern in dieser einseitigen und verallgemeinernden Darstellung finden?

Wir sitzen alle in der »Globalisierungsfalle« und sind dem »Terror der Ökonomie« hilflos ausgeliefert. So dürfte sich das Grundempfinden der überwiegenden Zahl mündiger Bürger in den hoch entwickelten Ländern, unabhängig von ihrer politischen Überzeugung, beschreiben lassen. Auch wer die Bücher mit den Titeln *Die Globalisierungsfalle – Der Angriff auf Demokratie und Wohlstand* und *L'horreur économique* – »Der Schrecken der Ökonomie«, wie die korrekte Übersetzung lautet, nicht selbst gelesen hat, besitzt eine ungefähre Vorstellung von ihrem Inhalt. Viele Menschen sehen sich durch diese Szenarien als Staatsbürger, Arbeitnehmer und Verbraucher allein schon aus prinzipiellen Gründen in eine Oppositionsrolle gedrängt gegen die großen, anonymen Mächte, die die Welt lenken.

Eine generell skeptische und oft sogar kritische Grundhaltung gegenüber Organisationen, dem Staat und seinen Institutionen, den großen Banken und den multinationalen Unternehmen bildet heute die Basis für alle weiterführenden Überlegungen. Vielleicht machen wir die eine oder andere Ausnahme oder Einschränkung. Aber sind es nicht doch immer wieder die internationalen Konzerne, die mit ihren Weltmarken die kulturelle Vielfalt zu zerstören und zu nivellieren drohen, die die armen Menschen in der Dritten Welt wie Sklaven arbeiten lassen, ihre Umwelt zerstören und ihnen ihre Rohstoffe zu Niedrigpreisen abpressen? Sollten das alles nur Vorurteile und keine Fakten sein?

Das Hauptproblem liegt aus meiner Sicht ganz eindeutig in den Verallgemeinerungen, mit denen wir versuchen die Wirklichkeit in den Griff zu bekommen. Es gibt nicht »die multinationalen Unternehmen«, die sich alle völlig gleichförmig verhalten, ebenso wenig wie es »die Deutschen« gibt, die generell Ausländer hassen. »Die da oben, wir da unten« – wir versuchen Komplexität zu reduzieren, wir suchen einfache Antworten auf schwierige Fragen.

Ich möchte mich wahrlich nicht schützend vor alle multinationalen Unternehmen und Organisationen stellen, aber ich möchte vor einer undifferenzierten Betrachtung und Beurteilung warnen. Was passiert im Einzelfall, wann, wo und weshalb? Unsere Welt ist komplexer geworden, als es den meisten Menschen lieb ist. Die Bewertung wirtschaftlicher Prozesse in ihrer Vernetzung, die Folgeabschätzung von bestimmten Entscheidungen, die in einem größeren Zusammenhang getroffen werden und den lokalen und nationalen Horizont überschreiten, in einem langfristigen Rahmen überfordert viele. Wer hier einfache Gedankenkost bietet, kann sich eines gewissen Zuspruchs auf jeden Fall sicher sein.

Das machen sich nicht nur manche Verbraucherorganisationen und Umweltschützer zunutze, sondern auch Leute wie der früher bei der linksterroristischen RAF engagierte Berliner Anwalt Horst Mahler, der heute zur rechten Szene zählt und, wie die *Financial Times Deutschland* am 14. August 2000 berichtete, an einer »Neuen Nationalökonomie« arbeitet, deren Kernpunkte die Ablehnung der Globalisierung und die Autarkie der europäischen Nationalstaaten ist. Vermittelt werden diese Ideen bereits in leicht konsumierbarer Comicform mit Figuren wie den »Wallstreet-Juden«, die die Nationalstaaten auspressen. Rechtsextremismusforscher erwarten, dass die rechtsextremen Forderungen nach einem Staat ohne Beteiligung von Ausländern, verbunden mit der Furcht vor dem Arbeitsplatzverlust durch internationale Verflechtungen, in Deutschland gut ankommen würden. Es gibt also nicht nur eine Anti-Globalisierungskampagne von links, sondern auch von rechts. Man sollte auf der Hut sein, welchen Argumenten man in Zukunft folgt.

Als ganz eindeutige Gewinner der als allumfassend empfundenen Bedrohung sieht die *Wirtschaftswoche* zur Zeit die NGO's (Non-Governmental-Organizations, zu deutsch Nicht-Regierungs-Organisationen, manchmal auch als NRO's abgekürzt), die sich als flexible, internationale Kontrollorgane etablieren und selbst einen Teil der Macht ausüben wollen. Der Chef von Greenpeace International, Thilo Bode, wird von der *Wirtschaftswoche* mit den Worten zitiert: »Die NGO's sind so einflussreich wie nie zuvor.« Als Beispiel für diesen Einfluss wird angeführt, dass es 600 NGO's 1998 gelang, das MAI-Abkommen der OECD-Staaten als Regelwerk für Auslandsinvestitionen zu Fall zu bringen und dass Vertreter der

NGO's zum 30. Weltwirtschaftsforum in Davos im Jahr 2000 offiziell eingeladen worden waren und mitdiskutieren durften.

Das reichte allerdings vielen NGO's noch nicht. Die Entwicklungsorganisation »Erklärung von Bern (EvB)« und »Pro Natura« lancierten zusammen mit internationalen Partnerorganisationen im Vorfeld des Weltwirtschaftsforums das Projekt »The Public Eye on Davos« und forderten neue Spielregeln für das Weltwirtschaftsforum. Insgesamt waren es 150 NGO's aus 39 Ländern, die sich hinter die Kritikpunkte stellten, von denen ich die wichtigsten hier aufzähle:

- Das Weltwirtschaftsforum pflegt einen undemokratischen, elitären Ansatz der Entscheidungsfindung, der heute von einer engagierten Öffentlichkeit nicht mehr akzeptiert wird.
- Dieser Ansatz fördert eine Wirtschaftspolitik, die den Graben zwischen Arm und Reich vertieft, den demokratischen Spielraum schmälert und die Umwelt zerstört.
- Indem das Weltwirtschaftsforum Medienschaffende verschiedenen Kategorien zuordnet, verfolgt es eine selektive Informationspolitik. Diese Handhabung ist einer kritischen Berichterstattung nicht förderlich.

Objektiv zu überprüfen sind diese Vorwürfe gegenüber dem Weltwirtschaftsforum und seinen Gästen, zu denen auch Vertreter Nestlés gehörten, hinsichtlich des zweiten Punktes nicht. Elitär ist der Gipfel sicherlich, und die NGO's, die dabei sind, werden es zu schätzen wissen, wertet es sie doch selbst auf. Dass nicht alle Journalisten Zugang haben, ist leider wahr, aber auch Journalisten gehören manchmal gern zu einer Elite, und die dabei sein durften, haben sich in den vergangenen Jahren keineswegs mit den ausgeschlossenen Kollegen solidarisiert, sondern ihren Informationsvorsprung genutzt.

Ernsthafte Organisationen wie die »Erklärung von Bern« werden in den meisten Fällen auf ebenso ernsthafte Gesprächspartner stoßen, da man über fast alle Fakten und deren Bewertung sachlich sprechen kann. Das ist aber nicht immer so.

Richard Fuchs hat in dem zur Ullstein-Gruppe gehörenden Verlag Gesundheit ein Buch mit dem Titel *Functional Food. Medikamente in Lebensmitteln. Chancen und Risiken* veröffentlicht. Zwischen vielen Fachartikeln, die ich hier gar nicht bewerten möchte und die man in diesem Buch selbstverständlich erwartet, taucht auch ein Kapitel »Pestizide, Patente, Politik und Public Relations« auf. Unter der Überschrift »European Roundtable of Industrialists (ERT)« heißt es: »Obwohl in der Öffentlichkeit kaum bekannt, ist der 1983 gegründete ›European Roundtable of Industrialists‹ die einflussreichste Interessengruppe in Europa. Ihr gehören 45 Vorstandsvorsitzende europäischer Konzerne an, die zusammen genommen einen jährlichen Umsatz von einer Billion – das sind 1000 Milliarden – Mark tätigen« (S. 163). Es erübrigt sich eigentlich, zu erwähnen, dass Peter Brabeck-Letmathe von Nestlé erwartungsgemäß zu diesem Kreis gehört ebenso wie Gerhard Cromme von ThyssenKrupp, Ulrich Hartmann von der VEBA, heute e-on, Heinrich von Pierer, Siemens, und Ron Sommer von der Deutschen Telekom.

Als die bisher größten Erfolge des ERT bezeichnet Fuchs die Schaffung des gemeinsamen europäischen Marktes, den Vertrag von Maastricht mit der Währungsunion und das europäische Verkehrswegeprogramm. Wenn die Herren für diese Maßnahmen wirklich verantwortlich sind, dann haben sie eine außerordentliche Leistung erbracht. Aber so ist das wohl nicht gemeint. Denn im nächsten Abschnitt wird das Thema unter der Überschrift »MAI – die Weltherrschaft transnationaler Konzerne« wieder aufgenommen.

Dort heißt es: »Während die oben genannten Institutionen schon seit Jahren ihre Spuren hinterlassen, macht seit einiger Zeit eine Neugründung mit einem totalitären Anspruch von sich reden: das Multilaterale Abkommen über Investitionen (Multilateral

Agreement on Investment, MAI), über das die Vertreter der OECD-Länder, der Club der 29 reichsten Industriestaaten, seit fast drei Jahren Geheimverhandlungen führen« (S. 165). Die richtige Würze erhalten die so eröffneten Ausführungen durch Randbemerkungen wie »Die wichtigsten Schritte auf dem Weg zur Weltherrschaft«.

Das ist natürlich ein harter Brocken. Die OECD (Organisation für Wirtschaftliche Zusammenarbeit und Entwicklung) als Club, in dem heimlich an der Weltherrschaft der multinationalen Konzerne geschmiedet wird. In diesen Eindruck passt die Meldung der *Financial Times Deutschland* vom 28. Juni 2000 überhaupt nicht: »Bessere Kontrolle internationaler Konzerne – OECD verabschiedet Verhaltenskodex.« In diesem Kodex werden multinationale Konzerne verpflichtet, soziale, ökologische und betriebliche Mindeststandards zu beachten. Sie geben Gewerkschaften und Nicht-Regierungsorganisationen die Chance, den politischen Druck auf Konzerne zu erhöhen.

Ihren Abschluss finden die Ausführungen von Fuchs über das MAI mit folgenden Sätzen: »Sollte MAI oder seine Ableger verabschiedet werden, bedeutet dies:

- das Aushebeln der Demokratien,
- die totale Regulierung der Politik durch die Wirtschaft,
- die Kolonialisierung der Nationalstaaten durch die mächtigsten Firmen der führenden Industrieländer,
- eine Lizenz zum Plündern der Ressourcen und Arbeitskräfte, um Wirtschaftsräume oder Bodenschätze zu sichern,
- eine Lizenz zum Intervenieren (und letztlich zum Töten),
- die Verteilung von unten nach oben durch ›Strukturanpassungsprogramme‹,
- die Einrichtung von ›New Parks‹, also freien Produktionszonen ohne Regeln, ohne Gewerkschaften und von ihr ausgehandelten Tarife,
- eine McDonaldisierung der Welt.« (S. 167/168)

Nun ist das MAI-Abkommen ja vom Tisch. Ob das zu bedauern ist oder nicht, ist eine Frage des Standpunktes. Dass Functional Food aber in einer direkten Beziehung zur Zerstörung der Demokratien steht, vermag ich nicht nachzuvollziehen. Das gilt auch für die weniger komplexen Überlegungen des nächsten Beispiels.

McSpotlight.com, eine englische Initiative, ist zum Beispiel Teil eines autonomen Netzwerks und hat sich dem Kampf gegen McDonald's und andere multinationale Unternehmen verschrieben. Zu diesem Zweck sammelt und verbreitet McSpotlight Informationen im Internet.

Unter der Überschrift »What's wrong with Nestlé?« geht es um »Unterstützung brutaler und repressiver Regime«. Die Begründung lautet, dass das Unternehmen Niederlassungen in Brasilien, China, Kolumbien, Ägypten, El Salvador, Guatemala, Indien, Indonesien, Kenia, im Libanon, in Mexiko, auf Papua-Neuguinea, auf den Philippinen, im Senegal, in Sri Lanka, in der Türkei und in Südafrika hat. Hier stützt eine Behauptung die andere. Angenommen, es würde sich bei all diesen Ländern um »Regime« handeln, also um diktatorische Regierungsformen ohne Gewaltenteilung, ohne Parlamente und ohne eine Rechtsordnung, müssten dann nicht die gewählten Regierungen der demokratischen Staaten als erste Konsequenzen ziehen, die Beziehungen einstellen und auf unterstützende Maßnahmen verzichten? Die Regierungschefs der europäischen Staaten verzichten ja nicht einmal auf Gruppenfotos (so wie es im Falle Österreich eine Zeitlang praktiziert wurde), wenn sie sich mit den Regierungsmitgliedern dieser Staaten treffen. Außerdem ist Nestlé längst nicht das einzige Unternehmen, das dort produziert und Handel treibt.Neben diesem Vorwurf, der sich nicht nur gegen Nestlé, sondern auch gegen die Länder richtet, folgen weitere. Unter anderem habe Nestlé 1989 in seiner Schokoladenfabrik in Cacapava, Brasilien, 40 Mitarbeiter entlassen und 1993 15 Tonnen radioaktiv verseuchtes Milchpulver, das aus Polen an die Nestlé-Niederlassung in Sri Lanka geliefert worden war, nicht verarbeitet, sondern ins Herkunftsland zurückgeschickt.

Wie international üblich, sollte es dort dann vernichtet werden. Ob das geschehen ist, entzieht sich allerdings meiner Kenntnis.

Da arbeitet die »Erklärung von Bern« deutlich substanzieller. In einer umfangreichen Studie über die Geschäfte der Schweiz mit dem Suharto-Clan taucht neben vielen politischen Finessen wie staatlichen Abkommen und in Gesellschaft fast aller großen schweizerischen Firmen auch Nestlé auf. Das Unternehmen hat eine gemeinsame Tochtergesellschaft mit der Bimantara-Gruppe, die einem Sohn und einem Schwiegersohn Suhartos gehört. Es ist gut und richtig, dass solche Zusammenhänge offengelegt und deutlich gemacht werden – am Grundtatbestand, dass auch in allen anderen Ländern die Wirtschaftsentscheidungen eng an bestimmte Personen gebunden sind, ändert das jedoch nichts.

Diese Beispiele zeigen, dass es bei der Vielzahl von vernetzten Organisationen, die sich hauptsächlich des Internets als Kommunikationsinstrument bedienen, schwer fällt, wirklich aktuelle und relevante Vorwürfe oder Forderungen, die über eine allgemeine Systemkritik hinausgehen, zu finden und zu identifizieren. In den USA existiert zum Beispiel eine starke Anti-China-Allianz zwischen Verbraucherverbänden und Gewerkschaften, die um die einheimischen Jobs fürchten. Natürlich werden dabei auch westliche Unternehmen wie Nestlé attackiert, die in China produzieren.

Wie steht Nestlé zu solchen Vorwürfen?

Der langfristige Erfolg eines Unternehmens ist nach Überzeugung von Brabeck nur dann möglich, wenn seine Aktivitäten, Prinzipien und Verhaltensweisen die allgemeine Zustimmung aller Beteiligten finden, seien es Eigentümer, Verbraucher, Angestellte oder Behörden. Ist dies nicht oder nicht mehr der Fall, kann das Unternehmen Rückschläge nicht vermeiden. Aus diesen Gründen liege es im langfristigen Interesse eines jeden Managers, sich gewissenhaft an das Gesetz zu halten, Verständnis für soziale Themen zu zeigen und zu gewährleisten, dass die Unternehmensaktivitäten mit den Interessen der Gesellschaft, in der es agiert, einhergehen.

Eine einheitliche Weltgesellschaft gibt es allerdings nicht, deshalb bezieht sich Nestlé in seinem Verhalten auf die jeweiligen Nationalstaaten, in denen die Fabriken stehen, auf die dortigen Verbraucher, Mitarbeiter und staatlichen Stellen. Peter Brabeck-Letmathe sieht Unternehmen als wesentliche Teile der sozialen Struktur eines jeden Landes. Sie müssen deshalb bestimmte Verpflichtungen erfüllen und können das Umfeld, in dem sie agieren, weder ignorieren noch sich darüber hinwegsetzen. Denn anders als bei Politikern stimmen die Verbraucher über die Zukunft und den Erfolg eines Unternehmens jeden Tag ab. Das bedeutet allerdings nicht, dass Nestlé seine eigenen Prinzipien aufgibt.

Der Reiz des von den NGO's generell kritisierten marktwirtschaftlichen Wirtschaftssystems ergibt sich für Brabeck aus der Tatsache, dass es vollkommen ohne das uneigennützige Verhalten der einzelnen Individuen funktioniert. So habe Nestlé die jahrelange Arbeit zur Verbesserung der Kaffeeplantagen in Yunnan, China, nicht investiert, um den armen Bauern in der Region zu helfen, sondern weil das Unternehmen die Roherzeugnisse braucht. Trotzdem habe das dazu beigetragen, den Lebensstandard Tausender Familien zu verbessern und der Landflucht, einem der schwerwiegendsten Probleme, mit denen China heute zu kämpfen hat, Einhalt zu gebieten.

Zu den Vorwürfen der Kritiker, Nestlé würde sich auf die Zusammenarbeit mit Regierungen einlassen, die der Einhaltung der Menschenrechte alles andere als oberste Priorität einräumen, lautet Brabecks Antwort: Würde Nestlé seine Aktivitäten nur auf jene Länder beschränken, die nicht im Kreuzfeuer von Amnesty International stehen, dann wäre es dem Konzern noch nicht einmal erlaubt, Nescafé an den Vatikan zu verkaufen.

Anders als manche andere Unternehmen bezieht Nestlé eine klare Position, die an Deutlichkeit kaum zu übertreffen ist:

»Nestlé ist bereit, in jedem Land Geschäfte zu machen, das die Möglichkeit dazu bietet, und zwar auf eigenes Risiko, mit eigenen Managementprinzipien, eigenen Qualitäts- und Sicherheitsvorschriften, eigener Umgangsweise mit Mitarbeitern und Partnern. Das ist Nestlés Beitrag. Und mit Hilfe dieser Prinzipien trägt Nestlé zur Wohlstandsmehrung der Länder, die dem Unternehmen ein Zuhause gegeben haben, bei. Nicht nur dadurch, dass es gute Produkte auf den Markt bringt; nicht nur dadurch, dass es Know-how und neue Technologien mitbringt; nicht nur dadurch, dass es Löhne und Gehälter zahlt und Roherzeugnisse kauft. Ein internationales Unternehmen sorgt außerdem und vor allem für mehr Wettbewerb. Und es zwingt Lieferanten, kommerzielle und finanzielle Partner sowie Behörden dazu, die eigenen Vorgehensweisen zu verbessern.« Soweit Peter Brabeck.

Nestlé sieht es nicht als seine Aufgabe an, politische Entscheidungen einer Regierung zu bewerten und zu beurteilen, es sei denn, sie haben direkte und handfeste Auswirkungen auf die Erfolgschancen der Unternehmungen in dem jeweiligen Land. Wenn die wirtschaftliche Existenz wirklich unmöglich wird, würde Nestlé als letzte Möglichkeit den konsequenten Rückzug aus dem jeweiligen Land vornehmen. Das ist bisher jedoch nur in wenigen Einzelfällen passiert; denn Nestlé und auch seine Mitarbeiter verfügen über ein außergewöhnliches Maß an Langmut, Ausdauer und eine Zähigkeit, die an die der schweizerischen Bergbauern erinnert. Und die Erfahrung hat gezeigt, dass sich das Durchstehen schwierigster Situationen auf Dauer meist auszahlt. Der Phantasie mancher Regierungen ist jedoch keine Grenze gesetzt. So versuchte ein afrikanisches Land, Nestlé einerseits Mindestproduktionsmengen und bestimmte Rohstoffquellen vorzuschreiben, andererseits wollte man die Abgabepreise reglementieren und dem Unternehmen gleichzeitig noch mit den aus dem Steueraufkommen subventionierten Staatsbetrieben Konkurrenz machen. Das hat nicht funktioniert. Take it or leave it, ist dann die einfache Einstellung Nestlés.

Für Helmut Maucher ist die Globalisierung natürlich auch das zentrale Thema der Gegenwart: »Viele Staaten sind inzwischen nicht mehr gegen Investitionen der multinationalen Unternehmen, sondern tun im Gegenteil alles, um deren Kapital in ihre

Länder hineinzubekommen. Private Fremdinvestitionen werden inzwischen eher gewollt als abgelehnt, und zwar aus guten Gründen, weil sie alle gesehen haben, dass sie damit ihre Länder am besten entwickeln können. Das sind positive Entwicklungen.«

»Was negativ ist, habe ich den so genannten Yes-But-Kapitalismus genannt«, fährt Maucher fort. »Das heißt, jeder ist für das private Unternehmertum, für freie Marktwirtschaft – und gleichzeitig möchte man den Kapitalisten ärgern und den Unternehmern alle möglichen Vorschriften machen, übertreibt also mit der Produkthaftung, möchte bestimmte Formen der Werbung verbieten, oder man ist gegen jede Rationalisierung. Der Yes-But-Kapitalismus ist ein schleichendes Phänomen und kann für die Wirtschaftsordnung gefährlich sein. Tausende von NGO's, die entstanden sind, die alle das vermeintlich Gute im Auge haben, Themen, bei denen die Politiker sensibel werden, und die die ganze Seattle-Konferenz boykottieren konnten, wollen allen anderen Vorschriften machen, ohne selbst in der Verantwortung zu stehen.«

Aus seinem Ärger darüber macht Helmut Maucher keinen Hehl: »Man sagt uns, ihr dürft in China wegen der Missachtung der Menschenrechte keine Geschäfte mehr betreiben – oder wir üben Druck aus. Es gibt gewisse Grundsätze bei Nestlé, die wir strikt einhalten, wir wollen keine Kinderarbeit und verzichten auf jedes Geschäft mit Lieferanten, die sich nicht daran halten, auch wenn sie billiger sind. Aber aus China herauszugehen, wäre totaler Unsinn.«

Die Lösung ist für ihn klar: »Wenn die Leute nicht mehr täglich gegen den Hunger kämpfen müssen, entstehen neue Werte. Daraus entsteht mehr Prosperität, mehr Kultur, mehr Erziehung und mehr Sensibilisierung für derartige Werte. Daraus entsteht dann Demokratie. Und mit mehr Demokratie entsteht eine größere Beachtung und Respektierung der Menschenrechte, für die wir ja alle sind. Es geht nur über diesen konkreten Weg und nicht über bloße Deklarationen. Wenn wir gemeinsam mit einigen anderen Unternehmen dafür sorgen, dass die Chinesen jedes Jahr den Hunger im Lande ein bisschen mehr verringern und den Lebensstandard anheben, dann wird keine Partei verhindern können, dass die Leute für diese Dinge sensibler werden.«

Doch dieser pragmatischen Betrachtung wollen viele Nestlé-Kritiker nicht folgen. Wenn sich im Grunde wohlwollende Idealisten zu unverrückbaren Prinzipien bekennen, die die Welt in Gut und Böse aufteilen, bekommt man die Macht der ideologischen Ballaststoffe des Westens zu spüren.

»Die Gefahren für die Gesellschaft an sich gehen heute von jenen aus, die sagen, wir sind die Gutmenschen, und jeder, der nicht gut ist, ist unser Gegner. Und dann entscheiden sie, wer gut ist und wer nicht gut ist, was gut ist und was nicht gut ist.«

Maucher erkennt die Probleme, die aus der wachsenden gesellschaftlichen Komplexität entstehen. »Damit bekommt man mehr Menschen auf seine Seite, als es der Fall sein sollte. Diese Anspruchsgruppen haben natürlich die einfacheren Argumente. Sie können in fünf Minuten erklären, warum das alles, was sie kritisieren, schlecht ist. Das, was wir erklären müssen, ist dagegen komplizierter, dass die Globalisierung indirekt zu mehr Wohlstand führt, zu einem besseren Zugang der unterentwickelten Länder zu den Weltmärkten, und dass über die Globalisierung in den vergangenen Jahren 500 bis 600 Millionen Menschen aus der Armutsgrenze befreit worden sind. Das ist alles schwieriger zu erklären als diese einfachen Parolen. Es besteht zur Zeit schon die Gefahr, dass die positiven Entwicklungen verhindert oder erschwert werden.«

Trotz dieser harten Worte sieht Maucher den Prozess der Globalisierung aber durchaus auch differenziert und dürfte damit gar nicht so weit von der Position derjenigen Globalisierungskritiker entfernt sein, die sich nicht in bloßer Ablehnung ergehen, sondern nach praktischen Lösungen suchen. »Die Globalisierung kann man allerdings auch nicht einfach allein laufen lassen«, ist seine Überzeugung. »Sie braucht jetzt Regeln. Wir haben in Deutschland den Ordoliberalismus erfunden, einen der besten Exportartikel, die Deutschland je hatte. Und jetzt braucht man einen Ordoliberalismus für die Welt. Wenn die Welt der Markt ist und die Welt der Wirtschaftsraum, braucht man auch Regeln für die Welt, das, was eine Marktwirtschaft oder eine freie Wirtschaft als Ordnungsrahmen begleiten muss.«

Der Begriff des Ordoliberalismus ist heute wahrscheinlich nicht mehr sehr geläufig, deshalb sei er hier kurz erklärt. Ordoliberalismus bezeichnet die in der Bundesrepublik Deutschland verwirklichte Ausgestaltung des Liberalismus, die eine der Grundlagen der Sozialen Marktwirtschaft ist. Der Ordoliberalismus ersetzt das »Denken in Entwicklungen«, das zum Beispiel beim Marxismus vorherrschte, durch das »Denken in Ordnungen«.Im ordoliberalen System hat der Staat die Funktion, die Voraussetzungen für einen freien Wettbewerb im wirtschaftlichen Bereich zu schaffen und diesen funktionsfähig zu erhalten, um die individuelle Freiheit zu gewährleisten. Durch eine in sich abgestimmte Ordnungspolitik soll er gewährleisten, dass die dem Wettbewerb innewohnenden Tendenzen zur Selbstaufhebung neutralisiert werden. Das bedeutet, man darf den Markt nicht sich selbst überlassen, weil seine Mechanismen zu Oligopolen oder gar zu Monopolen und damit zu einer Machtverschiebung führen.

Darüber hinaus soll der Staat punktuelle Eingriffe in das Wirtschaftsgeschehen vornehmen können, wobei sichergestellt sein muss, dass sie den Markt-Preis-Mechanismus nicht oder möglichst wenig beeinträchtigen. In Deutschland finden sich diese Prinzipien und Überlegungen überraschend deutlich in der rot-grünen Politik der Bundesregierung wieder, obgleich man sich wohl gar nicht bewusst ist, dass man hier bereits in Vergessenheit geratenes liberales Gedankengut aus den fünfziger Jahren reanimiert hat.

Helmut Maucher fordert ganz konkret: »Wir brauchen spezielle Wettbewerbsgesetze, so wie man sie bisher nur für einzelne Länder hatte. Aber zur Zeit haben wir ja schon Mühe, überhaupt ein europäisches Wettbewerbsgesetz zu schaffen. Wenn man den Globalisierungsprozess unkontrolliert laufen lasst, bietet man nur unnötige Angriffsflächen.«

Den großen Konzernen wird gern unterstellt, dass sie eine ausschließlich an ihren Interessen orientierte Politik verfolgen. Damit wird auch der Widerstand gegen sie und der Aufbau einer Gegenmacht legitimiert. Helmut Maucher dürfte mit seinen Überlegungen allerdings nicht bequem in das Schubladendenken einiger seiner Gegner passen. Seine Gedanken müssten Pauschalierer eigentlich überraschen:

»Die Globalisierung findet in Form von Übergängen statt. Übergänge bereiten immer Schmerzen, das heißt, es gibt Probleme. Ich muss also diese Dinge begleiten, ich kann sie nicht laufen lassen nach dem Motto ›catch as catch can‹. Übergänge brauchen einen Ordnungsrahmen und gewisse sozial flankierende Maßnahmen. Nur dann wird diese Globalisierung am Schluss eine Win-win-Situation, und zwar sowohl für die industrielle Welt wie für die Entwicklungsländer.

Japan war vor zwanzig Jahren die große Bedrohung für die westlichen Industrieländer, jetzt ist es unter ferner liefen, weil man dort inzwischen ähnliche Standards hat. Das sind Prozesse, die immer laufen. Was damals und was heute gemanagt werden muss, sind die Übergangsphasen, die zum Teil Probleme machen. Dazu brauchen wir, ob wir wollen oder nicht, einfach mehr Zusammenarbeit zwischen allen Teilen der Welt. Wir brauchen die Vereinten Nationen mit mehr Vollmachten und Institutionen, die diesen Prozess im Weltmaßstab begleiten. Sonst wird es zumindest vorübergehend hier und da schief gehen. Mehr Monitoring und mehr Transparenz, allerdings ohne dass man die freien Ströme interventionistisch kontrolliert.

Aber ich glaube, eine Weltwirtschaft und Unternehmen, die weltwirtschaftlich handeln – heute kann doch jeder mit einem PC auf der ganzen Welt etwas verkaufen – stärken am Ende alle. Das schafft einfach mehr Prosperität, und über mehr Prosperität kommt mehr Zusammenarbeit, dann gibt es auch weniger Kriege. Denn je stärker die Wirtschaft vernetzt ist, desto schwieriger wird es, plötzlich anzufangen, die anderen umzuschießen. Die Kommunikationstechnologie macht heute alles so transparent, dass sich kein Volk mehr abschließen kann, auch die Chinesen nicht. Von daher bin ich eigentlich relativ optimistisch, dass das die ganze Welt weiterbringen wird, zu Frieden, Wohlstand und zur Wahrung der Menschenrechte. Aber der Weg dahin ist mit Problemen gepflastert, denn solche Prozesse laufen nie ohne Schwierigkeiten ab.«

Im Kontext der Globalisierung ist die Unternehmensgröße ein dauerhaftes Thema von grundsätzlicher Bedeutung. Deshalb wird auch innerhalb von Nestlé immer wieder über die Vor- und Nachteile der eigenen Größe diskutiert. Sind ihre Ausmaße noch vernünftig und überschaubar? Nähert man sich nicht dem schieren Gigantismus?

Nach Ansicht von Helmut Maucher ist die Erhaltung des Wettbewerbs entscheidender für den Erfolg als ausschließlich die Frage nach den adäquaten Unternehmensgrößen. Im übrigen werde das Thema Macht und Größe oft mystisch übertrieben und sei ohnehin eingegrenzt durch Gesetzgebung, Wettbewerb, Kontrollorgane und Publizität, was er voll bejahe. Die Diskussion über Größe, über Großunternehmen und über den Mittelstand würden viel zu häufig ideologisch zugespitzt. Er hingegen plädiere dafür, dass sich neben den wettbewerbspolitischen Gesichtspunkten in einem Markt betriebswirtschaftlich die Größenordnung herausbilden sollte, die für eine bestimmte Branche, für eine Produktion am geeignetsten ist. Eine gewisse Größe sei notwendig für internationale Wettbewerbsfähigkeit, Forschungsinvestitionen oder bestimmte Technologien; andererseits bestünden mit Spezialprodukten, bei nur lokal arbeitenden Unternehmen sowie im Service- und Dienstleistungssektor viele Möglichkeiten für kleinere und mittlere Betriebe. »Vielfalt ist wichtig«, so Maucher.

Unter drei Voraussetzungen allerdings hält Helmut Maucher die Größe des Unternehmens tatsächlich für ein Problem:

- Wenn sie erstens eine effiziente Führung verunmöglichte, was bei Nestlé durch die stark dezentralisierte Gliederung nicht der Fall sei.
- Zweitens, wenn das Unternehmen im Verhältnis zu seinem wirtschaftlichen Umfeld disproportioniert und übermächtig wäre; der Umsatz der Nestlé-Gruppe, ihre Fabriken und Verkaufstätigkeit sind jedoch weltweit verteilt, die größte Produktionseinheit beschäftigt nur etwas mehr als 2000 Mitarbeiter, während die anderen im Mittel nicht mehr als einige hundert Angestellte zählen.
- Gefahren und Schwierigkeiten gäbe es drittens schließlich zweifellos, wenn die Größe zu einer Monopolstellung führte. In sämtlichen Bereichen ihrer Geschäftstätigkeit und in allen Märkten trifft die Nestlé-Gruppe jedoch auf einen scharfen Wettbewerb, und das ist nach Ansicht von Maucher gesund, führe doch die Konkurrenz letztlich zu einer Übereinstimmung von Verbraucher- und Unternehmensinteressen.

In der folgenden Übersicht habe ich noch einmal die zentralen Kritikpunkte und die Haltung Nestlés einander gegenübergestellt. Wie Nestlé seine Positionen in die Realität umsetzt, wird im weiteren Verlauf des Buches noch beschrieben.

Kritik: Nestlé zerstört durch europäische Nahrungsmittel die Kultur und die Identität anderer Nationalitäten, indem die Menschen von ihren traditionellen Nahrungsmitteln entfremdet werden.
Nestlé: Wir wollen im Ausland keine Outsider sein, sondern Insider, die sich in die Mentalität, die Konsum- und Verhaltensweisen integrieren.

Kritik: Multinationale Unternehmen nutzen die niedrigeren Arbeitskosten in den Schwellenländern, um Arbeitsplätze in Europa und den USA abzubauen. Es wird so wenig wie möglich investiert, Raubbau an der Natur betrieben, und die Gewinne werden nur nach Europa transferiert.

Nestlé: Wir wollen Werte schaffen für die jeweilige Wirtschaft und Gesellschaft der Länder, in denen wir tätig sind. Wir arbeiten mit lokalen Rohstofflieferanten, Händlern und Verpackungsherstellern zusammen und sichern deren Lebensunterhalt. Wir wollen die Umwelt pfleglich behandeln.

Kritik: Multinationale Unternehmen nutzen ihre Marktmacht, um die Rohstoffpreise zu drücken, und erpressen ihre Lieferanten.
Nestlé: Wir behandeln unsere Lieferanten genauso gut wie unsere Kunden.

Kritik: Was für multinationale Unternehmen allein zählt, ist immer der niedrigste Einkaufspreis, auch wenn er durch Kinderarbeit zustande kommt.
Nestlé: Wir sind gegen Kinderarbeit und würden nicht bei einem Lieferanten einkaufen, der Kinder einsetzt, auch wenn die Preise noch so niedrig wären.

Kritik: Es gibt Länder, deren Gesetzgebung mangelhaft ist und nicht dem aktuellen Standard entspricht. Diese Lücken nutzen multinationale Unternehmen aus.
Nestlé: Wir wollen uns gewissenhaft an das Gesetz halten, Verständnis für soziale Themen zeigen und dafür sorgen, dass die Unternehmensaktivitäten mit den Interessen der jeweiligen Gesellschaft einhergehen.

Kritik: In multinationalen Unternehmen werden in der Zentrale realitätsferne Entscheidungen getroffen, deren negative Konsequenzen oft genug die Mitarbeiter zu tragen haben.
Nestlé: Für uns stehen Mensch und Mitarbeiter im Vordergrund. Bei uns herrscht ein kollegialer, offener Führungsstil. Wir informieren unsere Mitarbeiter über unsere Ziele, Strategien und Prinzipien.

Kritik: Multinationale Unternehmen geben den Menschen in der Dritten Welt keine Chance, sich beruflich zu entwickeln und am Wohlstand teilzuhaben.

Nestlé: Wir wollen lokale Kräfte entwickeln und ihnen Verantwortung geben. Bei Beförderungen zählen nicht die Nationalität oder der Pass, sondern berufliche Tüchtigkeit und Erfahrung sowie die Fähigkeit und der Wille, die Nestlé-Prinzipien anzuwenden. Wir bieten unseren Mitarbeitern eine vernünftige Ausbildung. Und unsere Mitarbeiter sollen darüber hinaus den Unternehmensgeist, das Engagement und die Begeisterung aufnehmen, die der Nestlé-Familie eigen sind.

Kritik: Das Einzige was zählt, sind kurzfristige Gewinne, um die Aktionäre zufriedenzustellen.
Nestlé: Wir denken langfristig.

Kritik: Zwischen der Selbstdarstellung und der Realität liegen bei multinationalen Unternehmen Welten. Es geht nur darum, die Kunden in den hoch entwickelten Ländern zu beschwichtigen, um sie nicht zu verlieren.
Nestlé: Wir reden nicht nur über Image und Unternehmenskultur, sondern wir sorgen dafür, dass die Vorstellungen über uns auch mit der Wirklichkeit übereinstimmen. Für uns sind Glaubwürdigkeit und Integrität wichtig.

Die große Angst vor dem Essen

Die Auseinandersetzung mit den Kritikern industriell gefertigter Nahrung ist außerordentlich problematisch und ganz anderer Natur, als man zunächst annimmt. Das ist jedenfalls das Ergebnis einer Analyse und Expertenrunde, die Dr. Karin Bergmann in Zusammenarbeit mit der Dr. Rainer Wild-Stiftung für gesunde Ernährung im Springer-Verlag dokumentiert hat. Dabei unterscheidet sie drei Ebenen, die der Verbraucher, die der Fachleute sowie die der Medien und Meinungsbildner.

Der Teil der Bevölkerung, der ein ausgeprägtes Negativimage gegenüber industriell gefertigten Nahrungsmitteln in Befragungssituationen zum Ausdruck bringt, ist relativ klein, und noch kleiner ist der Teil, der dieses Negativimage in alltäglich praktiziertes

Verhalten umsetzt. Während fast 96 Prozent der Teilnehmer einer Untersuchung erklärten, dass eine alternative Kost gesünder sei, und 63,5 Prozent der Überzeugung waren, sie enthalte weniger Schadstoffe, interessierten sich nach anderen Befragungen gerade einmal zwischen vier und 15 Prozent dafür, wie man sich denn nun konkret mit dieser alternativen Kost ernähren könne.

Die Hauptursachen für diese Diskrepanz sind laut Bergmann:

- Die Verbraucher können heute mehrheitlich weder die Qualität von Nahrungsgrundstoffen beurteilen noch daraus Speisen zubereiten.
- Sie können oder wollen nicht mehr die notwendige Zeit für die Zubereitung und Konservierung von Lebensmitteln einsetzen und sind auch nicht mehr bereit, sich den entsprechenden regionalen und jahreszeitlichen Angeboten zu unterwerfen.

Der gesamte Nahrungsbereich erfordert ein sehr hohes Fachwissen, das von der Entscheidung über die Genießbarkeit der Rohstoffe, die verschiedenen Methoden der Zubereitung bis hin zur Aufbewahrung, Haltbarmachung und Lagerung erstreckt. Dieses Wissen ist aber nicht mehr vorhanden; denn entgegen den allgemeinen Annahmen werden heute schon 80 bis 90 Prozent aller Nahrungsmittel industriell vorbereitet, bevor sie in den Handel kommen. Weil dem Verbraucher ein eigenes gesichertes Fachwissen fehlt, orientiert er sich in seinen Meinungen und Äußerungen an sekundären Quellen, den Medien. Nun sind in den Medien aber nur »schlechte Nachrichten gute Nachrichten«. Von daher wird auch die Wahrnehmung der Realität durch den Verbraucher auf Probleme, Skandale und Fehler fixiert.

Das führt auch dazu, dass die Beurteilung der mit der Nahrung verbundenen Risiken zwischen Fachleuten und Verbrauchern genau gegenteilig gewichtet wird. Während Fachleute das Hauptproblem in der Verunreinigung von Nahrungsmitteln durch Krankheitserreger sehen, spielt das für den Verbraucher keine Rolle; er sieht dagegen die Probleme bei Zusatzstoffen, die bei den Fachleuten nur unter ferner liefen rangieren. Jährlich erkranken nach Angaben von Verbraucherschützern rund zwei Millionen Deutsche an Lebensmittelinfektionen, wovon Darmerkrankungen am häufigsten sind. Verursacher seien zu einem großen Teil Salmonellen in Eiern sowie Fleisch und Wurst. Diese lassen sich zwar durch entsprechendes Garen abtöten, jedoch ist diese Problematik den Verbrauchern in vielen Fällen überhaupt nicht bewusst.

Ganz anders ist es bei Allergien, unter denen heute rund acht Millionen Deutsche leiden; nur zehn Prozent von ihnen haben allerdings eine Lebensmittelallergie, die vorwiegend von eiweißhaltigem Getreide, Eiern, Erdnüssen, Soja, Milch und Fisch ausgelöst wird. Hier ist eine Deklaration aller Inhaltsstoffe auf Lebensmitteln notwendig, auch auf solchen, die nicht industriell hergestellt werden. Die Ursachen von Allergien werden von Kritikern der industriellen Nahrungsmittelfertigung immer wieder gern Aromen, Konservierungsstoffen oder Farbstoffen zugeschoben. Die Hauptursache liegt jedoch im »westlichen Lebenstil«, so der Ärzteverband Deutscher Allergologen. Zu diesem Lebensstil gehören übertriebene Hygienemaßnahmen, die vermehrte Haustierhaltung und der zunehmende Straßenverkehr ebenso wie die modernen isolierten Wohnungen mit einer erhöhten Belastung durch Milben. In den vergangenen sechzig Jahren ist die Zahl der allergischen Erkrankungen von ein bis zwei auf 30 bis 40 Prozent gestiegen.

Für Mehlmilben-Allergiker sind zum Beispiel vorgebackene Aufback-Brötchen nicht geeignet, da die relativ kurzen Aufbackzeiten und vorgeschriebenen Aufbacktemperaturen nicht ausreichen, um die für das Auge nicht sichtbaren und relativ hitzebeständigen Mehlmilben abzutöten. Natürlich sind solche Backwaren auch Industrieprodukte, was keinen anderen Schluss zulässt, als den, dass man auch hier wie schon beim Thema Globalisierung nicht pauschal urteilen sollte, sondern von Fall zu Fall, von Produkt zu Produkt.

Zwischen den Wünschen der Verbraucher nach schneller und problemloser Speisezubereitung, ihren eigenen tagtäglichen Wahrnehmungen und Beurteilungen der Qualität von Lebensmitteln sowie der aus zweiter Hand übernommenen grundsätzlichen Bewertung klafft demnach eine erhebliche Diskrepanz. Nur sie erklärt, weshalb es einerseits eine ganz gezielte Nachfrage nach bestimmten Produkten und Marken gibt und andererseits eine pauschale Ablehnung ganzer Produktkategorien.

Die Ablehnung von industrieller Nahrung ist, so das Ergebnis von Karin Bergmann, nicht das Resultat eigener negativer Erfahrungen oder einer auf eigenem Wissen beruhenden Beurteilung, sondern entsteht durch die Übernahme von Urteilen anderer, denen man Kompetenz und Interessenfreiheit zubilligt. Das entspricht auch meinen Erfahrungen. Je mehr Fachwissen man sich aneignet, desto kritischer wird man gegenüber der Berichterstattung in den Medien und speziell im Fernsehen, das ja ganz eigenen dramaturgischen Gesetzen folgt, ja sogar wohl folgen muss, um den Zuschauer vor dem Bildschirm zu halten.

Das aus meiner Sicht unerfreuliche Ergebnis vieler Stunden, die ich vor dem Fernseher aufgewendet habe, um mir Sendungen zum Thema Lebensmittel anzuschauen, ist, dass selten informiert und aufgeklärt, sondern weitaus häufiger Sensationsmache auf der Ekelschiene betrieben wird. Dabei machen dann auch Autoren wie Hans-Ulrich Grimm und Udo Pollmer mit. In dem vom Sender Phoenix am 30. August 2000 ausgestrahlten Beitrag mit dem Titel »Was in unserem Essen steckt« wurde unter anderem die Frage gestellt: »Wie kommen Sägespäne in den Joghurt?«. Die Antwort lautete, Himbeeraroma wird aus dem Holz des Zedernbaumes gewonnen. Es kommen also keine Sägespäne in den Joghurt, sondern ein Aroma aus einem natürlichen Rohstoff; schließlich ist ein Baum kein Industrieprodukt.

Bei dem im Nestlé-Produkt LC1 eingesetzten Bakterienstamm und auch bei den Stämmen, die die Wettbewerber verwenden, handelt es sich um Keime, die im Darm vorkommen; und genau dort sollen sie wiederum ihre positive Wirkung entfalten, deshalb werden sie verzehrt. In der Sendung wurde die Frage gestellt, woher diese Bakterien stammen. Die Antwort, »es sind Fäkalbakterien, sie stammen aus Fäkalien«. Dazu wurden Bilder einer Kläranlage gezeigt. Der Zuschauer bekam so den Eindruck, die Industrie würde ganz aktuell aus Fäkalien Lebensmittelbestandteile herausziehen und verarbeiten. Gesagt wurde es nicht, denn das wäre falsch – man ließ die Bilder für sich sprechen. In Wirklichkeit werden die Bakterien für die industrielle Produktion unter strengen hygienischen Bedingungen gezüchtet und dann verarbeitet. Dass vor vielen Jahren und etlichen Millionen von Bakteriengenerationen diese tatsächlich irgendwann einmal aus dem Darmmilieu isoliert wurden, dürfte die Verbraucher, die täglich tonnenweise Wurstmasse verzehren, die in Därmen, Blasen und Mägen abgefüllt ist, kaum noch berühren, wenn es in diesem Zusammenhang dargestellt worden wäre.

Der deutsch-französische Fernsehsender *arte* brachte am 13. Juli 2000 einen Themenabend life von der Expo in Hannover mit dem Titel: *Die große Angst vor dem Essen.* Essen sei eine unsichere und gefährliche Angelegenheit, hieß es dort. 30 000 Nahrungsmittel würden Substanzen aus gentechnisch veränderten Sojabohnen enthalten, und 50 Menschen seien nachweislich an BSE gestorben. Hier wurden die Risiken von BSE, die industrielle Massentierhaltung von Schweinen und der Einsatz von gentechnisch veränderten Nahrungsbestandteilen fröhlich in einen Topf geworfen und so miteinander vermengt, dass die an der Diskussionsrunde beteiligten Wissenschaftler völlig hilflos waren, als sie um eine Stellungnahme gebeten wurden. Die Spezialisten für Gentechnologie bei Pflanzen sollten etwas zu BSE sagen und umgekehrt.

Ein interessanter Aspekt war sicherlich, dass Schweinefleisch in Europa inzwischen billiger ist als Brot. Dabei hat man aber nicht den generellen Nutzen des ungezügelten Fleischkonsums und der damit verbundenen industriellen Fleischproduktion in Frage gestellt, sondern einzelne unappetitliche Aspekte als Grundlage zur pauschalen Kritik an der industriellen Nahrungsfertigung an sich herangezogen. Den Schlachthofszenen standen später die beschaulichen Gemüsemärkte der Provence gegenüber. Der Zuschauer hatte die Wahl zwischen blutigen Schädeln oder handgemachtem Käse, zwischen herausquellenden Gedärmen oder ökologischem Weinbau.

Industrielle Nahrungsproduktion ist jedoch – und das wurde nicht gesagt – keine uniforme Herumpanscherei in großen Trögen mit undefinierbarem Inhalt. Man kann nicht die industrielle Verarbeitung von Kaffee, beginnend beim Rösten, Mahlen, Aufbrühen und Trocknen, oder die Herstellung von Instant-Nudelsuppen – mit ähnlichen Schritten wie in der privaten Küche, nur in anderem Maßstab – gleichsetzen mit der industriellen Fleischproduktion. Und man kann auch nicht die Verfahren zur Haltbarmachung von Milchprodukten oder zur Herstellung von Schokolade mit den Methoden der Massentierhaltung in einen Topf werfen.

Ich persönlich ziehe jedes industriell gefertigte, auf pflanzlichen Rohstoffen basierende Nahrungsmittel dem mit industriellen Methoden gezüchteten Hühner- oder Schweinefleisch vor. Die Sauen werden künstlich besamt und zu Ferkelproduktionsmaschinen degradiert. Die Schlachtschweine werden in einer Turbomast innerhalb von wenigen Wochen auf das Schlachtgewicht gebracht. Selbst wenn sie keine verbotenen Hormone erhalten, werden sie durch Zusatzstoffe und durch Geschmacksstoffe dazu gebracht, mehr zu fressen als normal. Dabei mögen die Tiere das aus Fleischabfällen und Kadavern produzierte Tiermehl eigentlich nicht. Wenn gesagt wird, dass man ist, was man isst, dann muss jeder selbst überlegen, an welcher Stelle der Nahrungskette er mit seinen Betrachtungen ansetzen will. Beim Schwein, beim Tiermehl oder bei den Kadaverhalden französischer Tierfutterhersteller?

Weshalb die absolute Mehrheit der hoch industrialisierten Bevölkerung der Welt aber keine Notwendigkeit sieht, mit den Tieren Mitleid zu haben, die wie in grässlichen Sciencefiction-Filmen als lebende Kalorienbomben in einer völlig unnatürlichen Umgebung gehalten werden, damit man sie dann zerfleischen und verwursten kann, ist mir unverständlich.

Wer gegen Massentierhaltung ist, müsste für industriell gefertigte Nahrung sein, die kein oder nur wenig Fleisch enthält. Das ist jedoch nicht so. Man regt sich leidenschaftlich über die Verwendung von Nudelsnacks aus dem Plastikbecher auf, um sich dann lieber wie ein Bodysnatcher auf ein blutiges Kotelett zu stürzen, das gestern noch als Teil eines süßen, kleinen, lebensfrohen Schweinchens gemeinsam mit Tausenden anderen auf einem zugigen Lkw seinem baldigen Ende entgegen reiste. Vielleicht ist es notwendig, dass die Nahrungsmittelindustrie, die wie Nestlé darüber nachdenkt, nicht mehr über das Tier zu produzieren, sondern direkt von der pflanzlichen Basis auszugehen, ihre Botschaften nicht mehr nur emotionslos und rational formuliert, sondern sich auch emotionaler Elemente bedient, wie ich es gerade getan habe. Vielleicht würde man ihr dann nicht nur lieber glauben, sondern ihren Argumenten sogar folgen.

Wer gehört nun zu den Befürwortern und wer zu den Gegnern industriell gefertigter Nahrung?

Zu den Befürwortern zählen natürlich die Industrie und eine ganze Reihe von Fachleuten in staatlichen Organisationen, Hochschulen und Universitäten und Verbänden. Ihr Hauptargument ist stets, dass Nahrungsmittel noch nie so sicher waren und so scharf überwacht wurden wie heute. Als Beleg gilt ihnen die außerordentlich geringe Zahl von Erkrankungen, die direkt auf Mängel bei industriell hergestellten Lebensmitteln zurückzuführen sind. Uneinigkeit besteht mit den Gegnern im Wesentlichen hinsichtlich möglicher Stoffe, die Allergien auslösen könnten, und darüber, ob die Themen Tierzucht, Verpackungen, Werbung und Umwelt der Diskussion über die industrielle Nahrungsfertigung zugeschlagen werden dürfen oder gesondert zu behandeln sind.

Zu den Gegnern gehören engagierte Verbraucher und Aktionsgruppen aus den Bereichen Natur und Umwelt sowie im besonderen Maße Meinungsbildner, also Fachleute, die ihr Geld durch die Veröffentlichung von Informationen verdienen. Entsprechend breit gefächert ist hier das Argumentationsspektrum.

Kaffee, Getränke, Süßwaren, Schokolade, Eis, Frühstückszerealien und selbst Joghurts finden sich auf der Liste der Kritiker aus den verschiedenen Lagern weitaus seltener als Maggiwürfel, Tütensuppen und Instantprodukte. Weshalb eigentlich? Wissen die Gegner der Industrie nicht, dass ihre Cola, ihr Kaffee am Automaten, ihr kleines Frühstück zwischendurch, ihre Kitkat-Pause oder ihr Häagen-Dazs-Eis auch industrielle Produkte sind, die mit ähnlichen Maschinen, in ähnlichen Verfahren und in ähnlichen Mengen produziert werden wie Suppen oder Kartoffelpüree? Oder wollen sie das bloß nicht sehen, weil es nicht ins Konzept passt?

Von Kritikern aus dem ökologischen Lager wird die Industrialisierung in den westlichen Ländern generell als eine Fehlentwicklung betrachtet, die dazu geführt hat, dass das Individuum in seiner freien Entfaltung behindert wird und von seiner natürlichen Lebensbasis entfremdet worden ist. Das positive Gegenteil von Industrie ist immer Natur – ein Begriff, der allerdings selten mit konkreteren Erfahrungen als einem Waldspaziergang oder einem Zoobesuch verbunden ist und besonders von Bewohnern der Großstädte in nahezu religiöser Form verehrt wird.

Natur wird als ein komplexes System betrachtet, das nicht nur mit Attributen wie »gut« im religiös-philosophischen Sinne, sondern auch mit »gerecht«, »schön« und vor allem »gesund« versehen ist und das durch die Farbe »Grün« symbolisiert wird. Die Veränderung der Natur ist unzulässig und schlecht. Dabei geht vielen Stadtbewohnern nahezu jeder Kontakt mit der Natur und auch jedes Verständnis für natürliche und erst recht für unnatürliche Vorgänge ab. Sie verlassen sich aufs Hörensagen und auf die Interessenorientierung ihrer Informationsquellen als Maßstab für deren Glaubwürdigkeit.

Dass der größte Teil der Natur auf der Erde kein Ferienziel ist, sondern aus Ozeanen, Bergen, Wüsten und Dschungel besteht, die unwirtlich, lebensfeindlich, eisig und tödlich sind oder sein können, wird ausgeblendet. Natur ist im Bewusstsein der Überzivilisierten ein wohl temperiertes, ewig grünes, paradiesisches Ideal, das jedoch nie existiert hat und das auch nie zu realisieren sein wird, es sei denn in Form eines riesigen, künstlich animierten Disneylands. Landbewohner haben ein ganz anderes Verhältnis zur Natur. Für sie stehen meist die reinen Nutzengesichtspunkte im Vordergrund. Darin unterscheiden sie sich nicht von Nestlé. »Nestlé ist nicht dazu da, die Welt grüner zu machen«, sagte Konzernchef Peter Brabeck-Letmathe in einem Interview mit dem *managermagazin* 3/99; »was wir wollen, ist eine langfristige Wertschöpfung. Und dazu gehört, dass beispielsweise die Umwelt pfleglich behandelt wird.« Umwelt wird bei Nestlé nicht als ein abstraktes Ideal gesehen, sondern als ein konkreter, rational zu begründender Wert.

Wie nun Natur und Essen zusammengehören, zeigen die FOE, Friends of the Earth. Sie sind das größte internationale Netzwerk von Umweltgruppen, in 61 Ländern vertreten, mit so namhaften Schirmherren und Förderern wie Margaret Atwood, Bruce Cockburn und Thor Heyerdahl. Ihre Kampagnen und Programme reichen von der Antarktis über den Schutz der Meere, von der Überwachung internationaler Finanzinstitutionen bis zur Nahrungsmittelsicherheit. In England ist FOE eine der führenden Pressure Groups im Umweltbereich.

In der »Real Food Campaign« wird dann auch Nestlé ins Visier genommen. »Real Food« sind in der Definition von FOE Nahrungsmittel, die frei von genveränderten Bestandteilen und giftigen Rückständen sind. Was unter dieser letzten Kategorie genau zu verstehen ist, wird allerdings nicht erklärt.

»Real Food« hat laut FOE fünf Vorteile:

1. es ist besser für die Gesundheit;
2. es nimmt den Verbraucher in die Verantwortung, sein Geld nicht an Konzerne zu verschwenden, die sich nicht um die Umwelt und den Planeten kümmern;
3. es ist gut für die Tierwelt und die Landschaft;
4. es schafft Arbeitsplätze;
5. es schafft faire Bedingungen für jedermann.

FOE weiß es genau: Es sind die großen Konzerne wie Unilever und Nestlé, die auf dem Weltmarkt entscheiden, was wo angebaut wird und was nicht. Dadurch, dass sie nicht sagen, was in ihren Produkten woher kommt, verhindern sie, dass der Verbraucher sich für die »wirklich echte Nahrung« entscheiden kann. Was Real Food nun wirklich ist, bleibt allerdings weiterhin nebulös.

Will man die verschiedenen Meinungen, für die die Friends of the Earth nur beispielhaft stehen, zusammenfassen, könnte die Kritik wie folgt formuliert werden: Industriell hergestellte Nahrung ist nur Ersatz für naturbelassene Nahrung (ungemahlenes Getreide, Rohmilch und lebende Tiere) und mit deren Qualität nicht zu vergleichen. Die Erwiderung von Nestlé würde lauten: Unsere Lebensmittel sind von höchster Qualität, sie unterliegen einer weitaus strengeren Überwachung als naturbelassene Lebensmittel. Sie sind von gleichbleibender Qualität und schonen die Ressourcen.

Gentechnologie – zwischen Horrorvision und Verantwortung

Der Einsatz gentechnisch veränderter Bestandteile in Nahrungsmitteln ist ein Thema, bei dem der gegenwärtige Wissensstand es nicht zulässt, dass von irgendeiner Seite abschließende Antworten gegeben werden können, die mit Fakten hinreichend zu belegen sind. Deshalb wird der Einsatz von Gentechnologie in der Öffentlichkeit auch kaum noch allein unter wissenschaftlich-technischen Aspekten und Details diskutiert, sondern ist zu einem überwiegend ethischen Problem geworden, bei dem es um Grundsatzfragen wie die geht, ob der Mensch alles tun darf, was er tun kann und ob die Folgen bestimmter Handlungen in ihrer Gesamtheit wirklich vorherzusagen sind.

Diese Verschiebung in der Betrachtungsweise haben die verschiedenen Aktionsgruppen, allen voran Greenpeace, bewirkt. Die Zeitschrift *GEO* hat in ihrer Ausgabe Nr. 5/Mai 2000 ausführlich dokumentiert, wie diese Verschiebung zustande kam. Dabei bezeichnet *GEO* den Verlauf als ein finessenreiches gesellschaftliches Lehrstück, einen Poker um Macht, Einfluss und Profit. Es gebe Einblick in die Strategien der »Global Player«, bei denen neben multinationalen Konzernen längst auch eine Organisation wie Greenpeace mitspiele. Greenpeace setzte in seiner Kampagne den Hebel im Handel an; denn die Interessen der Handelskonzerne decken sich nicht notwendigerweise mit denen der Saatguthersteller. Mobilisiert wurden die Verbraucher – als Kunden des Handels –, indem unter anderem das Strategiepapier der Gentechnik-Lobby, ausgearbeitet von der PR-Firma Burson-Marsteller, veröffentlicht und deren manipulatives Vorgehen bloßgestellt wurde. Wie *GEO* richtig bemerkt, gehört es zu den schärfsten Waffen in PR-Gefechten, die Glaubwürdigkeit des Gegners zu erschüttern. Glaubwürdigkeit sei die härteste Währung in der mit Halbwahrheiten und Pseudonachrichten übersättigten Informationsgesellschaft.

Das ist auch der Grund, weshalb die beiden Journalisten Marcel von Mattey und Udo Tschimmel die Internet-Adresse gen-info.de ins Leben gerufen haben. Sie wollen als unabhängige Informationsquelle das gesamte Spektrum der Meinungen zu Genfood und Genpflanzen darstellen. Wie groß die Fülle der Informationen und der kontinuierliche Aktualisierungsbedarf ist, zeigt die tägliche Auswertung von mehr als 50 deutschsprachigen und internationalen Zeitungen und Zeitschriften. Bei der Sichtung des Materials wird allerdings deutlich, dass die Fachwelt trotz aller Kritik am eingeschlagenen Weg an der bisher verfolgten Strategie weitgehend festhält und ebenfalls ein ethisches Argument ins Feld führt: die Bekämpfung des weltweiten Hungers, wie der nachfolgende Auszug aus einer Meldung der Deutschen Presseagentur (dpa) über den 24. Kongress der Agrarökonomen in Berlin zeigt:

Experten wollen mit Genfood Hunger bekämpfen

(14.8.2000) Ohne Bio- und Gentechnologie wird sich die explodierende Weltbevölkerung nach Ansicht von Agrarökonomen nicht ernähren lassen. Um die voraussichtlich von sechs auf acht Milliarden Menschen steigende Bevölkerung zu ernähren, müsse

vor allem die Produktivität auf den vorhandenen Flächen erhöht werden, sagte der neue Präsident der Internationalen Vereinigung von Agrarökonomen, Prof. Joachim von Braun, am Sonntag zum Auftakt einer Fachkonferenz in Berlin. Bio- und Gentechnologie lägen auch besonders im Interesse armer Länder, da die Bodenreserven weitgehend aufgebraucht seien.
Die UN-Ernährungsorganisation FAO geht davon aus, dass derzeit 790 Millionen Menschen chronisch unterernährt sind. Um die Zahl der Hungernden bis 2015 zu halbieren, müsste ihre Zahl jährlich um 20 Millionen zurückgehen. Derzeit sinke sie aber nur um acht Millionen, sagte der FAO-Vertreter Hartwig de Haen. Der Fortschritt verlaufe zu langsam. Erforderlich sei vor allem ein Ende von Konflikten und eine hohe politische Priorität zu Gunsten ländlicher Räume in weiten Teilen der Welt. Gentechnologie müsse für Kleinbauern auch nicht teuer sein, hieß es weiter. Beispielsweise sei eine krankheitsresistente Kartoffel für jene Bauern von Vorteil, die kein Geld für Pflanzenschutzmittel hätten. Die Genfood-Produkte der zweiten und dritten Generation würden künftig auch in den reichen Ländern sehr viel mehr akzeptiert werden, sagte der Bonner Wissenschaftler Prof. Harald von Witzke. In armen Ländern werde vielfach befürchtet, dass ihnen durch die Sorgen in den reichen Ländern der Zugang zu neuen Qualitätsprodukten versperrt werde. Andererseits stehe außer Zweifel, dass die Landwirtschaft von morgen wegen ihres hohen Kapital- und Wissensbedarfs eine High-Tech-Landwirtschaft sein werde. Damit verändere sich die Wettbewerbsfähigkeit in der Agrarwirtschaft weiter zu Gunsten der Industrieländer.

Kurz darauf tagten die Pflanzenbauwissenschaftler in Hamburg, und dpa meldete:

Mehr Anstrengungen zur Sicherung der Welternährung
(23.8.2000) Mit einem Aufruf an Politik, Wirtschaft und Gesellschaft, mehr für die Sicherung der Welternährung zu tun, ist am Dienstag in Hamburg der 3. Internationale Kongress der Pflan-

zenbauwissenschaften zu Ende gegangen. Bis zum Jahr 2020 werde die Weltbevölkerung nach vorsichtigen Schätzungen um 35-40 Prozent auf etwa acht Milliarden Menschen steigen. Pflanzenwissenschaftler stünden deshalb vor der Herausforderung, die Erzeugung von Grundnahrungsmitteln diesem rasanten Bevölkerungszuwachs anzupassen, ohne die natürlichen Ressourcen unwiederbringlich auszubeuten, erklärte Prof. Hartwig H. Geiger (Universität Hohenheim).

Auf dem Kongress wurden unter anderem Untersuchungen vorgelegt, wonach das Potenzial der weltweit nutzbaren noch kultivierbaren landwirtschaftlichen Flächen ausreichen müsste, um in Zukunft weit über zehn Milliarden Menschen zu ernähren. Mangelhafte Ausbildung, primitive technische Hilfsmittel und unzureichender Zugang zu modernen Betriebsmitteln sowie Bodenerosion und Bodendegeneration führten aber dazu, dass die Erträge gerade in den ärmeren Ländern hinter dem möglichen Niveau zurückblieben. Als Konsequenz stagnierten in vielen Entwicklungsländern seit über zehn Jahren die Produktionszahlen.

Neue biotechnologische Ansätze, um Ernteverluste zu reduzieren und somit die Ernährung zu sichern, sehen die Wissenschaftler in molekularbiologischen und gentechnischen Methoden. Gentechnisch veränderte Pflanzen werden gegenwärtig weltweit auf einer Fläche von etwa 40 Millionen Hektar angebaut. »Somit liegen bereits fundierte Erfahrungen über den Nutzen und die Risiken der pflanzlichen Gentechnik vor«, sagte Geiger. In keinem Fall seien Schäden für die Gesundheit von Mensch und Tier oder für die Umwelt beobachtet worden.

In einer »Hamburger Erklärung« hielten die Wissenschaftler fest, dass sie es für eine gesellschaftliche und ethische Verpflichtung halten, alle Möglichkeiten der modernen Biotechnologie konsequent zur Sicherung einer mengenmäßig ausreichenden, biologisch hochwertigen Ernährung zu nutzen. Auf dem fünftägigen Kongress hatten rund 1200 Wissenschaftler aus mehr als 100 Ländern die neuesten Erkenntnisse und Forschungsergebnisse aus Bereichen der Pflanzenbauwissenschaften diskutiert.

Die Agrarexpertin Elenita Daño vom Southeast Asia Regional Institute for Community Education (SEARICE) auf den Philippinen hält es für zutiefst unmoralisch, dass die Menschen in den reichen Ländern für sich die Wahlfreiheit zwischen gentechnikfreier und gentechnisch veränderter Nahrung fordern und gleichzeitig der Dritten Welt Gentechnik als Patentlösung empfehlen. Dabei richtet sich ihre Kritik nicht grundsätzlich gegen die Gentechnik, sondern gegen den staatlich geförderten Anbau von Feldfrüchten in Monokulturen, so genannten »Cash-Crops«, die oft nur für den Export gezüchtet werden. Dadurch werden feudale Strukturen gestärkt und die Position der Kleinbauern geschwächt. Genau dieses Problem sieht auch Nestlé und versucht durch die Ausbildung von Kleinbauern und durch die Förderung des Kaffeeanbaus deren wirtschaftliche Situation zu verbessern und gleichzeitig eine tragfähige Rohstoffbasis im Lande zu schaffen.

Allerdings gehört Nestlé auch schon seit langem zu den Befürwortern der Nutzung von Rohstoffen aus transgenen Pflanzen. Das hat dem Unternehmen zahlreiche Aktionen von Gegnern der Gentechnik beschert und ihm in der Liste der zu boykottierenden Unternehmen einen sicheren Platz neben den Herstellern von genverändertem Saatgut eingebracht. An der langfristigen Strategie hat das nichts geändert, auch wenn man flexibel auf Verbraucherwünsche reagierte. Es wäre auch untypisch für Nestlé, wenn man äußerem Druck in einer Sache nachgeben würde, die man selbst für gut und richtig befunden hat.

Bereits 1996 war Helmut Maucher »nicht glücklich darüber«, dass Nestlé Deutschland angekündigt hatte, man werde vorerst keine Lebensmittel mit genverändertem Soja anbieten. Maucher fehlte der Zusatz, dass »wir generell der Gentechnik gegenüber positiv eingestellt sind«. 1998 kam dann von Nestlé der Schokoriegel »Butterfinger« in die Regale des deutschen Handels. Es war das erste Produkt auf dem deutschen Markt, das mit dem Hinweis »aus genetisch verändertem Mais hergestellt« gekennzeichnet war. Inzwischen ist er vom Markt wieder verschwunden, weil er keinen nennenswerten Absatz gefunden hat. Ob es nun an den Zutaten lag oder ob dem deutschen Verbraucher das in den USA gefertigte Produkt einfach nicht schmeckte, ist ungewiss. Die *Wirtschaftswoche* zitierte jedenfalls einen Tankstellenbesitzer im schwäbischen Rottenburg, der über den Butterfinger sagte: »Die sind saumäßig zäh und hart – da beißt man sich die Zähne aus.«

Dabei ist Helmut Maucher durchaus selbstkritisch, wenn er sagt: »Ich habe schon zu vielen Fragen Stellung genommen, und keineswegs immer mit Erfolg. Man denke nur an mein Fiasko in der Gentechnologie. Ich habe mit diesem Thema auch zum Teil provoziert, meine eigenen Leute haben gezittert, weil ich so frech gewesen bin. Die haben Angst gehabt um ihre Umsätze. Ich habe gesagt, das muss sein, irgendeiner muss das Eis brechen, und es ist auch gebrochen.« Wie teuer es das Unternehmen zu stehen kam, die Diskussion mit einer tatsächlichen Produkteinführung zu eröffnen, ist allerdings nie berechnet worden.

Auch Peter Brabeck ist aus heutiger Sicht der Meinung, dass der Start in die Gentechnologie anders hätte stattfinden können: »Nestlé muss sich wie wir alle mit den Konsequenzen eines verpfuschten Starts auseinandersetzen. Niemand hat die Absicht, den Verbrauchern Produkte aufzudrängen, die zu akzeptieren sie noch nicht bereit sind, aber ich denke, wir begingen einen großen Fehler, dieses Problem nur kurzfristig und nur aus europäischer Sicht anzugehen.«

»Wir sind zwar dafür und wir stehen auch nach wie vor dafür ein, aber wir können in einer Marktwirtschaft nichts gegen die Konsumenten verkaufen«, sieht Maucher ein. »Und wenn der Handel sagt, nein, das führen wir nicht, das wollen wir nicht, dann ist das Produkt gestorben, ob ich nun Nestlé bin oder jemand anders. Verkaufen können wir nur das, was die Menschheit will, aber wir können uns für sinnvolle Entwicklungen einsetzen, in der Kommunikation, in der Entwicklung, in der Forschung.«

Brabeck ist durchaus um eine differenzierte Sichtweise bemüht, bleibt aber in der Sache hart. »Wir sehen uns häufig mit den Angst auslösenden ›Was ist, wenn?‹-Fragen konfrontiert. Was ist, wenn gentechnisch veränderte Pflanzen in zwanzig Jahren wirklich für ein höheres Vorkommen von Allergien verantwortlich sind? Was ist, wenn es tatsächlich gentechnisch veränderte Pflanzen gibt, deren Samen sich im Umkreis von 20 Meilen verbreiten?

Die öffentliche Meinung ist überwältigt von apokalyptischen Szenarien und lässt sich beeinflussen von Ausdrücken wie ›die Gefahr von Frankensteins Futter‹. Nur wenige Stimmen äußern sich über die Risiken, die darin liegen, diese neue Technologie nicht einzusetzen, und viel zu wenig wird über die tatsächlichen und potenziellen Vorteile gesprochen. Eine andere Gefahr, die vollkommen ausgeblendet wird, besteht darin, was es für eine Gesellschaft bedeutet, sich einer neuen Technologie zu verschließen.

Aber noch gefährlicher, weil illusorisch, ist es zu glauben, man könnte in der heutigen Zeit einen legalen Verteidigungswall aufbauen, um gentechnisch veränderte Organismen aus unseren sauberen Ländern fern zu halten.«

Auch Helmut Maucher bleibt dabei, »die Gentechnologie wird kommen, so oder so, das ist irreversibel, aber jetzt ist ein Teil der Menschheit, besonders die Germanen, zunächst in Angst, weil man die Dinge nicht übersieht und es nicht mehr einfach zu erklären ist. Es ist viel leichter, die Menschen mit Schlagworten in Angst und Schrecken zu versetzen, als sie rational davon zu überzeugen, dass das die einzige Möglichkeit ist, 800 Millionen Menschen aus ihrer Hungersnot zu befreien. Dass man durch den Einsatz von Gentechnologie Wasser spart, dass man also ökologisch genau das tut, was dieselben ökologisch sensiblen Leute, die gegen Gentechnologie sind, dauernd fordern, wird ausgeblendet.«

Nach Untersuchungen Nestlés wird zur Zeit nur ein Prozent der Pflanzen für menschliche Ernährung verwandt. Wenn sich durch Klonen und gentechnische Veränderungen mehr Pflanzen für die menschliche Ernährung aufbereiten ließen, die gleichzeitig billiger sind als tierische Produkte, entstehen laut Maucher ungeheure Möglichkeiten.

»Die Leute, die das verhindern und die Entwicklung um vielleicht zehn Jahre verzögern, werden als Resultat ihrer Verhinderungstaktik für den Tod von dreißig oder vierzig Millionen Menschen verantwortlich sein. Hier ist gut gemeint das Gegenteil von gut. Noch werden sie bejubelt, weil sie scheinbar für das Gute eintreten, aber der Widerstand gegen die Gentechnologie ist nur emotional begründet. Man kann jedoch andere Leute mitziehen, die dann auch dagegen sind, ohne dass man eine vernünftige, rationale Debatte darüber geführt hat, wie man die Dinge wirklich vernünftig angeht. Wenn einer nicht von genmodifizierten, sondern von genmanipulierten Pflanzen spricht, dann hat er schon automatisch das Thema negativ besetzt.«

Helmut Maucher beschreibt hier sehr deutlich die ethische Zwickmühle, in der sich die Gegner der Gentechnologie befinden. Die Zahl der chronisch Unterernährten müsste viel rascher zurückgehen, nur sind dafür heute keine Instrumente außer der grünen Gentechnik zur Hand, und ohne schnell wirksame Alternativen verhungern die Menschen.

Nestlé hat eine Befragung zum Thema Gentechnologie durchführen lassen, deren Resultat auch von anderen Umfragen bestätigt wird: Experten waren zu 98 Prozent für den Einsatz von Gentechnologie, von der breiten Öffentlichkeit jedoch waren rund 70 Prozent dagegen.

Peter Brabeck stellte im Gespräch mit mir die Position von Nestlé und die gesamte Problematik immer wieder in einen globalen Kontext: »Wenn wir nur die Verantwortung für die Ernährung der Westeuropäer und nicht für die globale Ernährung hätten, dann würde unsere Position wahrscheinlich etwas anders sein. Für Westeuropäer ist die Gentechnologie in der Landwirtschaft heute wahrscheinlich absolut nicht notwendig. Wir produzieren ja so viel, dass wir den Bauern gehörige Summen dafür bezahlen, dass sie nicht produzieren. Wir bezahlen die Weinbauern, damit sie die Weinstöcke ausreißen, wir bezahlen andere Bauern, damit sie die Tomaten zerstören, und wir bezahlen dafür, dass Land brach gelegt wird. Und da ist dann klar, dass wir in Westeuropa in einem solchen Umfeld an Gentechnologie, die unter Umständen helfen kann, die Ernte zu vergrößern oder Ernteschäden zu vermindern, kein großes Interesse haben.

Aber für ein globales Unternehmen mit globaler Verantwortung schaut das natürlich ganz anders aus. Wenn Sie heute zum Beispiel nach China oder nach Afrika schauen, wo es noch Hunderte Millionen von Menschen gibt, die eben nicht ihre tägliche Ernährung haben, stellt sich das Bild ganz anders dar. Wir müssen einsehen, dass dort zu viele Ressourcen verbraucht werden, um wirklich langfristig nachhaltige Landwirtschaft zu betreiben, und zwar laut FAO ungefähr drei Viertel zu viel Ressourcen. Mit diesem Hintergrundwissen ändert sich natürlich der Blickwinkel, und daher kommt es hin und wieder zu Konfrontationen, die sich eben dadurch erklären, dass wir als globales Unternehmen eine globale Verantwortung haben, während Aktivistengruppen sich ein begrenztes Zielfeld aussuchen.« Und dann fügte er ergänzend, im Hinblick auf den Titel des Buches hinzu: »Aber an dem Beispiel Gentechnologie sieht man auch, wie gering unsere Macht eigentlich ist. Denn Macht ist heute vor allem die Macht der öffentlichen Meinung, und die liegt bei anderen und nicht so sehr bei einer großen Firma, so wie wir es sind. Das ist der Unterschied zwischen Verantwortung und Macht.«

Angesichts der Debatte über gentechnisch veränderte Nahrungsmittel glaubt Brabeck, dass wir, besonders hier in Europa, noch viele Jahre erbitterter Diskussionen vor uns haben. Der Diskussion, so äußerte er sich in einem Gespräch, mangele es jedoch an Wissen und Verständnis in weiten Teilen der Bevölkerung sowie an politischer Führung; sie leide unter der zynischen Ausschlachtung selbst ernannter Verfechter der Natur und einem gewissen kommerziellen Opportunismus einiger Mitspieler. Nur eine reale technologische Beurteilung, die auf praktischer Erfahrung basiert, werde es uns laut Brabeck ermöglichen, die darin liegenden Risiken und die Art und Weise, wie wir uns vor diesen Risiken schützen können, zu verstehen.

»Das ist eine flexible Annäherung an das Thema Sicherheit, und als Wissenschaftler, Einzelhändler und Industrielle sollten wir fragen: Wo liegen die Risiken, wenn wir die Forschung in diesen Bereichen in Europa blockieren? Wo liegen die Risiken, wenn wir eine viel versprechende Technologie den anderen Mitspielern überlassen? Und wo liegen die Risiken, wenn wir eine Technologie vernachlässigen, die einen wesentlichen Beitrag zur Lösung einiger Probleme, mit denen sich die Landwirtschaft weltweit befassen muss, leisten könnte?«

Der Agrarwissenschaftler und Friedensnobelpreisträger Norman Borlaug wird von den Befürwortern der Gentechnik und auch von Nestlé gern zitiert. Er sagte bei der Generalversammlung der Asian Development Bank: »Extreme Umweltaktivisten scheinen alles zu tun, was in ihrer Macht steht, um wissenschaftlichen Fortschritt im Keim zu ersticken... Während die Wohlstandsgesellschaften es sich leisten können, mehr für Nahrungsmittel zu bezahlen, die mit so genannten ›organischen Methoden‹ produziert werden, gibt es etwa eine Milliarde chronisch unterernährter Menschen in Ländern mit niedrigem Einkommen und einem Mangel an Nahrungsmitteln, die dies nicht können.«

Diejenigen, die globale Unternehmen leiten, tragen auch globale Verantwortung. In ein paar Jahren wird man sie nicht nur fragen, ob sie den Shareholder Value ausreichend maximiert haben, sondern ihnen auch andere, kompliziertere Fragen stellen. Einige davon werden sicherlich lauten: Was habt ihr gegen den Hunger in den Entwicklungsländern unternommen? Welchen Beitrag habt ihr bei der Forschung nach neuen, nachhaltigeren landwirtschaftlichen Methoden geleistet? Und wie habt ihr geholfen, den Weg für eine Technologie zu ebnen, die die Roherzeugnisse verbessern kann und die deutliche Vorzüge in den Produkten hervorbringt, die an die Kunden verkauft werden?

Peter Brabeck beabsichtigt, die Antworten auf diese Fragen parat zu haben. Gerade weil er glaubt, dass Beständigkeit unerlässlich für den Aufbau von Vertrauen ist, hat Nestlé seine Position bei der Gentechnikdiskussion unverändert beibehalten. In den Ländern, in denen gentechnisch veränderte Roherzeugnisse rechtlich anerkannt sind und von den Verbrauchern akzeptiert werden, wird Nestlé sie auch verwenden. Die Niederländer etwa haben eine viel gelassenere Einstellung zu solchen Produkten als die Deutschen. Nur 17 Prozent der Niederländer lehnen Nahrungsmittel mit genveränderten Bestandteilen kategorisch ab.

Die Unternehmenspolitik sieht deshalb wie bisher vor, dass alle Produkte und Zutaten, die von Nestlé verkauft werden, zuvor strenge, interne Sicherheitskontrollen durchlaufen und dass sie, sofern dies angemessen ist, offen und deutlich gekennzeichnet werden. Darüber hinaus wird das Unternehmen wohl weiterhin weder Kosten noch Mühe scheuen, um Behörden und die Öffentlichkeit vom Nutzen der Gentechnik zu überzeugen.

Nestlé im Kreuzfeuer der IBFAN – zwanzig Jahre und kein Ende

In keinem Bereich gehen die Behauptungen und Forderungen der Kritiker und die Selbsteinschätzung von Nestlé so weit auseinander wie in den Fragen des Marketings von Kindernahrung, und nirgends sind die Fronten klarer und eindeutiger gezogen. Auf der einen Seite steht das 1979 gegründete International Baby Food Action Network (IBFAN) mit seinen mehr als 150 Gruppen in 90 Ländern. In Deutschland wird es durch die Aktionsgruppe Babynahrung e.V. (AGB) und die Arbeitsgemeinschaft freier Stillgruppen (AFS) vertreten, in England zum Beispiel durch die Baby Milk Action. Auf der anderen Seite stehen Nestlé und unzählige staatliche Institutionen, Fachorganisationen und Fachleute, die eine gänzlich andere Sichtweise des Themas haben als die Interessengruppen. Beiden fällt es offensichtlich immer schwerer, ihre Positionen einer unvoreingenommenen Öffentlichkeit verständlich zu machen. Die große Menge an Materialien und die letzten Endes gleichförmige Wiederholung der immer gleichen, formelhaften Forderungen schrecken eher ab, als dass sie informieren.

Dreh- und Angelpunkt ist der 1981 von der Weltgesundheitsorganisation (WHO) verabschiedete International Code of Marketing of Breast-milk Substitutes (oder internationale Kodex für die Vermarktung von Muttermilchersatznahrung). Die IBFAN berichtet, dass die UNICEF (manchmal wird auch die WHO zitiert) schätzt, dass jährlich 1,5 Millionen Kinder sterben, weil sie nicht gestillt werden und dass mittlerweile weniger als die Hälfte der Mütter in Dritte-Welt-Ländern ihre Babys stillen. Der gleiche Sachverhalt wird an anderer Stelle auch so formuliert: »UNICEF stellt fest, dass die Umkehrung der weltweit niedergehenden Stillrate jährlich 1,5 Millionen Kinderleben retten könnte«; d.h., es sterben tatsächlich noch mehr Kinder, und im Zusammenhang mit diesem Text wird die Zahl 1,5 Millionen auch einem Datum zugewiesen: dem Jahr 1991. Ich möchte nicht bezweifeln, dass diese Zahl auch heute noch der Realität entspricht. Was mich aber irritiert, ist die subtile Verwandlung, die diese Botschaft im Rahmen der IBFAN-Veröffentlichungen erlebt. Dort heißt es nämlich dann: »Laut UNICEF sterben jährlich 1,5 Millionen Säuglinge, weil sie nicht gestillt, sondern mit der Flasche ernährt werden«. Das sind nur wenige Worte mehr, aber sie beschreiben einen ganz anderen Tatbestand von Ursache und Wirkung. Wenn Kinder sterben, weil sie nicht gestillt werden, kann das viele Ursachen haben: Tod, Krankheit und Unterernährung der Mütter sowie in solchen Fällen der Mangel an geeigneten anderen Nahrungsmitteln für die Kinder, Krankheit der Kinder oder Mehrlingsgeburten. Für die IBFAN gibt es aber, wie zu lesen ist, nur eine Todesursache, die Ernährung mit der Flasche. Jedoch führt Flaschenernährung an sich keineswegs zum Tode, sondern ist nur als ein verkürzendes Synonym für eine lange Reihe möglicher anderer Ursachen wie Armut, Mangel an sauberem Wasser, fehlender Hygiene und Analphabetentum.

Bei der Durchsicht von Originaltexten der WHO stellte ich fest, dass hier die Wirklichkeit anders beschrieben wird, als sie die IBFAN wahrnimmt. So hat beispielsweise die Generaldirektorin der World Health Organization Frau Dr. Gro Harlem Brundtland am 19. April 1999 in Maputo, Mosambik, eine Rede zum Thema Müttersterblichkeit gehalten, in der es hieß:

»Das Schicksal der Neugeborenen ist untrennbar verbunden mit der Gesundheit der Mutter vor und während der Schwangerschaft und der Entbindung. Von den jährlich mehr als vier Millionen Todesfällen von Kindern, die weniger als einen Monat alt sind, treten drei Millionen innerhalb einer Woche nach der Entbindung ein, größtenteils als Folge der schlecht betreuten Schwangerschaften und Entbindungen. In Afrika werden jedes Jahr ungefähr zwei Millionen Kinder tot geboren oder sterben in den ersten wenigen Tagen ihres Lebens. Weitere Millionen sind durch Geburtstraumata und Sauerstoffmangel während der Entbindung zum Krüppel geworden oder leiden lebenslang an den Folgen.«

Das Thema Stillen oder Ernährung mit der Flasche taucht in der ganzen Rede nicht auf, wohl aber der Hinweis auf alle anderen negativen Begleitumstände.

Worum es im Grundsatz geht, wurde auch auf dem Agrargipfel in Berlin ganz deutlich gemacht:

»16 000 Kinder sterben täglich an den Folgen schlechter Ernährung. Ihnen fehlen keine Kalorien, sondern Proteine, Vitamine und Mineralien. 30 Millionen Babys werden in diesem Jahr mit Ernährungsschäden auf die Welt kommen. Den Hunger bekamen sie schon in den Uterus gelegt, zu klein, zu mager, zu wenig widerstandsfähig – unterentwickelt wie das Land, in dem sie geboren wurden.« So berichtet die *taz* von diesem Kongress.

Betrachtet man diese schrecklichen Zahlen, die viel höher sind als die der IBFAN, kommt man zu dem Schluss, dass die IBFAN die Wirklichkeit nur noch in Ausschnitten wahrnimmt und die gesamte Bandbreite aller Ursachen von Säuglingssterblichkeit möglicherweise aus den Augen verloren hat, ebenso wie den lebensrettenden und gesundheitsfördernden Einsatz von ordnungsgemäß zubereiteter Ersatznahrung, wenn keine Muttermilch zur Verfügung steht.

Stimmen aber schon die Grundaussagen nicht, worum geht es dann? Die Aktionsgruppe Babynahrung beschreibt die »Ursprünge« ihrer Aktionen für die Säuglingsgesundheit so:

»Nestlé ist der wahrscheinlich am schärfsten kritisierte transnationale Nahrungsmittelkonzern. Diese Kritik und der daraus resultierende Boykott haben viele Ursachen:

1. die herausgehobene Stellung im Weltmarkt (Nestlé kontrolliert gut 40 Prozent des Weltmarktes an künstlicher Säuglingsnahrung);
2. die wachsende Aufmerksamkeit der Öffentlichkeit und die aktive Rolle engagierter Nicht-regierungsorganisationen (Dritte-Welt-Gruppen, Verbraucherverbände, Kirchen usw.);
3. die Belege der Überwachungsberichte, dass Nestlé seit zehn Jahren weltweit die größte einzelne Urheberin von Verstößen gegen den Kodex ist;
4. die Ideologie, mit der Nestlé ihre Expansionspolitik ›verkauft‹;
5. die Haltung, die Nestlé Kritik und Kritikern entgegenbringt;
6. die arrogante Haltung und die wirtschaftliche Macht, mit der Nestlé, versucht Regierungen unter Druck zu setzen;
7. die systematischen Gegeninformationskampagnen und Ablenkungsmanöver von Nestlé;
8. und nicht zuletzt der Zusammenhang zwischen den Firmenaktivitäten im Säuglingsnahrungssegment und den Auswirkungen auf die dadurch Betroffenen.

Der Boykott wird fortgesetzt werden, bis Nestlé seine unverantwortlichen Marketingstrategien eingestellt und sich dem Internationalen Kodex und den bezugnehmenden Resolutionen unterworfen hat.«

Globalisierung, industrielle Nahrungsproduktion und auch das Thema Babynahrung werden in der Praxis keineswegs so systematisch getrennt, wie ich es hier getan habe, sondern eher kumuliert. Je mehr Argumente zusammenkommen und sich gegenseitig stützen, desto größer scheint die angenommene Wirkung zu sein, die sie entfalten.

Analysiert man weitere Materialien der Babynahrungsgruppen, erkennt man, dass sich von Anfang an tatsächlich gleich mehrere Interessen vermischen. Einerseits die auf einer antikapitalistischen Grundhaltung beruhende Abneigung gegen Großkonzerne und gegen Marketing und Werbung als vermeintliche Manipulationsinstrumente. Andererseits die Kritik an der Einführung westlicher Produktions- und Lebensweisen in Ländern der Dritten Welt, also der beginnenden Globalisierung. Hinzu kamen Fälle von Krankheit und Tod von Kindern, die zwar immer auf einem Zusammentreffen mehrerer verschiedener Ursachen beruhten, die man jedoch der Einfachheit halber auf das Wirken der Industrie reduzierte. Der Nestlé-Boykott wird immer noch als erster Höhepunkt und größtes Boykott-Ereignis der Geschichte gefeiert. Hier in verkürzter Weise der Ablauf:

1939: Frau Dr. Cicely Williams hält einen Vortrag mit dem Titel »Milch und Mord« vor dem Rotary Club in Singapur und erklärt, dass Kinder durch falsche Ernährung getötet werden: *Unangebrachte Propaganda für Babynahrung sollte als kriminellste Form von Agitation bestraft und deren tödliche Folgen als Mord betrachtet werden.*

1968: Prof. Derrick Jelliffe vom Karibischen Institut für Nahrung und Ernährung in Jamaika prägt den Ausdruck »commerciogenic malnutrition« (handelsbedingte Fehlernährung), um den Einfluss der Marketingpraktiken der Industrie auf die Gesundheit der Säuglinge zu beschreiben.

1970: Die UNO-Protein-Kalorie-Beratungsgruppe (UN Protein-Calorie Advisory Group – PAG) erhebt Bedenken gegen die Praktiken der Industrie.

1972: Der Internationale Zusammenschluss der VerbraucherInnenverbände (IOCU) übergibt einen Entwurf für einen Kodex zu den Vermarktungspraktiken der Babynahrungsindustrie an die FAO/WHO-Codex-Alimentarius-Kommission.

1973: Die britische Zeitschrift *New Internationalist* veröffentlicht als Titelgeschichte »Die Babynahrungstragödie«. Aufrufe zu einer Aktionskampagne gegen die unmoralische Werbung für künstliche Babynahrung werden gestartet.

1974: Die britische Aktionsgruppe War on Want veröffentlicht »The Baby Killer«, einen Report über Mangelernährung bei Säuglingen und die Werbung für künstliche Säuglingsnahrung in der Dritten Welt.

Die Berner Aktionsgruppe Dritte Welt (AgDW) publiziert die deutsche Übersetzung in der Schweiz unter dem Titel »Nestlé tötet Babys«.

Die Weltgesundheitsversammlung verabschiedet eine Entschließung, die eine Überprüfung der Werbung für Babynahrung und einen Ethik-Kodex fordert.

1975: Der International Council of Infant Food Industry (ICIFI), ein internationaler Zusammenschluss der Babynahrungsindustrie, wird gegründet. Cow & Gate, Dumex, Meiji, Morinaga, Nestlé, Snow Brand, Wakado und Wyeth schließen sich dem ICIFI an. Der ICIFI entwickelt einen freiwilligen Ethik-Kodex.

1976: Die UNO-Protein-Kalorie-Beratungsgruppe erklärt, dass die Regelungen des ICIFI-Kodex nicht weitreichend genug seien.

1977: INFACT (Infant Formula Action Coalition), die amerikanische Babymilch-Aktionsgruppe, startet den Nestlé-Boykott in den USA.

1978: Der Nationale Kirchenrat der USA, die Presbyterianische Kirche, die Landarbeitergewerkschaft und die kalifornische Kinderkrankenschwestervereinigung unterstützen den Nestlé-Boykott.

1979: WHO/UNICEF veranstalten eine internationale Konferenz zum Thema »Säuglings- und Kleinkindernährung«. Es wird die Entwicklung eines internationalen Kodex für die Vermarktung von Babynahrung wie auch andere Aktionen gefordert, um die Praktiken der Säuglings- und Kleinkindernährung zu verbessern.

Das Internationale Aktionsnetzwerk Säuglingsnahrung (International Baby Food Action Network – IBFAN) wird gegründet.

In den USA rufen dreißig nationale Organisationen das International Nestlé Boycott Committee (INBC) ins Leben.

1980: Der Nestlé-Boykott wird in Großbritannien von Baby Milk Action (BMAc), der englischen Babymilch-Aktionsgruppe, gestartet. Der Nestlé-Boykott beginnt auch in Schweden und in der Bundesrepublik.

1981: Der Internationale Kodex für die Vermarktung Muttermilchersatznahrung wird von der WHO-Generalversammlung verabschiedet. Nur die USA stimmt dagegen.

1982: Peru ist das erste Land, das den Internationalen Kodex in die nationale Gesetzgebung aufnimmt.

Die Europäische Kommission beginnt, an einem Entwurf der Direktive zu arbeiten.

Nestlé veröffentlicht eigene Marketingrichtlinien, die an den Internationalen Kodex angelehnt sind.

1984: Nestlé unterzeichnet den Internationalen Kodex. Der erste Nestlé-Boykott wird beendet.

1986: Das Europäische Parlament beschließt, die meisten Regelungen des Internationalen Kodex in den Entwurf der Direktive zu übernehmen.

Die Weltgesundheitsversammlung verabschiedet eine Resolution, mit der kostenlose und subventionierte Babynahrungslieferungen verboten werden.

1987 – 1988: IBFAN-Gruppen decken weltweit im Rahmen ihrer Interpretation immer wieder Verletzungen des Internationalen Kodex und der WHO-Resolution zu Babynahrungslieferungen durch die Industrie auf, in einigen Fällen sogar der nationalen Gesetze und Regelungen.

1988: Die AGB (Aktionsgruppe Babynahrung) startet in der Bundesrepublik Deutschland erneut den Nestlé-Boykott und eine öffentliche Kampagne gegen Milupa.

1989: BMAc nimmt den Nestlé-Boykott in Großbritannien wieder auf; in Irland, Norwegen und Schweden werden ebenfalls Boykotte ausgerufen. Andere Länder treffen Vorbereitungen, sich dem Boykott anzuschließen.

1990: Beginn des Nesquik-Boykotts in der Bundesrepublik.

1991: Im Schweizer Fernsehen wird der Film »Das Elend der Flaschenbabys« ausgestrahlt; Ausrufung des Nestlé-Boykotts durch die Aktionsgruppe Nestlé in der Schweiz.

Die WABA (World Alliance for Breastfeeding Action) wird gegründet, ein Zusammenschluss internationaler Stillorganisationen wie IBFAN, La Leche League, International Lactation Consultant Association, IOCU etc.

Die Synode der Anglikanischen Kirche in Großbritannien ruft zum Nescafé-Boykott auf.

Nestlé-Boykott-Gruppen sind jetzt in 14 Ländern aktiv. Daneben arbeiten mehr als 150 Gruppen in über 70 Ländern zu den Problemen künstlicher Babynahrung.

1992: Die EU-Export-Direktive wird beschlossen. Sie fordert von allen EU-Unternehmen, auf Babybilder auf den Packungen zu verzichten und diese mit einer angemessenen Deklaration zu versehen.

Die WHO verabschiedet eine Resolution, die alle Staaten aufruft, den Kodex in die nationale Gesetzgebung zu überführen, wobei der Internationale Kodex die Mindestanforderung darstellt. Gratis- und verbilligte Lieferungen an Gesundheitseinrichtungen seitens der Hersteller sollen eingestellt werden. Mütterfreundliche Arbeitsplätze, die das Stillen ermöglichen, sollen eingerichtet werden.

1994: In Deutschland wird das Säuglingsnahrungswerbegesetz (SNWG) verabschiedet; wesentliche Aussagen des Kodex sind in ihm nicht enthalten.

1996: Die WHO verabschiedet eine Resolution, die betont, dass eine transparente, unabhängige und von kommerziellem Einfluss freie Überwachung der Einhaltung des Kodex gewährleistet werden muss; Ergänzungsnahrung darf nicht in einer Art vermarktet werden, die ausschließliches und anhaltendes Stillen unterminiert.

1997: Die Leitende UNICEF-Direktorin Carol Bellamy nimmt ein Spitzengespräch zwischen ihr und Nestle-Chef Brabeck-Letmathe zum Anlass, hervorzuheben, dass »die herausragenden und wesentlichen Unterschiede in unseren Standpunkten zu Inhalt und Anwendung des Internationalen Kodex eine Hürde für jegliche Art von Zusammenarbeit darstellen. (…) Daher bestätigte unser Treffen bedauerlicherweise erneut den vergangenen und weiter anhaltenden Gegensatz zwischen den vornehmsten Interessen der Kinder, für die UNICEF steht, und jenen der Säuglingsnahrungsindustrie.«

1999: Nestlé veröffentlicht ein Buch mit dem Titel *Nestlés Vollzug des WHO-Kodex. Internationaler Kodex für die Vermarktung von Muttermilchersatzprodukten. Offizielle Antwort von Regierungen. Bericht an die Generaldirektorin Weltgesundheitsorganisation.* Hierin bestätigen 57 staatliche oder halbstaatliche Einrichtungen, dass der Konzern sich in diesen Ländern an den Internationalen Kodex hält.

An dieser Stelle wird man sich erneut fragen: Worum geht es in dieser Auseinandersetzung wirklich? Ich bin zu der Überzeugung gelangt, dass es sich im Grundsatz um eine Machtprobe handelte – und immer noch handelt. Wie weit kann man nach dem »David gegen Goliath-Prinzip« einen scheinbar übermächtigen Gegner auf die Knie zwingen? Die Nestlé-Gegner haben nie den konkreten Beweis erbracht, dass die zu Beginn der siebziger Jahre üblichen Vermarktungspraktiken für Babynahrung in millionenfacher Zahl Mütter in der Dritten Welt davon abgehalten haben, ihre Kinder zu stillen, so dass diese als Folge von falscher oder unzureichender Zubereitung von Ersatznahrung litten, erkrankten oder sogar starben. Was es gab, war die Dokumentation von Einzelfällen. Das reichte, um die Öffentlichkeit zu mobilisieren und viele wohlmeinende Organisationen, besonders aus dem kirchlichen Bereich, mit ins Boot zu holen. Weder millionenfache Krankheit noch millionenfacher Tod sind in einem kausalen Zusammenhang mit der Vermarktung belegt. Es wurden von den Kritikern zwar immer wieder die Notwendigkeit und der generelle Nutzen der Nestlé-Produkte für die Kinderernährung in Zweifel gezogen, aber es gab von Seiten der Gegner nie wissenschaftliche Untersuchungen über die tatsächlichen Lebensumstände von Babys in der Dritten Welt.

Der harte Kern der Gegner hatte und hat eigentlich nur an der Konfrontation mit Nestlé ein elementares Interesse, alles andere ist mehr oder weniger Mittel zum Zweck.

Als das immer deutlicher wurde, wandten sich die zahlreichen anderen Organisationen, die den Boykott zunächst unterstützt hatten, weil sie meinten, sich für die Gesundheit der Kinder einzusetzen, wieder von dem Thema ab. Ihnen reichten die wissenschaftlichen Untersuchungen, die von unabhängigen Stellen vorgelegt wurden und die die Behauptungen der Aktionsgruppen prinzipiell widerlegten. Ihnen reichten die Überprüfungen vor Ort, die sie selbst vornahmen, und ihnen reichte es, dass Nestlé nachweisen konnte, die Vermarktungspraxis korrigiert und verbessert zu haben. Fehler hat es in den siebziger Jahren gegeben, ihre tatsächlichen Auswirkungen sind jedoch bis heute nicht bekannt. Das änderte jedoch nichts am öffentlichen Auftreten der Aktionsgruppen. Statt einen Schlussstrich zu ziehen, ging es weiter. Auch mit unbewiesenen Behauptungen konnten sie Nestlé noch treffen.

Fast zwanzig Jahre nach der grundsätzlichen Beilegung des Konflikts sind es heute immer noch hochdifferenzierte Textauslegungsfragen zur Gesetzgebung verschiedener Staaten in Verbindung mit internationalem Recht oder mit Empfehlungen internationaler Organisationen, die die Grundlage für Auseinandersetzungen liefern. Gehören zu den Muttermilchersatzprodukten auch Ergänzungsnahrung und Milchpulver oder nicht? Dürfen diese Produkte beworben werden oder nicht? Welche Rolle darf das nationale Recht in den Industriestaaten spielen? Reicht dessen Beachtung? Darf mit der Säuglingsernährung durch Beikost im Alter von vier bis sechs Monaten begonnen werden oder erst im Alter von sechs Monaten? Wie lautet die offizielle Empfehlung wirklich, und wie ist sie gemeint? Mit der Aufzählung der Rechtsnormen, mit der Beschreibung der gesetzgeberischen Feinheiten in den verschiedenen Ländern der Welt, mit der Beschreibung echter und vermeintlicher Verstöße, mit der Klärung, ob das gelungene Design einer Nestlé-Broschüre über die Einhaltung des WHO-Codes schon an sich kritikwürdig ist oder nicht, mit der Klärung, ob es sich bei der Zertifizierung Nestlés durch den Präsidenten der Kolumbianischen-Kinderärzte-Gesellschaft um eine Gefälligkeitsstellungnahme handelt oder nicht, könnte man mehrere Bücher füllen.

Aber worin würde der Nutzen liegen? Behauptungen und Gegenbehauptungen, Statements und Gegenstatements, der Vorwurf von Arroganz von der einen Seite und die Vermutung von Ignoranz von der anderen, all das würde nicht helfen, die Positionen besser zu klären. Die Aktionsgruppen und Nestlé sind in eine Patt-Situation geraten, aus der nur noch Bewegung auf beiden Seiten herausführen könnte. So etwas ist aber zur Zeit nicht absehbar. Während die Aktivisten nach dem Prinzip »mehr von demselben« immer wieder den Nachweis der Schlechtigkeit von Nestlé zu führen versuchen und dabei die sich in zwanzig Jahren völlig verändernde Situation aus den Augen verlieren, sieht sich Nestlé als rechtmäßig handelnd und dokumentiert dies auch gegenüber den entscheidenden internationalen Organisationen, allerdings, wie die Kontakte zur UNICEF zeigen, nicht immer mit Erfolg.

Ich möchte nicht behaupten, dass Nestlé bei dem Thema Säuglingsnahrung in gewisser Weise resigniert hat. Aber es besteht dort doch das Gefühl, dass das Reservoir an rationalen Argumenten schon seit geraumer Zeit ausgeschöpft ist.

Die Anfänge sind Helmut Maucher auch heute noch präsent: Bei Nestlé war man über die Vorwürfe von Seiten der Aktionsgruppen entsetzt. Sah man sich doch selbst traditionell mit den Produkten in genau der entgegengesetzten Position, nämlich als Verfechter und Bewahrer der Gesundheit von Kindern. Helmut Maucher und sein Kollege Carl Angst taten damals das aus ihrer Sicht einzig Richtige: sie suchten den Dialog mit den kritischen Gruppen. Dabei gaben sie auch Mitgliedern der stark engagierten amerikanischen Methodistenkirche die Gelegenheit, sich in Afrika vor Ort über die tatsächlichen Sachverhalte zu informieren. Gleichzeitig wurde in Zusammenarbeit mit der Weltgesundheitsorganisation ein Kodex über die Vermarktung von Säuglingsmilch entwickelt.

Dem Vorschlag, das Geschäft mit Kindernährmitteln in Entwicklungsländern aufzugeben, folgte Helmut Maucher jedoch nicht, und zwar aus prinzipiellen Überlegungen. Er sagte gegenüber dem japanischen Journalisten Kakinoki später wörtlich:

»Diese Produkte müssen auf dem Markt bleiben, denn überall da, wo die Muttermilch fehlt oder nicht ausreicht, wo Mütter arbeiten müssen, weil die Männer scharenweise davongelaufen sind, stellen diese Produkte die beste Alternative zur Muttermilch da. Was das Profitinteresse angeht, so muss man wissen, dass Kindernährmittel in der Dritten Welt weniger als ein Prozent unseres Gesamtumsatzes ausmachen. Wenn wir den Umsatz in einem Jahr um sieben oder acht Prozent steigern, ist das siebenmal mehr, als diese Produktgruppe zum Umsatz beiträgt. Es soll mir also keiner weis machen, dass wir aus reinen Profitüberlegungen an diesem Geschäft festhalten.«

Heute sieht man die damaligen Vorgänge auch bei Nestlé in einem etwas anderen Licht. So räumt Peter Brabeck durchaus ein, dass man Fehler gemacht habe und dass solche Fehler immer wieder passieren können.

»Im Laufe unserer 130-jährigen Geschichte musste Nestlé sich bereits mehrfach mit höchst umstrittenen und manchmal auch sehr erbitterten Debatten befassen. Nicht immer haben wir diese Debatten mit ausgesprochenem Feingefühl geführt, und einige hätten sicherlich schon früher beendet werden können. Dies trifft im besonderen auf die Vermarktung von Babynahrung zu. Nestlé ist gewiss nicht perfekt, und manche Dinge, die in der Vergangenheit passiert sind, zeugen von einem Mangel an Verständnis für die Bedenken, die viele Menschen diesem Thema entgegenbrachten.«

Um das Thema Babynahrung richtig erfassen zu können, sollte man sich die Anfänge von Nestlé vor Augen führen und verstehen, wie dort über 130 Jahre hinweg mit solchen Produkten ein vertrauenswürdiger Ruf aufgebaut wurde. Schließlich war das erste Nestlé-Produkt ein Nährmittel für Babys. Henri Nestlé entwickelte es, um einem Baby, dessen Mutter nicht in der Lage war zu stillen, das Leben zu retten. Zu jener Zeit, in der die Säuglingssterblichkeit höher und die hygienischen Bedingungen auch in der Schweiz schlimmer waren als heute in den meisten Entwicklungsländern, herrschte schon bald auf der ganzen Welt eine große Nachfrage nach dem lebensrettenden Nahrungsmittel.

Man konnte damals zwar viel Geld mit dem Kindermehl verdienen; dennoch predigte das Unternehmen von Anfang an, dass Frauen, wenn möglich, in jedem Falle lieber stillen sollten. 1869 schrieb Henri Nestlé sein Buch *Memorial on the Nutrition of Infants*; er begann mit dem Satz: »Muttermilch wird während der ersten Monate immer die natürlichste Nahrung sein, und jede Mutter, die dazu in der Lage ist, sollte ihre Kinder selbst stillen.«

Das ist aber selbst heute aus den verschiedensten Gründen nicht immer möglich. Natürlich haben die Aktionsgruppen Recht, wenn sie fordern, dass alle Mütter auf der Welt bezahlten Mutterschaftsurlaub erhalten sollten. Nur ändern diese Forderungen allein nichts an den tatsächlichen Verhältnissen.

Um sicherzugehen, dass sowohl die Gesetze als auch die speziellen internen Regeln von Nestlé zur Vermarktung von Babynahrung auch eingehalten werden, führt Nestlé sowohl interne als auch externe Kontrollen durch. Intern hat man ein Programm zur systematischen Kontrolle der Unternehmen aufgelegt. In den vergangenen fünf Jahren sind mehr als 130 Überprüfungen durchgeführt worden. Brabeck untersucht persönlich jede aufgedeckte Verletzung des Kodex und entscheidet, welche Konsequenzen daraus zu ziehen sind. Der Maßnahmenkatalog reicht von Gehaltseinfrierungen über Bonusstreichungen bis zu Entlassungen. Dass dieses Thema Chefsache ist, versteht sich fast von selbst. Nestlé kann es sich vom Selbstverständnis her einfach nicht erlauben, selbst kleine Fehler unbeachtet zu lassen. Mitarbeiter, die gegen die strengen Regeln verstoßen, dürfen nicht darauf hoffen, mit Samthandschuhen angefasst zu werden; denn dafür ist das Thema viel zu sensibel für Nestlé, und das weiß im Konzern auch jeder.

Mitte 1999 übergab Brabeck der WHO einen Bericht, der schriftlich fixierte offizielle Aussagen von 54 Regierungen oder befugten Kontrollinstanzen enthält, die bestätigen, dass Nestlés Richtlinien und Verfahrensweisen dem WHO-Code entsprechen.

»Aber es reicht uns nicht«, so Brabeck, »die Bedingungen des Codes nur zu erfüllen. Darüber hinaus unterstützen wir in den Ländern, in denen wir produzieren, aktiv die Bemühungen um die öffentliche Gesundheit. In Mexiko zum Beispiel hat das Gesundheitsministerium Nestlé als außergewöhnlichen Partner für Stillen, perinatale Gesundheit und Familiengesundheits-Programme bezeichnet. In Chile, wo ich viele Jahre lang für Nestlé gearbeitet habe und wo auch meine eigenen Kinder zur Welt gekommen sind, haben wir erst kürzlich von der Regierung eine besondere Auszeichnung entgegen nehmen dürfen für die vielfachen Beiträge, die wir für die öffentliche Gesundheit des Landes geleistet haben.«

Allerdings weicht die Auslegung des WHO-Kodex durch einige Organisationen nach wie vor von der Nestlés ab. Die Generaldirektorin der WHO-Versammlung, Dr. Gro Harlem Brundtland, hat deshalb sowohl die Industrie als auch die Vertreter der Aktivistengruppen eingeladen, sich an der Diskussion zur endgültigen Beilegung aller Differenzen, die es in der Auslegung des WHO Codes gibt, zu beteiligen.

Nestlé hat die Einladung Dr. Brundtlands sowohl direkt als auch durch die Industrie- und Handelskammer angenommen und nachdrücklich befürwortet. Auf eine Reaktion von Seiten der Aktivistengruppen soll die WHO jedoch seit mehr als einem Jahr vergeblich warten.

Nestlé setzt sich immer noch für den umfassenden und durchsetzbaren Kodex ein. Allerdings geschieht dies nicht ganz uneigennützig; denn nur wenn der gleiche Standard, der für Nestlé gilt, auch für alle anderen Mitglieder der Nahrungsindustrie Gültigkeit hat, ist der Wettbewerb wiederhergestellt. Im Fahrwasser der großen Konzerne agieren weltweit nämlich unzählige Kleinstanbieter mit diversen Produkten – völlig ungeschoren von den Attacken der Aktionsgruppen.

Der Verlust der sicheren Erkenntnis

Die Wirklichkeit ist eine gesellschaftliche Konstruktion, die wir uns errichten, um die Komplexität unserer Welt in den Griff zu bekommen. Wir verzichten in der Mehrzahl der Fälle darauf, alle verfügbaren Fakten zu einem Thema selbst bis in die Details hinein zu prüfen. Stattdessen wählen wir Personen, Institutionen oder Medien aus, denen wir vertrauen zu können glauben. Die Vertrauensprüfung ersetzt zumindest immer dann die Prüfung von Fakten, wenn diese zu komplex, zu zeitaufwendig oder zu weit von unserem persönlichen Erfahrungshorizont entfernt ist.

Ein weiteres Phänomen unserer Zeit ist die Parallelität und sogar Gleichzeitgkeit von einander sich scheinbar ausschließenden Denk- und Handlungsmustern. Während man in der Mittagspause frisches Gemüse auf dem Markt für das Abendessen einkauft, isst man einen schnellen Snack aus der Hand, weil die Zeit für ein ruhiges Mittagessen und für den Einkauf nicht reicht. Das erklärt die Diskrepanz zwischen dem Verhalten der Verbraucher: Was sie im Supermarkt in ihren Einkaufswagen legen und wie ihre grundsätzliche Einstellung zum Thema Nahrung aussieht, dazwischen können Welten liegen. Hat man für die Zubereitung des Essens zu wenig Zeit und trotzdem Appetit auf eine Pizza, wird die Mehrzahl lieber ins Tiefkühlregal zu einem Fertigprodukt greifen oder ein Pizzataxi rufen, als auf die Erfüllung des Wunsches ganz zu verzichten. Trotzdem wird deshalb niemand seine Idealvorstellungen über Bord werfen.

Die Nahrung ist heute prinzipiell sicherer denn je, das beweisen die statistischen Zahlen. Dennoch haben viele Menschen Angst in Bezug auf die Eigenschaften und die Qualität ihrer Nahrung. Angst, die auf ungenauem Wissen und oft falschen Vorstellungen beruht, auch hinsichtlich der Auswirkungen der Globalisierung und der Macht der Industrie. Zwischen dem, was auf der Welt passiert, und dem, was ich gerade in den Mund stecke, besteht auf einmal ein unheimlicher Zusammenhang. Eben noch harmlose Produkte und Marken werden so zu Symbolen der Angst, die hemmungslos geschürt und instrumentalisiert werden kann. Angst, aber auch Hass können nicht abstrakt bewältigt werden, sie brauchen geläufige Symbole. Nicht umsonst spricht der Kommunikationstheoretiker Prof. Norbert Bolz heute von einer Wirtschaft des Unsichtbaren. Marken sind Symbole, und sie können, situationsabhängig, sowohl für das eine wie für das andere stehen, für Zuspruch und für Ablehnung, im Wechsel oder sogar gleichzeitig.

Die Kernfrage, die wir immer wieder stellen, lautet: Wem kann ich vertrauen? Die Unternehmen und die verschiedenen Aktionsgruppen befinden sich in einem harten Wettbewerb um das Vertrauen der Verbraucher. Dabei haben die Aktionsgruppen zur Zeit eindeutig die bessere Position, aber das heißt nicht, dass sie deshalb auch im Besitz der Wahrheit sind.

Die Geschwindigkeit, mit der sich heute der soziale, politische und technologische Wandel vollzieht, hat das Bedürfnis des Verbrauchers nach Zuverlässigkeit und Glaubwürdigkeit verstärkt, nach Werten, die angesichts der offenkundig mangelnden Integrität, Ehrlichkeit und Beständigkeit im öffentlichen Bereich eine überragende Bedeutung gewonnen haben.

Einige Pressure Groups versuchen immer wieder die öffentliche Meinung gegen ein Unternehmen zu richten und so Einfluss auf die Unternehmensführung zu nehmen. Beispielsweise wird in den Vereinigten Staaten tagtäglich zum Boykott von mehreren hundert Unternehmen aus dem einen oder anderen Grund aufgerufen; allerdings folgen solchen Aufrufen nicht unbedingt auch Taten. Obwohl deshalb nur sehr wenige dieser Boykottaufrufe nennenswerte wirtschaftliche Auswirkungen nach sich ziehen, können sie dem Ruf eines Unternehmens massiv schaden und sein Erscheinungsbild in der Öffentlichkeit negativ beeinflussen. Diese Boykottaufrufe richten sich meistens ganz allgemein gegen Industrieunternehmen und stellen den Versuch dar, das Vertrauen in Unternehmen, Institutionen und – wie im November 1999 in Seattle geschehen – in freie Märkte und wirtschaftliche Liberalisierung zu erschüttern.

Für Unternehmen bedeutet das, durch Präsenz und Transparenz unerlässlich am Aufbau des Vertrauenskapitals zu arbeiten; denn Vertrauen baut sich nur langsam auf. Bei Unternehmen wächst es aus der Übereinstimmung von Worten und Taten, aus sorgsam begründeten Positionen und aus der Bereitschaft, flexibel zu sein und zu lernen. Vertrauen wächst auch aus dem Mut, die Dinge deutlich und gerade heraus beim Namen zu nennen, auch wenn Unternehmen dabei riskieren, in einigen Bereichen negative Reaktionen zu provozieren. Und Vertrauen wächst durch die Fähigkeit, Fehler einzugestehen, offen zuzugeben, wenn etwas schief gegangen ist. Kein Unternehmen kann allen Erwartungen gerecht werden. Ebenso wie der heutige Markt den unterschiedlichsten Produkten offen steht, so steht er auch den unterschiedlichsten Einstellungen und Ideen offen, die sich oft gegenseitig ausschließen. Seine Entscheidungen immer wieder neu zu überprüfen oder sich immer wieder neu entscheiden zu müssen, ist der Preis, den der Einzelne für seine Individualität zahlen muss.

3 | Good food, good life – die richtige Ernährung als globale Herausforderung

Nestlé greift mit seinen Nahrungsmitteln und durch deren Herstellung in die sozialen Strukturen vieler Länder ein und verändert die Lebensweise der Menschen rund um den Globus.

Hungersnöte, Seuchen und Krieg sind immer noch, wie vor tausend Jahren, die drei großen Plagen der Menschheit, und jede ist für die davon betroffenen Menschen eine fürchterliche Katastrophe. Heute sind solche Schrecken jedoch weder ein unvermeidliches Schicksal noch unvorhersehbarer Zufall, auch wenn die Verantwortlichen in den Regierungen der betroffenen Länder hartnäkkig versuchen, es so darzustellen – Kriege werden immer von den anderen begonnen.

Unfähigkeit, Egoismus, Grausamkeit, Kleptokratie und Korruption sind die herausragenden Kennzeichen von Herrschern notleidender Völker und ihres Systemunterbaus. Solange sie aber wenigstens noch ihre Waffenkäufe bei ihren europäischen, russischen, amerikanischen und chinesischen Lieferanten bezahlen können, lässt man sie gewähren. Selbst die Ursachen und Verbreitungsmechanismen von Seuchen sind heute bekannt und ließen sich wie Hunger und Krieg bekämpfen. Nur im Zusammenhang mit mehr oder weniger überraschenden Naturkatastrophen, Erdbeben, Wirbelstürmen oder Vulkanausbrüchen wird der Mensch noch in eine ohnmächtige Rolle zurückgeworfen.

Es gibt im Zusammenhang mit der menschlichen Entwicklung heute keine wirklich bedeutsamen Themen, die nur eine regionale oder nationale Dimension haben. Wer das behauptet, will nur von seiner Verantwortung ablenken. Auf die vielfältigsten Weisen sind heute alle Bereiche des Lebens – Natur und Umwelt, Gesundheit, Wirtschaft und Technik – in globaler Weise miteinander verwoben. Das zeigen die Kursentwicklungen an den internationalen Börsen ebenso wie die sich weltweit ausbreitenden Computerviren. Aber auch die Folgeerscheinungen der Umweltzerstörungen bleiben nicht auf den Entstehungsort begrenzt, sondern wandern durch die Meere oder über die Atmosphäre über Tausende von Kilometern hinweg und verursachen anderswo Schäden, die dort niemand erwartet hätte. Gleichgültig, wie und wo Probleme auftreten, man kann sie nicht mehr isoliert betrachten und auch nicht isoliert bewältigen.

Die Verbreitung dieser Erkenntnis ist immer noch zu gering und erst recht die Bereitschaft, aus diesem Wissen Konsequenzen zu ziehen. Zu einer wirklich effizienten globalen Sichtweise haben bisher nur wenige gefunden. Lester Brown sagte im *managermagazin* 12/99: »Die meisten Wirtschaftsunternehmen haben offensichtlich immer noch nicht begriffen, dass die Weltwirtschaft vom Ökosystem der Erde abhängt. Wenn die Menge gefangenen Fisches zurückgeht, reagiert die Fischereiindustrie darauf in der Weise, dass sie sich modernere Trawler zulegt. Investitionsziel ist also nicht der Erhalt der Fischbestände, sondern ihre verstärkte Ausbeutung, bis eines Tages der ganze Wirtschaftszweig kollabiert.«

Hungersnöte und erst recht Unterernährung oder mangelhafte Ernährung sind – wie Kriege – keine Naturkatastrophen, gegen die die Menschheit hilflos ist, auch wenn dies vordergründig immer wieder so dargestellt wird. Hunger ist ein von Menschen gemachtes und zu verantwortendes Leid.

Mitleid mit den Betroffenen und Hilfe von Seiten der hoch entwickelten Länder ist richtig und in jedem Einzelfall notwendig, um Leben zu retten, aber es kaschiert nur das Fehlverhalten der über die Hungernden Herrschenden und verändert überhaupt nichts für die Zukunft. Damit ist die nächste Notsituation bereits vorprogrammiert. Jeder, der für Hungernde spendet, sollte deshalb gleichzeitig einen Brief an die Politiker seines eigenen Landes schicken, denn sie tragen als seine Repräsentanten die Verantwortung für die notwendigen Veränderungen im globalen Maßstab mit.

Hunger als Unterdrückungsinstrument

Hunger ist eine Waffe, nicht um gegen Soldaten, sondern um gegen Frauen und Kinder zu kämpfen. Hunger ist ein politisches Instrument, um die eigene Bevölkerung zu unterdrücken und gefügig zu machen. Hunger ist das Symbol für Arroganz, Mitleidlosigkeit und Menschenverachtung Herrschender oder auch für ihre Unfähigkeit, die Verteilung von Nahrung zu organisieren. Hunger ist das Produkt von Unwissenheit und mangelnder Ausbildung in Ernährungsfragen, aber auch der Unterdrückung von Frauen als eigentliche Schlüsselfiguren zur richtigen Ernährung weltweit.

Nahrung gibt es heute genug auf der Welt. Für die große Zahl der Unterernährten und an Mangelkrankheiten leidenden Kinder und Erwachsene sind zu einem überwältigenden Teil nicht afrikanische Dürreperioden und Bürgerkriege verantwortlich, sondern politische Entscheidungen, nämlich den Hunger als Problem zu ignorieren, Nahrung zu exportieren, anstatt sie im eigenen Land zu verteilen, und Frauen eine Ausbildung zu verweigern, die sie in die Lage versetzen würde, eigenverantwortlich zu handeln. Erst wenn Frauen Lesen, Schreiben und Rechnen beherrschen, verändern sich die in noch großen Teilen der Welt bestehenden überholten und verkrusteten Gesellschaftsstrukturen.

Bildung gegen Hunger

Es sind meist die Männer, die in den weniger entwickelten Ländern den Fortschritt behindern, weil er ihren Status, ihren Herrschaftsanspruch, aber auch einfach ihr bequemes, auf der traditionellen Arbeitsteilung beruhendes Leben verändern würde. Männer hungern seltener als Kinder, und Männer sind die häufigste Ursache für Hunger und Mangelernährung, wenn man das Thema geschlechtsspezifisch betrachtet. Das hat nicht nur das Worldwatch Institute in seinen Studien festgestellt, sondern auch die UNPD im Bericht über die menschliche Entwicklung 1998.

Frauen sind die bessere Hälfte Afrikas, schreibt der *Spiegel* in seiner Ausgabe 20/2000. In den sechziger und siebziger Jahren waren in Afrika meist Männer die Adressaten der Entwicklungshilfemaßnahmen. Sie wurden in Techniken eingewiesen und unterrichtet. Was jedoch fehlte, war das nötige Verantwortungsbewusstsein. Daraus zogen die Entwicklungshelfer ihre Konsequenzen und begannen den Frauen eine tragende Rolle zuzuweisen. Es sind ohnehin die Frauen, die – mit Ausnahme Nordafrikas – zu vier Fünfteln für die Ernährung der Familie aufkommen müssen. Bereits jeder dritte Haushalt wird in Schwarzafrika allein von Frauen geführt. Heute weiß man, wer das Leben der Menschen in Afrika verbessern will, muss den Frauen Einkommen und Landbesitz verschaffen und sie besser ausbilden.

Nach wie vor wird in den hoch entwickelten Ländern der Mythos, dass Hunger durch den generellen Mangel an Nahrungsmitteln verursacht wird, fast liebevoll gepflegt. Er ist jedoch grundsätzlich falsch. 80 Prozent der hungernden Kinder der Welt leben in Ländern, die Nahrungsmittel im Überfluss produzieren und sogar Nahrung exportieren.

Aus einer Studie über Fehlernährung aus dem Jahre 1999 ging hervor, dass in 63 Ländern der Welt durch die Aus- und Weiterbildung von Frauen in den Bereichen der Gesundheitsfürsorge und -vorsorge und im Bereich der Ernährung die Zahl der unterernährten Kinder um 75 Prozent gesenkt werden konnte.

Weltweit kommen jährlich mehr als 24 Millionen Babys mit einem Gewicht zur Welt, das noch unterhalb der Neugeborenen-Untergewichtsgrenze von 2,5 Kilogramm liegt.

Durch eine verbesserte Ernährung schwangerer Frauen wurde in Gambia im Rahmen eines Fünf-Jahres-Versuchs in 28 Dörfern die Zahl der Säuglinge mit einem zu geringen Geburtsgewicht um

40 Prozent reduziert, so die UNPD in ihrem Bericht von 1998. Die Totgeburten und die Sterberate während der Geburt wurden sogar um 50 Prozent verringert.

Hunger an sich ist Leid und muss deshalb beseitigt werden. Aber Hunger hat auch vielfältige Folgeerscheinungen, die die menschliche Entwicklung behindern. Was jedoch bisher noch kaum zur Kenntnis genommen wird, ist, dass auch die Überernährung ebenso gravierende negative Folgen für den Einzelnen, aber auch für die globale Gesellschaft hat.

Unterernährte und Überfressene – ein ungesundes Gleichgewicht

»Chronischer Hunger und die seuchenartige Ausbreitung von Fettleibigkeit zerfressen den globalen Fortschritt«, lautete sinngemäß die Überschrift einer Pressemitteilung des Worldwatch Institutes vom 4. März 2000. Zum ersten Mal in der Geschichte der Menschheit ist die Zahl der Übergewichtigen mit 1,1 Millarden ebenso groß wie die Zahl der Hungernden. Im Gespräch räumte Helmut Maucher ein:

»Dass die Zahl der über- und unterernährten Menschen gleich ist, könnte stimmen, ich hätte die Zahl der Unterernährten wahrscheinlich etwas höher eingeschätzt. Wir haben nach unseren Schätzungen 800 Millionen Menschen, die unterhalb der Armutsgrenze leben und die tendenziell zu wenig zu essen haben. Es ist natürlich eine Frage der Definition, was arm oder reich oder was untergewichtig und was übergewichtig ist.«

Auch wenn die Unterernährung das größere Übel darstellt, darf man beim Thema Nahrung die Überernährung nicht bagatellisieren und als eine vielleicht nur unerfreuliche Nebenwirkung des Wohlstands abtun; dafür ist die Zahl inzwischen viel zu groß und nicht nur auf die hoch entwickelten Länder beschränkt. Unterernährung und Überernährung findet man heute in direkter Nachbarschaft zueinander und häufig genug sogar in denselben Familien. Beide Gruppen leiden an einer falschen Ernährung. Beide Gruppen haben eine kürzere Lebenserwartung, sind weniger produktiv und verzeichnen einen hohen Anteil von Krankheiten und Behinderungen. Die Hälfte aller Erkrankungen weltweit geht auf das Konto von Ernährungsfehlern, also Hunger, Überernährung oder Mangel an Vitaminen und Mineralien.

Obgleich es auf der gesamten Welt gegenwärtig einen Nahrungsüberfluss gibt, leben in den Entwicklungsländern 150 Millionen untergewichtiger Kinder; nahezu jedes dritte ist betroffen. In den USA sind dagegen 55 Prozent aller Erwachsenen übergewichtig. Und jedes fünfte amerikanische Kind leidet unter Fettleibigkeit. Die Kosten der Fehlernährung auf die eine oder andere Weise sind außerordentlich hoch.

Die Weltbank schätzte, dass im Jahre 1996 zum Beispiel drei bis neun Prozent des Bruttosozialproduktes in Indien durch den Hunger verloren gingen. In den Vereinigten Staaten hingegen mussten in den späten neunziger Jahren 118 Mrd. US-Dollar für die Behandlung von Krankheiten im Zusammenhang mit Überernährung und Fehlernährung ausgegeben werden. In manchen Ländern werden innerhalb kürzester Zeit die Gesundheitsprobleme, die Hunger verursacht, durch solche ersetzt, die durch Überernährung entstehen. In Brasilien und Kolumbien sind zum Beispiel 36 beziehungsweise 41 Prozent der Bevölkerung übergewichtig.

In den meisten Ländern der Welt hat eine gesunde Ernährung keine politische Prioriät. Das betrifft sowohl die armen Länder, die eine große Zahl unterernährter Menschen in Kauf nehmen, wie auch die Länder, die darunter leiden, dass sich die Bürger überfressen. Das Fettabsaugen ist in den Vereinigten Staaten zur wichtigsten Form der kosmetischen Chirurgie geworden. Über 400 000 Operationen dieser Art werden jährlich vorgenommen.

Oft genug lassen sich Ernährungsdefizite, die schwerwiegende gesundheitliche Folgen nach sich ziehen, mit Pfennigbeträgen korrigieren, wie zum Beispiel bei den Programmen mit jodiertem Salz. Aber nicht jeder Mangel kann einfach durch den Austausch eines Nahrungsbestandteils korrigiert werden. Überlegungen, die an

Nestlé herangetragen wurden, zum Beispiel Brühwürfel mit Mineralien oder ganz bestimmten Wirkstoffen anzureichern, erwiesen sich als nicht praktikabel, da die Dosierung beim Verzehr nicht wirksam zu steuern ist. Ein Zuviel kann das genaue Gegenteil bewirken und das Nahrungsmittel gesundheitsschädigend machen.

Überernährung als Erbe aus der Steinzeit

Die Ursachen des Hungers sind, wie wir gesehen haben, hinreichend bekannt, und die dafür Verantwortlichen lassen sich genau benennen. Ebenso klar sind die generellen Strategien zur Bekämpfung des Hungers. Erstaunlicherweise stellt sich die Überernährung im Vergleich dazu als ein viel schwieriger fassbares Phänomen dar. Die Ursachen sind nicht nur komplexer, sondern die möglichen Lösungen sind auch viel komplizierter, weil sie sich gegen all das richten, was die Menschen als vermeintlichen Wohlstand und Fortschritt verehren.

Das Streben nach besseren Lebensbedingungen ist in gleicher Weise in der menschlichen Natur verankert wie die Neigung, diese Verbesserungen auch zu genießen, also auf unser Thema bezogen, einfach besser zu essen und zu trinken, wenn es die Möglichkeit dazu gibt. Allerdings muss man wissen, dass der Körper die Entscheidung darüber, was »besser« ist, sowohl hinsichtlich der Qualität als auch hinsichtlich der Quantität aufgrund von Programmierungen fällt, die vor dreißigtausend Jahren überlebenswichtig waren, es aber heute nicht mehr sind.

Der Mensch hat seine Umwelt schneller entwickelt und umgestaltet als sich selbst. Deshalb hat er immer noch eine von der Natur mitgegebene Vorliebe für Süßes und Fettes, die aus der Frühzeit der Menschheit stammt. Zucker und Fett lösen kein Sättigungsgefühl aus, sondern werden auf Vorrat gegessen. Das ist zumindest ein wesentlicher biologischer Aspekt des Übergewichts. Es gibt aber auch ganz allgemeine gesellschaftliche Gründe, die zum Übergewicht mit seinen negativen Folgeerscheinungen führen.

Lebensqualität wird zuerst auf dem Teller erlebt

Wenn der Mensch sich besser ernähren kann, tut er es in der Regel auch. Die qualitative Verbesserung der Nahrung und die Verfügbarkeit von besseren Nahrungsmitteln verführte die Menschen in jeder Kultur dazu, diese Nahrung auch zu konsumieren.

Man braucht sich nur alte europäische Kochbücher anzuschauen, um festzustellen, wie sehr sich noch im 19. Jahrhundert die Ernährung der armen ländlichen Bevölkerung von der des in der Stadt lebenden Bürgertums oder des Adels unterschied. Butter, Sahne und Speck wurden in der ländlichen Küche nur in kleinsten Mengen verwendet, Kartoffeln und Mehl reichlich. Und das, obwohl die Bauern an der Quelle der Nahrung saßen und die Städter nicht. Aber auch dort gab es nicht alles zu jeder Zeit.

Erst als der Wohlstand in der gesamten Gesellschaft wuchs, kam Fleisch nicht nur am Sonntag als der berühmte Sonntagsbraten, sondern auch im Alltag auf den Tisch. Diese Veränderungen sind nun keineswegs nur für Europa oder Amerika typisch, sondern sie sind heute auch in China und anderen asiatischen Ländern zu finden. Mehr Wohlstand bedeutet erst einmal besseres Essen. In Südostasien haben sich zum Beispiel die Ausgaben für Nahrungsmittel zwischen 1984 und 1990 verdreifacht.

Die aus westlicher Sicht so gesunden und »vernünftigen« Reisgerichte ohne großartige Beigaben entsprangen eben auch nicht einer geplant spartanischen Lebensweise, sondern dem Mangel, der Armut beziehungsweise den im Verhältnis zum Einkommen hohen Preisen für hochwertigere Nahrungsmittel. Steigt das Einkommen und sinken die Preise, wird überall zunächst besser und dann irgendwann zu gut gegessen. Ein wichtiger Indikator ist sicherlich der Konsum von Pflanzenöl. Pro Kopf stieg er weltweit von rund 3,5 Kilogramm im Jahre 1964 auf rund 14 Kilogramm im Jahre 1999.

In der Stadt lebt und isst man anders

Natürlich spielte auch die Verstädterung und die Veränderung der Arbeitswelt mit besserem Einkommen eine ganz wesentliche Rolle bei der Veränderung der Ernährungsgewohnheiten. Lebten um die Jahrhundertwende nur zehn Prozent der Weltbevölkerung in Städten, so ist es heute ungefähr die Hälfte. In allen Städten der Welt ist das Nahrungsangebot ähnlich und ganz anders als in den jeweiligen ländlichen Regionen. Softdrinks, Hamburger, Kartoffelchips und Süßigkeiten gehören in allen Städten zur jederzeit verfügbaren Standardnahrung. Da unterscheidet sich Europa nicht von den USA oder Asien. Auch sind die meisten Arbeiten, mit denen man in Städten sein Geld verdienen kann, weniger körperlich anstrengend als die Arbeit in der Landwirtschaft. Städte bieten ihren Bewohnern mehr Geld, weniger Bewegung und andere Nahrung.

Man kann sich jetzt natürlich die Frage stellen, ob man von den Menschen in den unterentwickelten und den Schwellenländern wirklich erwarten darf und kann, dass sie auf gesellschaftliche und wirtschaftliche Entwicklungen verzichten, dass sie auf all das verzichten, was in den hoch entwickelten Gesellschaften als elementarer Bestandteil der Lebensqualität betrachtet wird. In Mexiko ist der pro Kopf-Konsum von Coca-Cola höher als in den USA. Coca-Cola ist für arme Mexikaner ein Stück Lebensqualität und ein Stück Wohlstand. Wer wollte ihnen das nehmen, wenn er es für sich selbst behalten will?

Natürlich gibt es in den Städten Armut, Krankheiten, Verbrechen und Slums, aber es gibt für die Menschen, die dort leben wollen auch eines, was es für sie nirgendwo sonst gibt, nämlich wenigstens die Chance, die eigene Lebenssituation zu verbessern. Die Menschen in den reichen Ländern haben einfach vergessen, dass ihre Vorfahren vor hundert Jahren unter ganz ähnlichen Bedingungen vom Land in die Städte gezogen sind.

Überernährung als Unternehmensziel?

Es sind aber nicht nur die Städte an sich, die das Leben und die Ernährung grundlegend verändert haben. Mit dem Konsumwachstum untrennbar verbunden ist ein anderes Phänomen, die Werbung. Gerade im Bereich der Nahrungsmittel liefert man sich die heftigsten Werbeschlachten. Dabei ist es nicht nur die Nahrungsmittelindustrie, die Milliardensummen in Werbekampagnen steckt, sondern es sind auch Schnellrestaurant-Ketten und staatliche Institutionen, die den Absatz landwirtschaftlicher Produkte unterstützen und steigern wollen.

In den USA werden ein Drittel der Werbeausgaben für Nahrungsmittel im Bereich Fastfood eingesetzt. Coca-Cola und McDonald's gehören zu den zehn größten Werbetreibenden der Welt. In diesen Werbefeldzügen werden jedoch kaum naturbelassene Nahrungsmittel, wie zum Beispiel Früchte, oder Rohprodukte, wie zum Beispiel Mehl, beworben. Das hat einen ganz einfach Grund: Der Verbraucher ist an fetten und süßen Nahrungsmitteln generell interessierter, und veredelte Produkte bieten der Industrie eine höhere Rendite. Im Jahre 1909 wurden in den USA zwei Drittel des Zuckers in den Privathaushalten verbraucht. Heute verarbeitet die Industrie drei Viertel des Zuckers, allerdings ist die jährlich in den USA verbrauchte Zuckermenge seit 1909 um 75 Prozent gestiegen.

Ob der Konsum ab einem gewissen Grad unsinnig wird, spielt in der Werbung und für das Marketing keine Rolle. Um den Verbraucher zu einem höheren Konsum zu verführen, wendet man das Instrument des »Supersizing« an. Nahrungsmittel werden in größeren Portionen, größeren Verpackungen und Getränke in größeren Flaschen angeboten, die alle eines gemeinsam haben: sie sind billiger als die vergleichbare Menge in kleineren Gebinden. Im Kino sind es die Popcorn-Eimer, die es in klein, mittel, groß und extra-groß gibt. Im Fastfood-Restaurant ist es der Doppel- oder Dreifachburger, und bei den Getränken ist es die Zwei-Liter-Flasche.

Der Verbraucher bekommt dabei mehr für sein Geld, denn die doppelte Menge kostet nicht das Doppelte; aber der Verbraucher konsumiert auch mehr. Untersuchungen haben gezeigt, dass die Menschen umso mehr essen oder trinken, je größer der Behälter ist, aus dem sie sich bedienen. Der wirkliche Gewinner des Supersizing ist der Hersteller, weil für ihn die Kosten der größeren Produktmenge im Vergleich zum Verkaufspreis extrem gering sind und weil er mit fast demselben Aufwand den doppelten oder einen noch höheren Umsatz erzielt.

80 bis 90 Prozent aller in den hoch entwickelten Ländern verzehrten Nahrungsmittel sind heute industriell ver- oder bearbeitet, und nur durchschnittlich 20 Prozent des Geldes, das für Lebensmittel ausgegeben wird, landet noch in der Landwirtschaft. Die industriell gefertigten Nahrungsmittel werden beworben, sie sind meist relativ kostengünstig, wohlschmeckend, und sie enthalten oft zu viele Kalorien. Vier Gründe, weshalb sie gekauft und gegessen, allerdings auch im Übermaß konsumiert werden und dick machen.

Nun wird man niemanden, der für die Werbung verantwortlich ist, vorwerfen können, dass er wissentlich die Volksgesundheit zerstören will; aber es gibt kaum jemanden, der über den Zusammenhang von Werbung und schlechten Ernährungsgewohnheiten wacht, wenn es der Verbraucher nicht selbst tut. Natürlich versucht man der Industrie den schwarzen Peter anzuhängen, aber es spielen beim Übergewicht nicht nur die Menge und die Qualität der Nahrung eine Rolle, sondern auch die generell veränderten Essgewohnheiten, die einem nicht nur akzeptierten, sondern auch erwünschten Lebensstil entsprechen.

Damit zeichnet sich bei der Überernährung das zentrale Problem ab: Wie weit will, kann und darf man die Menschen bevormunden und ihre Lebensweise reglementieren? Die wenigsten Menschen wollen für sich das Bild akzeptieren, dass sie wie Zombies automatisch jeder Werbebotschaft folgen. Und wahrscheinlich tun sie es auch nicht, weil sich die Werbebotschaften der konkurrierenden Marken gegenseitig aufheben. Aber das praktische Wissen und das wissensgesteuerte Verhalten im Ernährungsbereich liegen bei den Überernährten wie bei vielen Unterernährten im Argen. Daher ist es sinnvoll, ihnen durch eine bessere Bildung die Fähigkeiten zu vermitteln, eigenverantwortlich zu entscheiden, etwa ob sie mehr Gesundheit und ein längeres Leben wollen oder nicht.

Nahrung in der Globalisierungsfalle – der endgültige Abschied von den Illusionen

Europäer und Nordamerikaner haben gemeinsam mit den Japanern in den vergangenen zwanzig Jahren dem Rest der Welt überdeutlich Ziele für den Lebensstandard gesetzt und Vorgaben gemacht, was zu tun ist, um diese Ideale zu erreichen. Viele Regierungen und Hunderte Millionen Menschen haben sich für den aufgezeigten Weg entschieden und versucht ihre Lebensweise, ihr Wirtschaftssystem und ihre politische Ordnung an die westlichen Vorstellungen von Konsum als Motor des Wohlstandes, Marktwirtschaft als System sowie Freiheit, Gleichheit und Gerechtigkeit als Grundlage anzupassen. Überwiegend mit Erfolg. Deshalb beginnen sie jetzt den verdienten Lohn einzufordern, eine Lebensqualität, die bisher einer – an globalen Maßstäben gemessen – Minderheit vorbehalten war und vorbehalten sein musste, wollte sie nicht die Ressourcengrenzen der Welt sprengen.

Lester Brown vom Worldwatch Institute macht das an einem Beispiel deutlich: »Schauen wir nach China, dort kann man wunderbar studieren, was passiert, wenn eine große Menge ehemals armer Menschen plötzlich zu größerem Wohlstand kommt. Seit neuestem propagiert die chinesische Regierung Rindfleischkonsum. Wollte sie dabei US-Standards erreichen, wären das 49 Millionen Tonnen jährlich. Um so viele Rinder zu züchten, müssten rund 350 Mio. Tonnen Getreide verfüttert werden – etwa die amerikanische Jahresproduktion inklusive des Anteils für den menschlichen Verzehr.«

Bereits heute haben wir schon 1,3 Milliarden Rinder auf der Erde, deren Lebendgewicht das der sechs Milliarden Menschen bei weitem übersteigt. Und für jedes Kilo Fleisch, ob vom Rind, vom Schwein oder vom Huhn muss man 20 Kilogramm Tierfutter einsetzen. Dazu wird auch ein Drittel, jährlich 30 Millionen Tonnen, des gefangenen Fisches verarbeitet.

Die Weltbevölkerung hat im Jahr 2000 die Zahl von sechs Milliarden Menschen überstiegen und wird voraussichtlich im Jahre 2050 die Zehn-Milliarden-Marke erreichen. Und es ist unvorstellbar, dass eine solche Weltbevölkerung hauptsächlich mit tierischen Erzeugnissen versorgt werden kann. Man wird auf pflanzliche Eiweiße zurückgreifen müssen, wie sie beispielsweise in Soja, Reis, Mais oder Weizen enthalten sind, die deutlich billiger als tierische Proteine sind. Aber auch das wird nicht einfach.

Hochrechnungen gehen davon aus, dass sich die weltweite Getreidenachfrage bis zum Jahre 2020 um 40 Prozent erhöhen wird. Von 1950 bis heute hat sich zwar die weltweite Getreideproduktion von 500 Millionen auf zwei Milliarden Tonnen vervierfacht; in den nächsten zehn Jahren wird jedoch nur noch mit einem Wachstum um weitere zwei Prozent gerechnet, denn die nutzbaren Flächen nehmen ab. Jedes Jahr schrumpft die fruchtbare Ackerfläche um fünf bis sieben Millionen Hektar.

Nach Lester Brown hält der National Intelligence Council, die Dachorganisation aller amerikanischen Geheimdienste, eine fertige Studie über die chinesische Weltmarktpolitik unter Verschluss. Würde China plötzlich große Mengen Getreide einkaufen, könnte das zu einer Preiserhöhung und damit zu einer Destabilisierung der gesamten Dritten Welt führen, weil die Länder keine Importe mehr bezahlen könnten. So wäre mit Nahrung auch Macht auszuüben. Wer allerdings als Sieger hervorginge, ist offen; denn der größte Weizenproduzent der Welt sind die Vereinigten Staaten, und die könnten den Spieß auch umdrehen.

Es ist ein globales Umdenken gefordert, um einerseits den wachsenden Schaden für die Umwelt durch die Nahrungsproduktion alten Stils zu begrenzen und um andererseits das Bevölkerungswachstum zu bremsen. Dabei spielt die Nahrungsmittelindustrie eine große, wahrscheinlich sogar die entscheidende Rolle. In den hoch entwickelten Ländern fällt ihr die zentrale Rolle zu, wenn es darum geht, den Wunsch nach Konsumwachstum weiterhin zu erfüllen und den Verbraucher gleichzeitig im täglichen Leben zu qualitativen Entscheidungen zu führen. Das persönliche Wohlgefühl lässt sich in hoch entwickelten Gesellschaften weder durch noch mehr Fernsehprogramme noch durch noch längere Staus durch noch mehr Autos steigern. Jedes mengenmäßige Mehr senkt für die meisten Menschen mehr oder weniger spürbar die Lebensqualität, und im Falle der Ernährung beeinträchtigt es sogar die Gesundheit.

Nur ein grundlegender Wandel im Angebot kann dem globalen Verbraucher helfen, seinen Erlebnishunger auch durch Geschmack, sein Gesundheitsbedürfnis auch durch Konsum und seinen Wunsch nach Zeitgewinn durch Komfort zu verwirklichen. Die wissensbasierte biotechnologische Nahrungsmittelherstellung wird in der nahen Gegenwart und erst recht in der weiteren Zukunft in den hoch entwickelten Nationen einen ebenso starken Wandel herbeiführen, der sich auf weite Teile der Gesellschaft auswirkt, wie in der Vergangenheit die Autoindustrie mit der Aufnahme der Fließbandproduktion oder die elektronische Industrie mit der Produktion von Fernsehgeräten und Computern. Die großen Konzerne verfügen über das Wissen und über das Geld, also haben sie die Macht dazu, und Nestlé ist das größte und technologisch am besten gerüstete globale Nahrungsunternehmen.

In den Schwellenländern werden Unternehmen wie Nestlé den Menschen helfen, den gewünschten Sprung nach vorn zu machen und nicht alle Fehler der Industrienationen einzeln und mühsam zu wiederholen. Was nichts anderes heißt, als dass sich die Schwellenländer bei einigen Entwicklungen auf eine globale Spitzenposition begeben werden. Nur wer wie Nestlé zu einer globalen Betrachtung aller anstehenden Zukunftsthemen kommt, wird auch globale Chancen erkennen und wahrnehmen können. Helmut Maucher sagte mir dazu:

»Vor mindestens 15 Jahren habe ich die so genannte Doppelstrategie entwickelt. Und zwar einfach wieder ausgehend von sehr logischen Überlegungen. Ich wusste einerseits, dass sich die Mehrheit der Menschen in der Dritten Welt viele Nahrungsmittel nicht leisten kann. Anderseits, dass sich ein größerer Teil von Menschen vernünftig ernähren kann, wenn ich direkt von pflanzlichen Rohstoffen aus arbeite, ohne den Umweg über das Tier. Alle Milch- und Fleischprodukte gehen ja über das Tier.«

Das Ziel Mauchers war es, einen breiteren Teil der Menschheit mit schmackhaften Produkten pflanzlichen Ursprungs zu versorgen, von guter Qualität und zum günstigen Preis. Indem Nestlé von den pflanzlichen Rohstoffen ausging, die in den Ländern der Dritten Welt wachsen, also hauptsächlich Soja und Reis, und deren Aufbereitung zu schmackhaften Nahrungsmitteln durch moderne Lebensmittelprozesstechnik effektiver machte und ihre Zubereitung vereinfachte, ist man zu besseren und gleichzeitig billigeren Produkten gekommen. Das ist Mauchers Doppelstrategie.

»Es ist nicht alles nach Plan gegangen, es dauerte etwas, bis alles richtig anlief, aber heute sieht man mehr und mehr von diesen Produkten«, räumt er ein.

Später kam noch ein Effekt dazu, an den er damals gar nicht gedacht hatte. Zu seiner Überraschung war eine Reihe solcher Produkte plötzlich auch für die industrialisierte Welt interessant, weil dort die Nachfrage nach vegetarischer Nahrung oder zumindest nach Nahrung mit einem größeren vegetarischen Anteil immer weiter wächst. Es gab viele Dinge, von Couscous über Reis bis zu Instantnudeln, die plötzlich auch von europäischen Verbrauchern verstärkt nachgefragt wurden, wenn auch aus anderen Motiven heraus: man wollte Exotik, aber auch bewusst auf Fleisch in großen Portionen verzichten. An diesen Aspekt hatte Maucher damals noch nicht gedacht. Rückschauend fasst er zusammen:

»Das alles sind Entwicklungen, die langfristig angelegt sind, die Jahre brauchen, bis sie durch sind. Wenn wir aber damals nicht damit begonnen hätten, wären wir jetzt nicht so weit. Den Begriff für diese Produkte, PPP-Gericht, haben unsere Marketingleute dann erfunden. Populary Priced Products, obwohl das nicht den ganzen Inhalt wiedergibt von dem, was ich damals wollte.«

Dann springt er sofort wieder in die Zukunft, die ihn eigentlich viel mehr interessiert als die Vergangenheit:

»Ich behaupte immer wieder und schockiere damit zum Teil Leute, dass wir in dreißig Jahren wahrscheinlich keine Milch mehr brauchen. Ich glaube, wir können die Milch dann ohne Kuh machen. Darauf muss man sich vorbereiten. Vielleicht sind in 200 Jahren alle Menschen Vegetarier. Für diese Aussage habe ich schon viele Hiebe von den Metzgern bekommen.

Mit unserer modernen Lebensmittelforschung und mit der Prozesstechnik werden wir Produkte machen können, bei denen wir den Umweg über das Tier nicht mehr brauchen. Und der Trend geht dahin; der Artenschutz oder auch die Sensibilität, wenn es um das Tragen von Pelzen geht, sind Indikatoren dafür. Heute weiß man viel besser, dass nur graduelle Unterschiede zwischen einem Tier und einem Menschen bestehen – und keine prinzipiellen. Wenn man das einmal weiter verfolgt, dann kann der Moment kommen, vielleicht schneller, als wir alle denken, wo kein Mensch mehr in der Lage ist, ein Tier zu töten, um es zu essen. Im Moment geht das noch, weil die Leute so weit weg vom blutigen Geschehen sind und nicht wissen, was sie anrichten. Darüber redet jetzt keiner, aber das sind die kommenden Entwicklungen.«

Natürlich kann man in Europa und den USA noch eine gewisse Zeit so weitermachen wie bisher und Fleisch als Krönung und Mittelpunkt der Ernährung betrachten. BSE als wachsende Gesundheitsgefahr und eine zunehmende Sensibilisierung der heranwachsenden Generationen in Bezug auf das Töten von Tieren werden den Trend jedoch schneller stoppen als die rein vernunftbezogenen ökonomischen und ökologischen Argumente.

Schon heute gibt es aus meiner Sicht in den hoch industrialisierten Ländern für die Menschen eigentlich nur drei Basisalternativen: Sie essen mit gutem Gewissen industriell gefertigte Nahrung, die der traditionellen Ernährungsweise am nächsten kommt; sie machen sich zu Mittätern beim industriellen Tiermassenmorden, mit allen gegenwärtigen und zukünftigen Risiken durch vom Tier auf den Menschen übertragbare Krankheiten; oder sie wählen den elitären Weg, entweder als Vegetarier oder als Slow-food-Anhänger, der die Verantwortung für den Tod von Tieren, aus artgerechter Haltung, im Zyklus der Nahrungskette ganz bewusst zu tragen bereit ist.

4 | Nestlé auf den Philippinen als Modellfall

Es wird wohl kein Unternehmen geben, das sich in seiner Selbstdarstellung und in seinen Äußerungen gegenüber der Öffentlichkeit nicht stets von seiner besten Seite zu zeigen bemüht. Ist die Selbstdarstellung immer nur schöner Schein oder spiegelt sie doch die Realität wider, zumindest einen Teil von ihr?

Wir haben mit vielen Leuten von Nestlé gesprochen und mit noch mehr Leuten über Nestlé. Dabei konnten wir hinsichtlich der Selbstwahrnehmung Nestlés und der Wahrnehmung des Unternehmens durch Außenstehende zum Teil erhebliche Unterschiede feststellen. In den Ländern, wo Nestlé häufiger positiv in den Medien auftaucht, zum Beispiel in kleineren Meldungen im Regionalteil oder unter Vermischtes, wo es auf den Kultur- oder Sportseiten mit seinen Sponsorenaktivitäten erwähnt wird, dort wird Nestlé auch von der Gesellschaft allgemein positiv gesehen. So haben wir es ganz deutlich auf den Philippinen erlebt. Es gab kaum einen Tag, an dem Nestlé nicht in irgendeiner Zeitungsrubrik erwähnt wurde.

In den Ländern aber, in denen Nestlé in der alltäglichen Berichterstattung der Medien seltener vorkommt, stattdessen aber überproportional häufig im Zusammenhang mit Reizworten wie Globalisierung, multinationale Konzerne oder Ernährungsrisiken, wird auch das Unternehmen selbst stärker mit Problemen in Verbindung gebracht. Selbst positive Berichte in Wirtschaftsmedien werden nicht nur von ausgewiesenen Kritikern mehrheitlich negativ umgedeutet. Rendite wird zum Synonym für Ausbeutung, inneres Wachstum steht für Arbeitsplatzabbau und höhere Nachfrage für

Manipulation durch Werbung. So ist es zum Beispiel in Deutschland, aber auch zum Teil in der Schweiz oder Großbritannien.

Dabei unterscheidet Nestlé sich in der Innensicht weltweit kaum. In nur wenigen anderen Unternehmen, die wir kennen, wurden wir so oft auf dieselben Prinzipien hingewiesen, die den Geschäftsalltag bestimmen, wie bei Nestlé. Die Beobachtung, dass die Medienpräsenz und die grundsätzliche Haltung zu Nestlé korrespondieren, in dem Sinne zu interpretieren, dass die Medien das Unternehmen in ein schlechtes Licht rücken, wäre jedoch eine vorschnelle Schlussfolgerung; vielmehr spiegeln die Medien die gesellschaftliche Wahrnehmung wider. Und das bedeutet auch, dass man sich in Deutschland und auch anderswo darüber bewusst sein muss, erstens nicht die allgemeine Weltmeinung zu repräsentieren und zweitens auch nicht unbedingt Recht zu haben mit dem, was man denkt und was man als Tatsache erkannt zu haben glaubt.

Aber funktioniert Nestlé in der Dritten Welt und in den Schwellenländern wirklich genauso wie in Europa und vielleicht den USA? Oder sieht dort die Nestlé-Welt doch ganz anders aus? Wir machten auf den Philippinen die Probe aufs Exempel.

Platz 10 beim Bevölkerungszuwachs

Viele Leute wissen gar nicht, wo die Philippinen liegen. Oft werden sie Süd- und Mittelamerika oder auch Afrika zugeordnet, dabei gehören sie, südlich von Taiwan und nordwestlich von Indonesien gelegen, zu den am stärksten wachsenden Regionen Südostasiens. Das Land ist 300 000 qkm groß und besteht aus 7107 Inseln. Zum Vergleich: Deutschland zählt 357 000 qkm Fläche. Die rund 75 Millionen Einwohner leben zu 60 Prozent auf den beiden Hauptinseln Luzon und Mindanao. Die Hauptstadt Manila auf Luzon besteht aus zahlreichen eingemeindeten Vororten und Städten und hat etwa elf Millionen Einwohner. Die flächenmäßig größte Stadt ist Davao City mit einer Million Einwohnern im Süden der Insel Mindanao.

Die Filipinos sind ein junges Volk, das durchschnittliche Alter beträgt gerade einmal 25 Jahre, da häufig noch acht bis zehn Kinder pro Familie üblich sind. Mehr als 50 Prozent der Bevölkerung ist unter 20 Jahre alt. 1998 betrug der jährliche Bevölkerungszuwachs 1,7 Millionen Menschen. Damit liegen die Philippinen auf Platz 10 der Weltrangliste der Länder mit dem stärksten Bevölkerungswachstum. Auf Platz eins liegt Indien mit 18,3 Millionen pro Jahr, gefolgt von China mit 12,5 Millionen. Pakistan, Nigeria und Indonesien belegen die Plätze drei bis fünf mit jährlichen Zuwächsen zwischen drei und vier Millionen. Danach folgen mit Zuwächsen, die nur noch oberhalb von zwei Millionen liegen, die USA, Brasilien, Bangladesch und Mexiko.

Die Kinder auf den Philippinen erhalten eine gute Schulausbildung und wachsen von Anfang an zweisprachig auf; denn die Hauptunterrichtssprache ist Englisch, erst an zweiter Stelle steht Filipino, die Nationalsprache. Der Schulbesuch ist kostenlos, und es besteht eine allgemeine Schulpflicht vom siebten bis zum zwölften Lebensjahr. Rund eine Million besuchen Universitäten und Colleges.

Da die Filipinos gut Englisch sprechen, sind sie nach dem Schulabschluss sehr viel flexibler als europäische Jugendliche; sie studieren oft in den USA oder Australien, in anderen Teilen Asiens oder auch in Europa. Und sie arbeiten auch wesentlich häufiger im Ausland als Bürger anderer Nationen; dabei schicken sie einen großen Teil des erarbeiteten Geldes an ihre Familien im Heimatland. Mehr als zehn Milliarden US-Dollar kommen so jährlich zusammen.

Oft sind es die Frauen, die die Familien ernähren. Generell ist die tatsächliche Stellung der Frau und ihre Emanzipation viel stärker, als es sich nach außen darstellt und als es von Europäern in einem asiatischen Land erwartet wird. Da 90 Prozent der Filipinos katholisch sind, gibt es auch in weltanschaulichen Dingen keine Anpassungsprobleme an die globale Gesellschaft. Die englische

Sprache, eine gute Ausbildung und die Bereitschaft, das Land zu verlassen, um zu arbeiten, machen die Filipinos zu globalen Bürgern, die man so engagiert und motiviert zumindest in Europa nicht findet.

Selbstbewusst, emanzipiert und einflussreich – philippinische Frauen

Bei unserem Besuch der Philippinen hatten wir Gelegenheit, verschiedene Frauen kennenzulernen, die eine große Kompetenz für die Themen besitzen, zu denen sich europäische und amerikanische Kritiker immer wieder äußern.

Lilia Bautista empfängt uns zwischen zwei Sitzungsterminen am späten Nachmittag. Sie ist erst kürzlich zur Vorsitzenden der Börsenaufsichtskommission ernannt worden. Frauen werden auf den Philippinen immer häufiger mit wichtigen öffentlichen Ämtern betraut, weil sie eine bessere Ausbildung haben und härter durchgreifen können als viele Männer, die in einem »Old Boys-Network« gefangen sind.

Insgesamt 50 Prozent der Frauen auf den Philippinen gehen arbeiten. Chancen für leitende Positionen haben sie aber mehr im staatlichen Bereich als im privaten Sektor, laut Frau Bautista. Allerdings bezahlt der Staat Frauen schlechter als Männer in einer entsprechenden Position. Deshalb arbeiten zum Beispiel viele Lehrerinnen in Halbleiterfabriken. Es gibt also immer noch eine gewisse Diskriminierung von Frauen.

Im Bereich der öffentlichen Verwaltung und der Gesetzgebung haben sich die Philippinen an den USA orientiert. Je mehr Verwaltung, desto mehr Filz, das gilt auch für die Philippinen. Selbst am amerikanischen Vorbild gemessen, haben sie darin einen sehr hohen Standard erreicht, was jedoch nicht immer und nicht von allen Beteiligten oder Betroffenen als Vorteil gesehen wird. Eine Unmenge von Gesetzen und Verordnungen überzieht das Land, und eine auf ihr Recht bedachte Bevölkerung hat dafür gesorgt, dass es auf den Philippinen die höchste Pro-Kopf-Dichte an Rechtsanwälten weltweit gibt. Besonders Unternehmen bekommen die Prozessfreudigkeit der Filipinos zu spüren; deshalb rät man Ausländern, sich nur in bereits bestehenden Gewerbegebieten niederzulassen, weil dort meist die immer wieder auftretenden Probleme bereits beseitigt sind.

Das ist jedoch nicht das Thema von Frau Bautista. Bevor sie zur Börsenaufsicht wechselte, war sie Unterstaatssekretärin im Ministerium für Handel und Industrie und vertrat die Philippinen in verschiedenen wichtigen internationalen Gremien. Zuvor ist Frau Batista, die ursprünglich Rechtsanwältin war, auch philippinische Botschafterin in Genf gewesen. Sie kennt also nicht nur Europa, sondern auch viele Kollegen und Kolleginnen aus allen Ländern der Welt. Alle wichtigen Wirtschaftsdaten hat sie natürlich sofort parat, ohne auch nur eine Sekunde überlegen zu müssen.

Das Wachstum des Bruttosozialprodukts der Philippinen lag 1999 bei 2,5 Prozent, für das Jahr 2000 werden 3,5 Prozent erwartet; das Wachstum des Bruttoinlandsprodukts betrug 2,0 Prozent, es soll 2000 auf 3,0 Prozent steigen. Für die Inflationsrate wird ein leichter Anstieg von 6,7 Prozent auf 7,0 Prozent prognostiziert. Für Frau Bautista ist es wichtig, dass das Wirtschaftswachstum stabil ist. Steigt es zu hoch, bestehe immer wieder die Gefahr des Absturzes. 40 Prozent der Bevölkerung sind noch in der Landwirtschaft tätig. Die Asienkrise von 1998 meisterten die Philippinen besser als manche ihrer Nachbarn. Die Handelsbilanz ist negativ, das heißt, es werden mehr Güter importiert als exportiert.

Insgesamt findet Lilia Bautista, dass die Philippinen gar nicht so schlecht dastehen, sondern nur stark unterschätzt werden. Auf der staatlichen Prioritätenliste ganz vorn steht derzeit die Förderung der auf der Landwirtschaft basierenden Industrie mit der Nahrungsmittelverarbeitung und der Gentechnologie, die einerseits benötigt werden, um die wachsende Bevölkerung zu ernähren und andererseits gute Chancen zur Steigerung des Exports bieten. Daneben werden die Philippinen für den Bereich der Halbleitertechnik auch immer interessanter. Sich zu sehr auf einen Wirtschaftsbereich festzulegen, hält Frau Batista für gefährlich.

Ausländische Investoren werden gern gesehen, weil man ihr Geld braucht, sagt Frau Batista ganz deutlich. Also sei auch Nestlé höchst willkommen. Man habe einen Pool von ausbildungsfähigen Arbeitskräften, und die ausländischen Unternehmen zahlten besser als die einheimischen. Dass die philippinischen Frauen international als Ärztinnen, Krankenschwestern und Haushälterinnen einen guten Ruf haben, weiß sie und sieht darin auch weiterhin gute Beschäftigungschancen auf globaler Ebene.

Der E-Commerce und besonders auch der E-Service bietet für die Philippinen große wirtschaftliche Chancen, wobei auch der Zeitunterschied zu Europa und Nordamerika für einen Rund-um-die-Uhr-Service von Vorteil ist. Etliche Großunternehmen wie AOL, Nokia, Citibank oder auch Procter & Gamble haben auf den Philippinen bereits Service-Niederlassungen eingerichtet. Natürlich ist auch von Vorteil, dass auf den Philippinen perfekt Englisch gesprochen wird und der Umgang mit dem Computer für viele Menschen bereits zum Alltag gehört. Es gibt sehr viele Computerschulen auf den Philippinen.

Es ist wirklich erstaunlich, in welch hohem Maße auf den Philippinen die Telekommunikation in all ihren Facetten genutzt wird. Nicht nur dass man an jeder Straßenecke Leute mit Handys sieht, man bekommt auch in den entferntesten Ecken Anschluss an das weltumspannende Telefonnetz. Und selbst in ärmeren Vierteln, inmitten einfacher Holzhäuser, gibt es Internetshops, von wo aus Verbindungen in die ganze Welt hergestellt werden. Dass diese Möglichkeiten auch intensiv genutzt werden, erkennt man allein schon an der großen Zahl der philippinischen Internetangebote, unter denen das von Nestlé nur eines von vielen ist.

Familie und Selbstbestimmung sind kein Gegensatz

Ludivina Y. Garces-Holst ist Ärztin und mit einem Schweden verheiratet, daher der für die Philippinen ungewöhnliche zweite Nachname. Sie wird von allen ehrfürchtig nur »Dottora« genannt. Ihr

Fachgebiet ist Kinderheilkunde, speziell die Kinderendokrinologie. Daneben hat sie noch zahlreiche andere Ämter, so ist sie auch Mitglied des American Board of Pediatrics. Ihre Sprechstunden hält sie in drei verschiedenen medizinischen Zentren ab, jeweils zu versetzten Zeiten, wobei einige wichtige Entwicklungen der Kinderheilkunde auf den Philippinen auf sie zurückzuführen sind.

Frau Garces ist eine quirlige, kleine Person, die mit ihren Meinungen nicht lange hinter dem Berg hält. Als Treffpunkt hat sie den noblen Poloclub von Manila vorgeschlagen, in dem sie natürlich Mitglied ist. Der historische Holzbau, mit seinen weit gespannten Dächern, umgeben von Gärten und grünen Poloplätzen, liegt heute mitten in Manila. Es käme aber wohl niemand auf die Idee, das wertvolle Land einer anderen Nutzung als dem Polospiel zuzuführen.

Frau Garces hält es für wichtig, dass man als Europäer die speziellen Probleme, aber auch die speziellen Vorteile der philippinischen Lebensweise kennt. Es ist ein Teil der Emanzipation der Frauen, dass sie erwerbstätig sind und es auch sein können. Gleichzeitig soll aus philippinischer Sicht nicht die Familie darunter leiden. Auf den Philippinen ist es noch üblich, sich im Rahmen eines größeren Familienverbandes sowohl unter den Geschwistern als auch zwischen Großeltern, Eltern und Kindern gegenseitig Hilfe zu leisten. Wenn eine Frau arbeiten geht, werden ihre Kinder einfach von anderen Familienmitgliedern mit versorgt.

Das sei kein Problem, aber die Schwierigkeiten treten in dem Moment auf, wenn man von den Müttern erwartet, dass sie ihre Babys konsequent stillen sollen. Die zum Teil recht langwierigen Verkehrsverbindungen und großen Strecken selbst innerhalb der Stadt machen es einer Mutter unmöglich, während der Mittagspause nach Hause zurückzukehren, um nach dem Stillen wieder an die Arbeitsstelle zu fahren. Es sei zweckmäßiger und preisgünstiger, eine vernünftige Babynahrung einzusetzen. In Europa rege man sich über diese Einstellung auf, aber für sie sei aus medizinischer Sicht nichts dagegen einzuwenden.

Außerdem habe niemand das Recht, die Entscheidungen von

Frauen in wirtschaftlicher Sicht, aber auch im Rahmen ihrer Selbstbestimmung in Frage zu stellen. Auf den Philippinen werde das Recht des Einzelnen auf Entscheidungen über sich selbst in allen Lebensbereichen stärker respektiert, besonders im Bereich der Gesundheit, in dem die Europäer es lieben würden, die Patienten zu entmündigen. Frau Garces wählt dazu gern Beispiele aus dem schwedischen Gesundheitssystem, das sie durch die Familie ihres Mannes hinreichend kennen lernen konnte.

Feste Besuchszeiten, bei denen sich Patient und Besucher dem Klinikbetrieb unterordnen müssen, seien in den Philippinen ebenso wenig denkbar wie das militärische Reglement in schwedischen Krankenhäusern, bei denen selbst die Zahl der Blumen, die am Krankenbett stehen dürfen, genau vorgeschrieben ist. Es käme auf den Philippinen niemals einer Krankenschwester in den Sinn, die Blumen am Ende eines Krankenbesuchs in den Flur zu stellen. Genauso ist es auf den Philippinen den Kranken erlaubt – soweit keine medizinischen Einschränkungen vorliegen – das zu essen, was sie mögen und was ihnen ihre Verwandten mitbringen. Für Schweden und wahrscheinlich auch für viele andere europäische Länder wäre es eine Katastrophe, wenn der Patient mittags appetitlich angerichtete, aber von der Familie mitgebrachte Nahrung zu sich nähme anstatt des trostlosen Krankenhausessens.

Public Private Partnership

Alice Sanz de la Gente ist seit 1987 Präsidentin der Vereinigten Hebammen-Gesellschaft der Philippinen, und sie war auch von 1996 bis 1999 die Präsidentin der internationalen Hebammen-Gesellschaft ICM. Im Mai 1999 fand sogar der Kongress der internationalen Gesellschaft in Manila statt, zu dem rund 1000 Teilnehmerinnen aus allen Ländern der Welt kamen. Das überrascht angesichts des sehr bescheidenen Büros von Alice Sanz de la Gente in Manila.

Die philippinische Hebammen-Gesellschaft verfolgt seit vielen Jahren vier Kernprojekte, eine Antiabtreibungskampagne, eine Kampagne für das Stillen der Babys, eine Verhütungskampagne und eine Antikrebs-Kampagne. Dabei wird die Gesellschaft von Nestlé im Rahmen einer Public Private Partnership unterstützt. Nestlé ist mit seiner Förderung praktisch an die Stelle des Staates getreten. Dabei wird von Seiten der Hebammen strikt darauf geachtet, dass das Werbeverbot eingehalten wird.

Nestlé unterstützt seit Jahren die Hebammen-Organisation in vielfältiger Weise, dazu gehören die Übernahme der laufenden Kosten für das Büro, die Finanzierung von Säuglingspflegekursen für die Mütter oder auch die Unterstützung der Bemühungen der Gesellschaft um eine Verbesserung der Hebammenausbildung. Auch hat das Unternehmen zum Beispiel Frau de la Gente die Teilnahme an internationalen Kongressen ermöglicht. Trotzdem habe man nie verlangt, dass sie Nestlé-Produkte empfiehlt, betont sie auf unser Nachfragen hin.

Früher war auf den Philippinen die Hebamme nicht als Beruf anerkannt. Frau de la Gente hat jahrelang dafür gekämpft, dass es eine vernünftige, anerkannte Ausbildung gibt. Heute gibt es landesweit rund 147 000 Hebammen. Gerade auf dem flachen Lande haben sie noch eine besonders wichtige Stellung. Ihre Ratschläge und ihre Beratung gehen weit über den Bereich der Gesundheit für Mutter und Kind hinaus. Und es sind nicht nur Ernährungsfragen, zu denen sie Stellung nehmen. Oft müssen sie einen Arzt ersetzen oder auch familiäre oder nachbarschaftliche Probleme lösen, weil sie einfach der einzige Ansprechpartner vor Ort sind und alle Bewohner des Dorfes kennen. Alice Sanz de la Gente macht deutlich, dass sie ohne die Unterstützung von Seiten Nestlés mit ihrer Gesellschaft längst keine so gute Arbeit im Bildungsbereich, aber auch bei der Verringerung der Kindersterblichkeit hätte leisten können.

Die Sichtweise der westlichen Kritiker teilen diese Frauen offensichtlich nicht. Ihre Betrachtungsweise ist eher pragmatisch und nutzenorientiert. Nicht eine Ideologie entscheidet über ihr Handeln, sondern der tatsächliche Erfolg im Einzelfall.

Das Nestlé-Center in Manila

Manila ist alles andere als eine romantische Stadt. Es gibt kein eigentliches Stadtzentrum, wie man es aus Städten wie Paris, London, New York oder Berlin gewohnt ist. Manila besteht aus vielen Zentren, und diese sind wiederum in noch kleinere Einheiten unterteilt. Teuerste Luxusviertel mit altem Baumbestand und großzügigen Villen, wie man sie selbst in Europa und den USA nicht so häufig antrifft, liegen in direkter Nachbarschaft zu armseligen selbst gezimmerten Holz- und Wellblechhütten.

Großbaustellen liegen direkt neben parkähnlichen Gärten, schwer bewaffnete Polizisten bewachen Privatstraßen, die bald darauf wieder in achtspurige Stadtautobahnen münden, auf denen sich unzählige Autobusse und die für die Philippinen so typischen Jeepneys Stoßstange an Stoßstange mühselig fortbewegen. Jeepneys sind auf ehemaligen Militärjeeps basierende Kleinbusse, die meist liebevoll individuell mit Kühlerfiguren und bunten oder chromfarbenen Blechen verziert sind.

In keiner Stadt Ostasiens gibt es so strenge Umweltauflagen wie in Manila, und in keiner Stadt kann das Klima durch die gestauten Autoabgase so schlecht sein wie hier. Morgens um fünf Uhr, bereits vor Sonnenaufgang, beginnt das Leben auf den Straßen, und wenn abends gegen sechs Uhr die Sonne wieder untergeht, geht es noch bis weit in die Nacht hinein weiter.

Das 1999 eröffnete Nestlé-Center liegt in Makati City, einem Stadtteil, in dem sich modernste und exklusivste Hotel- und Bürobauten direkt neben ein- und zweistöckigen Häusern in den Himmel recken. Das Nestlé-Center ist architektonisch schlicht und funktional eingerichtet – so wie alle Nestlé-Gebäude auf der Welt. Eine Besonderheit ist sicherlich der elektronische Lift, dem man nicht nur per Knopfdruck mitteilen muss, wohin man zu fahren gedenkt, sondern auch wie viele Personen er zu transportieren hat, damit er niemals stecken bleibt. Perfektion in Reinkultur.

Was im Inneren eines jeden Nestlé-Gebäudes auffällt, ob es nun in Deutschland, der Schweiz oder eben hier auf den Philippinen steht, ist die Schlichtheit, man könnte auch sagen, Kargheit. Es hängen kaum Bilder an den Wänden, nur ein großes Gemälde vor den Sitzungsräumen zeigt in diesem Fall ein Symbol des philippinischen Volkes. Gemeinsam versetzt man das Haus eines Nachbarn. Dieses Gemeinschaftsgefühl ist für die Filipinos von elementarer Bedeutung.

Im unteren Teil des Gebäudes findet man einen großen gläsernen Laden. In ihm können die Mitarbeiter sämtliche Nestlé-Produkte kaufen, die auf den Philippinen erhältlich sind. Gleichzeitig ist dies auch der Showroom, um den zahlreichen Besuchergruppen, angefangen von Hausfrauen, die das Nestlé-Kochstudio besuchen, bis hin zu Delegationen aus Politik, Verwaltung und Verbänden, zu zeigen, was man alles zu bieten hat.

Stünden auf den Verpackungen nicht fremdartige Worte und würde man nicht bei näherem Hinsehen feststellen, dass auf den Bildern andere Produkte abgebildet sind, so könnte dieser Firmenladen auch in Deutschland stehen, so vertraut ist alles. Nescafé, Maggi und alle anderen globalen Marken sind vertreten. Und während die Beschriftung der Verpackungen eine Mischung aus Filipino und Englisch darstellt, sind die Farben und alles, was zum Markendesign gehört, international identisch.

Die gesundheitlichen Funktionen der Nahrung spielen für die Verbraucher auf den Philippinen bei der Auswahl der Produkte eine weitaus größere Rolle, als es in Europa der Fall ist. Deshalb sind sowohl auf der Verpackung als auch in der Werbung die Informationen zu den Inhaltsstoffen oder zum gesundheitlichen Nutzen viel stärker in das Markenerscheinungsbild integriert. Die Europäer gehen nach ganz anderen Entscheidungskriterien vor, wenn sie einkaufen. Das Geschmackserlebnis steht auf ihrer Prioritätenliste ganz oben, und sie erwarten offensichtlich viel mehr Informationen über die zu erwartenden Ergebnisse, wenn sie ein Produkt bei der Zubereitung einsetzen. Filipinos vertrauen da noch mehr auf ihr eigenes Können. Ganz grob könnte man wahrscheinlich sagen, auf den Philippinen ist man an der Produktqualität interessiert, in Europa dagegen am Produktergebnis, das auf dem Teller liegt.

Was auf den Verpackungen nicht fehlen darf, ist das Nestlé-Nest, und selbst auf der Zwei-Gramm-Tüte für Nescafe Classic befindet sich noch der Hinweis auf den Nestlé Consumer Service mit Adresse und Telefonnummer in Manila. Wer Fragen hat oder Kommentare abgeben möchte, kann so anrufen oder sich über das Internet melden. Außerdem gibt es auch noch den Hinweis »Keep Philippines beautiful«, haltet die Philippinen sauber, werft die Verpackungen nicht auf die Straße, sondern in den Müll. Ein Verpakkungs-Recycling-System, wie es in vielen europäischen Ländern gang und gäbe ist, existiert auf den Philippinen noch nicht.

Was in keinem Nestlé-Center fehlen darf, ist die großzügige Mitarbeiterkantine mit preiswerten Gerichten zu jeder Tageszeit. Und natürlich auch nicht der separierte Mutter & Kind-Raum, in dem die Frauen ihre Kinder während der Arbeitszeit stillen können, wenn sie es wollen. Solche Räume existieren weltweit in den Nestlé-Betriebsstätten. Das Unternehmen möchte damit demonstrieren, dass es, wo es sinnvoll ist und in der Macht Nestlés steht, für das Stillen der Säuglinge eintritt. Die Babynahrungsaktionsgruppen halten das natürlich für reine Propaganda. Sie fühlen sich dadurch, dass gerade Nestlé diese von ihnen gestellte Forderung erfüllt, provoziert und reagieren sogar eher verärgert darauf. Auch das könnte ein Indiz für die teilweise Absurdität dieses Konflikts sein.

Juan B. Santos – ein echter Nestlé-Manager

Präsident der Nestlé Philippines Inc. ist Juan B. Santos. Er hat eine für Nestlé typische Karriere gemacht. Nach einer Ausbildung bei der Citibank studierte er in den USA, arbeitete dann eine Zeit lang für Coca-Cola auf den Philippinen und wechselte 1964 zu Nestlé, wo er zunächst als Produktassistent in verschiedenen Funktionen tätig war. Dann wurde er in das internationale Management-Entwicklungsprogramm aufgenommen und ging 1972 zur Weiterbildung nach Lausanne. Ein wichtiger Meilenstein war für ihn, als er Ende der siebziger Jahre für zwei Jahre nach Vevey versetzt wurde, um sich dort mit der weltweiten Arbeitsweise von Nestlé vertraut zu machen. Von 1985 bis 1987 leitete er dann die Nestlé-Aktivitäten in Thailand und kehrte 1987 auf die Philippinen zurück, um hier die Funktion des Vorstandsvorsitzenden zu übernehmen.

Von 1991 bis 1996 war er gleichzeitig noch in Singapur stationiert, als Unterhändler des so genannten ASEAN Industrial Joint Venture Program. Nestlé ist neben der Automobilindustrie das einzige Unternehmen, das mit den in der ASEAN organisierten Ländern ein eigenständiges Abkommen hat. Dadurch wurden für die Nestlé-Produkte die Zölle innerhalb der ASEAN-Region um bis zu 90 Prozent reduziert und Nestlé konnte die Produktionsstandorte im asiatischen Raum konzentrieren. In Malaysia wird nun für ganz Asien Schokolade produziert, in Singapur Sojasauce, auf den Philippinen Frühstückszerealien und in Thailand Coffee Creamer. Für alle Beteiligten hat sich daraus eine Win-win-Situation ergeben.

Juan B. Santos ist eine Führungskraft, wie man sie bei Nestlé schätzt. Visionär und pragmatisch, langfristig denkend und schnell in der Umsetzung. Erfahren und offen für neue Ideen, vorsichtig und mutig. Man spürt die Energie und den Durchsetzungswillen, die mit Freundlichkeit und Geduld gepaart sind. Man findet bei ihm alle Eigenschaften, die Helmut Maucher fordert. Santos führt sein Team, bestehend aus Filipinos und den so genannten Expatriates, den international eingesetzten Spitzenkräften, zurückhaltend, aber bestimmt.

Der Mensch steht für ihn im Vordergrund, das wird immer wieder deutlich, als Kunde, als Lieferant, als Mitarbeiter. Er verliert nie das gesellschaftliche Umfeld aus dem Auge, aber auch nie den Markt. Er möchte die besten Produkte zum günstigsten Preis anbieten.

Wirft man einen Blick auf die Mitarbeiter von Nestlé auf den Philippinen, dann wird man zunächst feststellen, dass von den rund 4900 Beschäftigten 43 Prozent einen Universitäts- beziehungsweise Hochschulabschluss haben. 26 Prozent haben eine qualifizierende Berufsausbildung und weitere 26 Prozent den Abschluss einer weiterführenden Schule. Die Mehrzahl der Mitarbeiter ist zwischen 26 und 45 Jahre alt.

Der Tagesverdienst bei Nestlé liegt im Durchschnitt bei 619 Pesos; in der Industrie beträgt er nur 446 Pesos, während der gesetzliche Mindestlohn bei 223 Pesos liegt. Hinzu kommen aber noch weitere Zuwendungen, die bei Nestlé 506 Pesos ausmachen, während sie in der Industrie im Durchschnitt 365 Pesos und im Rahmen des Mindestlohnes 137 Pesos betragen. Täglich verdient ein Nestlé-Mitarbeiter also im Durchschnitt 1125 Pesos, etwa 27,5 US-Dollar; damit liegt er deutlich über dem Industriedurchschnitt von 811 Pesos oder 19,85 Dollar und erst recht weit über dem Mindestlohn von 360 Pesos oder 8,82 Dollar.

Neben ihrem Gehalt erhalten die Nestlé-Mitarbeiter Zuschüsse zu Lebensversicherungen sowie ein dreizehntes und vierzehntes Monatsgehalt. Im Krankheitsfall übernimmt das Unternehmen 75 Prozent der Behandlungskosten für die Mitarbeiter und ihre Angehörigen. Außerdem gibt es einen Sack Reis pro Monat, Unterstützung bei der Miete und eine Sterbebeihilfe für Mitarbeiter und ihre Angehörigen. Im firmeneigenen Laden können sie vergünstigt einkaufen und erhalten während ihrer Kaffee- oder Mittagspausen kostenlos Nestlé-Produkte. Auch ein Geschenkpaket zu Weihnachten und zum Geburtstag zählen zu den sozialen Leistungen.

Das Geld für die Befriedigung der Rentenansprüche wird in unabhängigen Fonds angelegt. Wenn der Mitarbeiter ausscheidet, kann er zwischen einer Rente oder einer Auszahlung in einem Betrag wählen. Rund 90 Prozent der Mitarbeiter wählen die einmalige Auszahlung und verwenden das Geld meist für einen Hauskauf oder -bau. Nestlé bietet auch Kurse an, wie man mit dem Geld umgehen kann.

Nestlé versucht auf den Philippinen für die Mitarbeiter, aber auch für die Kunden und alle anderen, die daran interessiert sind, eine größtmögliche Transparenz zu schaffen. Dafür werden zahlreiche Broschüren aufgelegt, es gibt jeden Monat einen offiziellen Newsletter *Abenta* und alle vierzehn Tage *Nestlé Family Balita*, eine sehr umfangreiche Mitarbeiterzeitung. Diese wird auch den im Ausland tätigen Filipinos zugeschickt, damit diese über die neuesten Entwicklungen bei Nestlé Philippines informiert werden und so den Kontakt nicht verlieren.

Der Aus- und Weiterbildung wird – entsprechend den weltweit gültigen Nestlé-Management- und Führungsprinzipien – auch bei Nestlé Philippines ein hoher Stellenwert beigemessen. Insgesamt wurden 1999 rund 22 Millionen Pesos dafür investiert, das sind 15 Prozent der gesamten Personalkosten. Nestlé bietet eine breite Palette von sowohl funktionsbezogenen als auch personenbezogenen Seminaren. Dazu gehören neben Themen des Managements und der Führung sowie der Teambildung verschiedene fachliche Ausbildungsprogramme.

Die Mitarbeiter sollen ihren persönlichen Beitrag zum Erfolg des Gesamtunternehmens leisten, das gilt in allen Fabriken von Nestlé Philippines. Dazu werden so genannte Small Group Activities (SGAs) und Qualitätszirkel initiiert, die in ihren Arbeitsbereichen Projekte zur Produktivitätsverbesserung identifizieren, analysieren und Lösungsvorschläge erarbeiten. Gerade sehr junge Mitarbeiter sind hier aktiv und haben schon viele Verbesserungsvorschläge erarbeitet, die dann auch konkret umgesetzt werden konnten. Auch wenn jede einzelne Maßnahme nur ganz kleine Verbesserungen aufzeigt, die Summe bringt spürbare Fortschritte in der Produktivität und in der Kostensenkung.

Natürlich gibt es bei Nestlé Philippines auch die verschiedensten Firmen-Sportgruppen, vom Schach bis zum Basketball. Darüber hinaus bietet Nestlé sportliche Ferienprogramme für die gesamte Familie der Mitarbeiter oder auch nur für die Kinder der Beschäftigten. Im Rahmen des seit 1996 laufenden Scholarship

Program identifiziert Nestlé besonders begabte Kinder der Mitarbeiter und fördert deren Ausbildung bis zum akademischen Abschluss.

Vom Importeur zum Wirtschaftsfaktor

Nestlé startete bereits im Jahre 1895 seine Aktivitäten auf den Philippinen und eröffnete 1899 seine erste Verkaufsrepräsentanz. Während des zweiten Weltkrieges war das Unternehmen gezwungen, seine Aktivitäten auf den Philippinen einzustellen. Doch schon kurz danach erfolgte der Neubeginn. Unter dem neuen Namen Filipro Inc. wurden wieder Milo, Nido Milchpulver, Milkmaid Dosenmilch und Nescafé importiert.

In den fünfziger Jahren führte die philippinische Regierung Importkontrollen ein, so dass Nestlé quasi gezwungen wurde, den Aufbau eigener Produktionsstätten zu forcieren. 1960 gründete Nestlé S.A. mit der philippinischen San Miguel Corp das Joint Venture Nutripro Inc., mit dem Zweck, Nahrungsmittel herzustellen. Im Jahre 1962 nahm Nutripro seine erste Produktionsstätte in Betrieb, die Alabang Factory. 1977 fusionierten die Handelsfirma Filipro und die Produktionsfirma Nutripro zunächst zur Filipor Inc., die dann im Jahre 1986 den Namen Nestlé Philippines Inc. erhielt. In der Alabang Factory wurde zunächst nur Kaffee produziert, dann auch Kondensmilch der Marken Milkmaid, Carnation, Alpine und Bear Brand.

Heute verfügt Nestlé Philippines Inc. über sechs Fabriken, die für den lokalen Markt und darüber hinaus Frühstückszerealien für den Export produzieren. Die oft gehörte Annahme, Nestlé würde von Europa aus die ganze Welt mit seinen Produkten versorgen, stellt sich also auch bei einer Besichtigung vor Ort als falsch heraus. Sicher mögen die Handelswege im asiatischen Raum weiter sein als innerhalb Europas, aber produziert wird von Nestlé dort, wo es ökonomisch sinnvoll ist und berechtigte Zukunftsperspektiven bestehen. Dieses Konzept trifft aber lange nicht auf alle Lebensmittelhersteller oder auch -händler zu. So finden wir in einem großen Supermarkt in Davao, im Süden der Philippinen, gekühlten Orangensaft, hergestellt und original abgefüllt in Dänemark. Da ja in Dänemark auch keine Orangen wachsen, kann man sich vorstellen, welche Reise dieses Kühlprodukt vom landwirtschaftlichen Erzeuger bis zum Verbraucher hinter sich hat. Gute Renditen werden dabei vor allem die Speditionsunternehmen erwirtschaften.

Als zweite Nestlé-Fabrik wurde 1976 die Cabuyao Factory errichtet, die Milo-Getränke, Nido und Bear Brand Milchpulver, Kindernahrung, Fertiggerichte und kulinarische Produkte herstellt.

Die dritte Nestlé-Fabrik liegt zehn Kilometer östlich von Cagayan de Oro, der »Stadt der goldenen Freundschaft«, im nördlichen Mindanao. Sie wurde bereits 1984 gegründet und konzentriert sich heute auf die beiden Produktlinien Kaffee und Milchprodukte. Bei beiden wird im Prinzip das gleiche Verfahren der Sprühtrocknung angewendet.

Für den Nescafé werden die grünen Kaffeebohnen zunächst gereinigt, dann frisch geröstet, gemahlen und anschließend in einem speziellen Verfahren in einer Art überdimensionierten Kaffeemaschine mit heißem Wasser aufgebrüht. Der gefilterte und konzentrierte Kaffeeaufguss wird in einen Sprühturm geleitet und aus einer Düse in der Turmspitze unter hohem Druck in den Turm gesprüht. Dabei bringt Heißluft den Wasseranteil des Kaffeeextrakts zum Verdunsten. Am Boden des Sprühturms sammelt sich dann das trockene Pulver des fertigen löslichen Kaffees. Dieses im Prinzip fertige Pulver durchläuft noch einige Arbeitsgänge, bevor es endgültig verpackt wird.

Im Bereich der Trockenmilchprodukte läuft das Verfahren ähnlich ab. Rohmilchpulver, zum Beispiel aus Australien, wird mit Wasser gemischt und mit Dampf pasteurisiert sowie mit den produktspezifischen Nährstoffen angereichert. In dem so genannten Egron erfolgt dann wieder die Sprühtrocknung wie beim Nescafé. Nach der Abkühlung des Pulvers kann es abgefüllt werden.

Worauf es in einer Nahrungsmittelfabrik stets besonders ankommt, ist die peinliche Sauberkeit. Deshalb hat man als Besucher auch kaum eine Chance, empfindliche Bereiche zu betreten, selbst wenn man Schutzkleidung trägt. Der Produktionsprozess läuft ohnehin in einem nahezu geschlossenen System ab. Am Anfang der Apparaturen sieht man das Rohmaterial und am Ende die ladenfertigen Verpackungen. Horrorgeschichten aus der Lebensmittelfabrik, etwa von der Zigarettenpackung, die als Ganzes aus der Tasche eines Mitarbeiters in einen Bottich fiel und einfach mit verarbeitet wurde, wären hier überhaupt nicht möglich.

Auch äußerlich legt Nestlé viel Wert darauf, die inneren Prinzipien sichtbar und erlebbar werden zu lassen. Die Grundstücke, auf denen die Fabriken stehen, sind überdimensioniert groß und strahlen im Grün eines gepflegten Landschaftsgartens. Selbst wenn man mögliche Reserveflächen für Erweiterungen abzieht, bleibt noch ein erheblicher Teil Grünfläche übrig. Die Gebäude sind frisch gestrichen, die Wege sauber. Ein von einem Lastwagen gefallenes Stück Holz wird sofort aufgesammelt und fortgeworfen. Helmut Maucher persönlich hat von Anfang an dafür gesorgt, dass Nestlé sich überall auf der Welt korrekt darstellt. In Indien mussten Büros aus einem vergammelten Gebäude ausziehen, dass zwar landesüblichem Standard entsprach, aber nicht typisch für Nestlé war. So kann man auch auf den Philippinen die Nestlé-Fabriken schon von weitem von manchen Wettbewerbern unterscheiden. Wer möchte schon die Milch der Alaska Milk Corporation trinken, wenn die Farbe des Schriftzuges von den Wänden des Gebäudes blättert und die Fabrik selbst in einem grauen Industriekomplex nahe bei Manila eingezwängt ist?

Was in den Nestlé-Fabriken auf den Philippinen besonders auffällt, ist, dass das japanische Kaizen-Prinzip überall zum Arbeitsalltag gehört. Kaizen, der Weg zum Besseren, beruht auf der Überlegung, dass man durch viele kleine Verbesserungsschritte einen kontinuierlichen Verbesserungsprozess einleiten kann. In den USA und

Europa tut man sich mit vielen Kaizen-Maßnahmen noch sehr schwer, besonders weil sie von den Führungskräften Transparenz und Information als Bringeschuld fordern.

In Cagayan de Oro sind 67 Prozent der Mitarbeiter in der Nestlé-Fabrik zwischen 25 und 35 Jahre alt. Weitere 30 Prozent gehören zur Altersklasse zwischen 36 und 45. 35 Prozent haben einen College-Abschluss und 26 Prozent eine technische Ausbildung. Besonders stolz ist man in der Fabrik auf das Human Resource Management. Die Mitarbeiter sind neben ihrer eigentlichen beruflichen Tätigkeit in zahlreichen Arbeitsgruppen und Spezialteams engagiert. So gibt es die Erste-Hilfe-Gruppe, eine freiwillige Feuerwehr, ein Sicherheitskomitee, eine so genannte Hygiene Task Force und eine Task Force für die Umwelt.

Bereits im Jahre 1996 wurde das Unternehmen nach der ISO 9002 qualitäts-zertifiziert. Aber Nestlé hat ein eigenes Qualitätssystem, das noch darüber hinausgeht. Es enthält nicht nur alle Anforderungen nach ISO 9000, sondern hat noch spezielle Regeln für die Lebensmittelsicherheit und besondere Qualitätsaspekte, die der Kundenzufriedenheit dienen.

Dem Thema Umwelt widmet der Chef der Fabrik, Rudy P. Trillanes, seine besondere Aufmerksamkeit. Das extrahierte Kaffeemehl aus der Nescafé-Produktion wird in einem speziellen Brenner der Firma Lurgi als Heizmittel verfeuert. Alle flüssigen Abwässer werden in einer Kläranlage so weit gereinigt, dass das Abwasser zur Bewässerung der weiträumigen Grünanlage rund um die Fabrik eingesetzt werden kann. Das Firmengelände wurde an einer Stelle extra ein wenig erweitert, um einen uralten erhaltenswürdigen Baum mit einzuschließen, damit er nicht eines Tages dem Straßenbau zum Opfer fällt. Man kann sagen, eine Geste oder ein Symbol, doch es hat sich in den Köpfen der Menschen von Cagayan de Oro festgesetzt. Aber auch Wärmerückgewinnungssysteme gehören bei Nestlé in Cagayan de Oro zum Umweltschutzprogramm. Vom Vorgehen in einem privaten Haushalt unterscheidet die Nahrungsmittelindustrie, dass im Rahmen des Herstellungsprozesses alles verwertet und nichts fortgeworfen wird. Ob es nun Abwasser, verbrennbarer Abfall oder Rohstoffbestandteile sind, die zwar nicht selbst genutzt, aber gesammelt und weiterverkauft werden können. Damit wird nicht nur wirtschaftlicher, sondern auch ökologisch korrekter gehandelt, als es jeder Hausfrau oder jedem Hausmann möglich ist.

Rudy Trillanes ist stolz darauf, dass sein Unternehmen der größte Steuerzahler in der Region ist und dass das Einkommen der knapp 500 Mitarbeiter ein wesentliches Rückgrat der örtlichen Wirtschaft bildet. Es ist auf den Philippinen eine allseits bekannte Tatsache, dass zum Beispiel chinesische Unternehmen der Umwelt einen wesentlich geringeren Stellenwert beimessen und auch die Neigung, Steuern zu zahlen, nur gering ausgeprägt ist. Deshalb sind chinesische Geschäftsleute auch weitaus weniger in das öffentliche Geschehen eingebunden als Nestlé und seine leitenden Mitarbeiter.

1992 eröffnete Nestlé die Lipa Factory, die im Rahmen des ASEAN Industrial Joint Venture Program den ganzen ASEAN-Markt mit Frühstückszerealien versorgt. Heute werden dort auch verschiedene andere Nestlé-Produkte hergestellt, etwa Milo-Getränke und Milchpulver. Die im Jahre 1993 gestartete Pulilan Factory, nördlich von Manila gelegen, produziert Maggi Instant-Nudeln und andere kulinarische Produkte.

Im Jahre 1993 gründeten Nestlé und San Miguel Corp. das Joint Venture Magnolia Nestlé Corp; für Nestlé war dies der Einstieg in das Eiskremgeschäft auf den Philippinen. Die Eiskrem wurde unter den Marken Magnolia und Nestlé vertrieben. 1996 trennten sich beide Partner und das Eiskremgeschäft kam zu Nestlé Philippines. Nestlé übernahm dabei die 1970 erbaute Aurora Factory. Hier werden sowohl Eiskrem in Großpackungen als auch so genannte »Frozen Novelties« produziert sowie gekühlte Produkte wie Joghurt und Chamyto.

Bisher ist der Eiskremverbrauch auf den Philippinen mit 54 Millionen Litern oder 0,7 Liter pro Kopf pro Jahr noch relativ gering. Das liegt vor allem daran, dass es noch zu wenige Kühlgeräte gibt. Nestlé stellt den kleinen Händlern entsprechende Truhen zur Verfügung, um auf den Straßen präsenter zu sein. Eiskrem ist ein sehr kurzfristiges Geschäft. Ständig müssen neue Produkte auf den Markt gebracht werden, um den sich schnell ändernden Konsumvorlieben zu entsprechen. So gibt es von Nestlé zum Beispiel ein Eis mit Käse, das nicht etwa Frischkäse, sondern richtige Cheddar-Stücke enthält. In einem anderen Eis befinden sich kleine Spielfiguren. Der Markt für Joghurt steckt auf den Philippinen noch in den Kinderschuhen.

Seit 1997 verkauft Nestlé Philippines auch Heimtierfutter der Marken Friskies und Alpo, das in anderen Teilen Asiens produziert wird.

Nestlé Philippines, Inc. gehört seit 1998 zu 100 Prozent zur Nestlé S.A. in Vevey, Schweiz. Damals übernahm man die restlichen Anteile, die bis dahin die San Miguel Corp. gehalten hatte. Nestlé Philippines, Inc. ist mit einem Umsatz von 35,035 Mrd. Ph. Pesos (nach Zahlen von 1998) die Nummer elf unter den größten Unternehmen des Landes und damit das größte ausländische Unternehmen aus dem Konsumbereich vor Coca-Cola Bottlers Phils., Inc. mit 28,969 Mrd. Ph. Pesos. Im Segment Lebensmittel und Getränkeindustrie liegt lediglich die einheimische San Miguel Corporation mit 78,226 Mrd. Ph. Pesos vor Nestlé.

Die Philippinen gehören für Nestlé zu den dreizehn wichtigsten Märkten; 1999 wurde der Umsatz dort um 15,9 Prozent auf 1,463 Mrd. sfr gesteigert. Die Nestlé-Umsätze auf den Philippinen weisen ein stetiges, ununterbrochenes Wachstum auf; von 1991 bis 1996 stiegen die Erlöse von 11,1 auf 27,7 Mrd. Pesos, was ein durchschnittliches jährliches Wachstum von 20 Prozent bedeutet.

Von der Wirtschaftskrise in Asien waren die Philippinen nicht sehr stark betroffen, so dass sich die Aufwärtsentwicklung für Nestlé fortsetzen konnte. 1997 wurden 30,6 Mrd. Pesos umgesetzt, 1998 35,0 Mrd. Pesos, 1999 37,7 Mrd. Pesos, und für das Jahr 2000 werden 40,5 Mrd. Pesos erwartet – das würde ein durchschnittliches jährliches Wachstum von 1997 bis 2000 um zehn Prozent bedeuten.

Die Entwicklung des erzielten Reingewinns ist nicht ganz so kontinuierlich gewesen. Staatliche Regulierungen übten Druck auf die Preise aus. Denn immer, wenn die Inflation in den Philippinen zu hoch war, wurden staatliche Preiskontrollen eingesetzt, das heißt, es durfte nur zu einem bestimmten Preis verkauft werden. Die jährlichen Veränderungen schwankten zwischen plus 66,0 Prozent in 1992 und minus 5,7 Prozent in 1998. Im Jahre 1999 stieg der Reingewinn um 13,6 Prozent auf 3,01 Mrd. Pesos, das sind 8,0 Prozent des Umsatzes. Für 2000 wird ein kräftiger Anstieg des Reingewinns auf 3,85 Mrd. Pesos erwartet, entsprechend 9,5 Prozent des Umsatzes.

Allerdings investiert Nestlé auch kräftig auf den Philippinen. Von 1991 bis 1998 wurden jährlich zwischen 4,2 und 8,2 Prozent der Umsatzerlöse für Sachanlagen und immaterielle Wirtschaftsgüter ausgegeben; 1999 waren es 4,0 Prozent und im Jahr 2000 sollen es 4,2 Prozent sein. Im Vergleich dazu: Der gesamte Nestlé-Konzern investiert 3,8 Prozent des Weltumsatzes.

1999 beschäftigte Nestlé auf den Philippinen insgesamt (konsolidiert) 5140 Mitarbeiter. Neben Nestlé Philippines, Inc. gibt es fünf weitere Nestlé-Unternehmen auf den Philippinen, die Goya, Inc., die CPW Phils., Hidden Spring Perrier, Alcon Phils. und L'Oréal Phils. Goya, ein philippinischer Süßwarenhersteller, wurde 1997 gekauft. Der Einstieg in das Mineralwassergeschäft erfolgte 1994/95 mit Hidden Spring.

Gutes Wasser wird knapper

Nestlé hat am Mineralwassermarkt weltweit einen Anteil von etwa 15 Prozent und ist damit das führende Unternehmen. Helmut Maucher hatte zu einem sehr frühen Zeitpunkt, als die meisten anderen noch nicht daran gedacht haben, erkannt, dass Wasser für die Ernährung der Menschen sehr wichtig ist. Diese Chance nutzte er. Zwar hatte man im Hause schon 1969 eine Minderheitsbeteiligung an Vittel übernommen; dies war aber eher aus Diversifikationsüberlegungen geschehen und weniger, weil man die generelle Bedeutung von Wasser erkannt hatte. Unter Mauchers Leitung wurde zu Beginn der neunziger Jahre Wasser zu einer strategischen Produktgruppe erklärt.

Im Prinzip sind die Gründe dafür ganz einleuchtend:

- Jeder Mensch braucht im Rahmen seiner Ernährung pro Tag mindestens zwei Liter Flüssigkeit.
- In den hoch entwickelten Ländern verändern sich die Konsumgewohnheiten gleich in mehrfacher Hinsicht. Einerseits schließen sich Autofahren und Alkoholgenuss nahezu überall aus, andererseits werden die Leute gesundheits- und damit auch kalorienbewusster. Deshalb gewinnt Wasser als Getränk auch gegenüber den Softdrinks, die meist zu kalorienhaltig sind, ständig an Boden.
- Betrachtet man die Wasserqualität unter globalen Gesichtspunkten, so wird man feststellen, dass es nur wenige Regionen gibt, die über das Leitungssystem mit Trinkwasser von so hoher Qualität versorgt werden, dass man es wirklich genießen kann. Um Keime zu töten, wird das Wasser teilweise stark chloriert, oder es enthält andere Nebengeschmäcke, die auf dem Leitungssystem, aber auch auf vielen anderen Ursachen beruhen können.
- Man darf auch nicht die Augen vor der Tatsache verschließen, dass Wasser auf der Welt generell immer knapper und deshalb die Versorgung mit qualitativ hochwertigem Trinkwasser immer wichtiger wird.

Helmut Maucher vergleicht eine Wasserquelle mit einer Ölquelle. Entweder man hat sie oder man hat sie nicht. Eine Fabrik kann man dagegen überall hinbauen. Deshalb bestand das Interesse Nestlés darin, zunächst einmal möglichst viele hochwertige Quellen zu erwerben. Die klassischen Mineralwasserländer sind Frankreich, Deutschland und Italien. Mit der Perrier-Gruppe wurde eine ganze Reihe von Quellen erworben, neben der Perrier-Quelle in

Vergèz zum Beispiel auch Contrex, Contrexéville. Die italienische Wassermarke San Pellegrino ging 1998 vollständig in den Besitz von Nestlé über, nachdem vorher schon eine gewichtige Beteiligung bestanden hatte.

In den USA bestand lange Zeit wenig Interesse daran, Wasser als Getränk zu konsumieren. Deshalb konnte Nestlé dort verhältnismäßig günstig Quellen erwerben und verfügt heute über ein Viertel des gesamten amerikanischen Wassergeschäfts. Da die Steigerungsraten inzwischen auch dort groß sind, macht Nestlé mit Wasser in den USA einen Umsatz von rund einer Mrd. Dollar.

Nestlé besitzt inzwischen auch Quellen in Mexiko, im Libanon, in Ägypten, China, Vietnam, Polen, Bulgarien und etlichen anderen Ländern. Hinzu kommt die Exporttätigkeit mit Markenwässern wie Vittel oder Valver. Allerdings wird damit nicht das große Wassergeschäft gemacht, auch wenn die Gewinnspannen recht beträchtlich sind. Wer in Tokio ein Perrier-Wasser trinken möchte – und das sind nicht wenige, weil der Konsum solcher Wässer auch Status symbolisiert –, muss nicht nur die Kosten für den Transport rund um den Globus mitbezahlen.

Gutes Wasser mit nutritionellem Wert wird in Entwicklungsländern immer stärker nachgefragt werden, und Nestlé erwartet, dass dort auch die größten Wachstumsraten liegen. Anfang 1997 entschloss sich das Unternehmen zu einem kühnen Sprung ins Trinkwassergeschäft. Ziel war die Einführung eines qualitativ hochstehenden Wassers mit ausgewogenem Mineralsalzgehalt, das für jedermann in den Entwicklungsländern erschwinglich ist. Der Kauf von Mineralwasser von Markenherstellern geschieht weltweit aus zwei sehr unterschiedlichen Gründen, wie Juan B. Santos äußerst plausibel und pointiert erläutert: »In Europa kauft Ihr Wasser wegen der Sachen, die im Wasser sind. Bei uns kauft man das Wasser wegen der Dinge, die nicht darin sind.«

Im April des gleichen Jahres begann das Forschungszentrum in Lausanne, die geeignete Zusammenstellung der Mineralsalze festzulegen und das Geschmacksprofil zu definieren. Das Projekt wurde dann an Perrier Vittel nach Frankreich zur Durchführung der ersten technologischen Versuche übergeben. Die Idee war, eine kompakte Produktionslinie zu entwickeln, die überall dort in der Welt installiert werden kann, wo sich eine Quelle von annehmbarer Qualität befindet. Nach der vollständigen Reinigung des Wassers und dem Zusetzen der notwendigen Mineralsalze sollte ein preiswertes Endprodukt entstehen, dessen Qualität garantiert werden konnte.

Im Dezember 1997 wurden in Ozarka, Texas, USA, vollindustrielle Versuche durchgeführt. Ab Juni 1998 folgten Verbrauchertests in Pakistan, Thailand, Mexiko und Brasilien, und im Dezember 1998 führte Nestlé Pakistan das Produkt unter der Marke »Nestlé Pure Life« ein. Ein Jahr später waren in Pakistan mehr als 15 000 Verkaufsstellen eingerichtet. Angesichts dieses Erfolgs wurde Nestlé Pure Life inzwischen auch in Brasilien und China auf den Markt gebracht. Andere Schwellenländer werden in naher Zukunft folgen. In Europa wurde ein entsprechendes Wasser unter dem Namen Nestlé Aquarel eingeführt.

Mit Wasser sind nutritionelle Werte verbunden, und seine Reinheit, sein Geschmack werden für den Konsumenten immer wichtiger, ganz gleich, ob er damit Babynahrung zubereitet oder es in einen guten Whisky kippt. Es ist zu beobachten, dass es weltweit zur Gewohnheit wird, zum Essen Wasser zu trinken.

Nestlé besitzt heute über 60 Quellen. Dabei sind die großen Quellen alle vergeben. In Europa und vor allem in Frankreich gibt es keine bekannten Quellen, die nicht entweder Nestlé oder dem Konkurrenten Danone gehören. Auch in Deutschland deckt Nestlé flächenmäßig inzwischen den gesamten Markt ab.

Der Export europäischer Marken in alle Welt wird immer nur ein relativ kleines Segment bleiben. Lokale Quellen oder auch das Konzept, Wasser generell vor Ort, etwa in den Bergen zu gewinnen und als reines Wasser mit bestimmten Mineralien auf den Markt zu bringen, sind die vom Volumen her größeren Geschäftsfelder. In den USA wird solches Wasser zum Teil schon in Gallonenkanistern verkauft oder ins Haus geliefert. Mit solchen Konzepten lässt sich zwar die Wasserknappheit nicht lösen, aber die Versorgung der Bevölkerung mit gutem Wasser, besonders in den Entwicklungsländern, verbessern.

Zum Thema Wasserknappheit gibt es bei Nestlé aber auch noch andere Überlegungen, nämlich den Wasserverbrauch der Industrie zu reduzieren oder eine Landwirtschaft zu betreiben, die weniger Wasser auf den Feldern benötigt. Beides fällt in den Kompetenzbereich von Nestlé, wobei die Biotechnologie einen wichtigen Beitrag leisten wird. Die gezielte Verbesserung wichtiger Nahrungspflanzen kann den Wasserverbrauch deutlich senken.

Marketing auf den Philippinen

In welchem Maße die Markenphilosophie und sämtliche andere Prinzipien von Nestlé auf den Philippinen befolgt werden und damit auch dort den Erfolg sichern, erkennt man am besten, wenn man sich den Marketingbereich anschaut.

Das Kerngeschäft mit Milch und Getränken hat einen Anteil von 80 Prozent am Gesamtumsatz von Nestlé auf den Philippinen, neue Produktbereiche wie Nahrungsmittel, Eiskrem, Süßwaren und Produkte für den Foodservice machen den Rest aus. Der gesamte Marketing-Bereich umfasst 700 Mitarbeiter, davon arbeiten allerdings 400 im Vertrieb. Gegliedert ist der Marketingbereich zunächst nach Produktgruppen und dann nach einzelnen Produkten. Die Produktgruppen sind Milchprodukte, Kaffee und Getränke, Kindernahrung, Nahrungsmittel, Foodservice, Vertrieb und Beschaffung. Darüber hinaus gibt es noch eine ganze Reihe kleiner Bereiche wie klinische Nahrung, Frühstückszerealien oder auch Tierfutter, die bisher auf den Philippinen noch wenig Bedeutung haben.

Vom Volumen her betrachtet ergeben sich folgende Zahlen: Im Jahre 1987 wurden 3600 t Nescafé verkauft, im Jahre 1999 waren es 17 000 t. Der Absatz von Milo-Getränken erhöhte sich in demselben Zeitraum von 6500 auf 28 000 t und der von Nestea von

300 auf 5000 t. Die Verkaufszahlen von Nestlé Bear Brand (Bärenmarke) stiegen von 16 000 auf 50 000 t. Der Absatz von Nido-Milchpulver wuchs von 8500 auf 23 000 t und der von Coffee-mate von 1000 auf 11 000 t. Bei allen diesen Produkten ist Nestlé Marktführer mit Anteilen von 90 Prozent bei Nescafé und Coffee-mate, von 74 Prozent bei Nestlé Bear Brand, 70 Prozent bei Milo sowie 65 Prozent bei Nestea und Nestlé Nido.

Schaut man sich die Vertriebskanäle an, so wird man feststellen, dass der traditionelle Handel zwar mit der Zahl seiner Geschäfte über 80 Prozent des Marktes abdeckt, im Umsatzwert jedoch nur noch 53 Prozent erreicht. Zu diesen klassischen Vertriebskanälen gehören die Lebensmittelgeschäfte, von denen es auf den Philippinen 4527 gibt, die Nestlé-Produkte führen; sie tragen zum Umsatz immerhin 36 Prozent bei. Die Zahl der Marktstände auf den so genannten Wet Markets, in der Landessprache auch Sari Sari genannt, liegt bei 2670. Hier wird nur noch ein Umsatzanteil von neun Prozent erwirtschaftet, eben so viel wie die 337 Großhändler in die Waage werfen können.

Gerade die so genannten Wet Markets – sie heißen so, weil es dort sehr viel frische Waren gibt, die wet (feucht) angeboten werden – haben für die Markenbindung eine besondere Bedeutung. Hier kaufen die Menschen ein, die ihren Lohn täglich beziehen und es sich nicht leisten können oder wollen – denn nur 50 Prozent der ländlichen Bevölkerung besitzen einen Kühlschrank –, größere Mengen Nahrung einzukaufen. Die Großhändler beliefern viele kleine Händler, die mit ihren Lkws auch noch die abgelegensten Bergdörfer erreichen.

Die modernen und sich weiter entwickelnden Vertriebskanäle sind die Supermärkte, von denen 456 immerhin 28 Prozent des Umsatzes erwirtschaften. Die 478 Minimarts erreichen gerade noch einmal die Hälfte davon. Über Drugstores und Convenience Stores werden insgesamt noch fünf Prozent der Umsätze abgewickelt. Tankstellen, die in Europa und anderen Teilen der Welt bereits eine sehr wichtige Funktion im Vertrieb haben, liegen auf den

Philippinen nach wie vor mit 0,1 Prozent Umsatzanteil abgeschlagen an letzter Stelle.

Die fünf Erfolgsfaktoren von Juan B. Santos

Befragt nach seinen speziellen Erfolgsfaktoren nennt Juan Santos, der »Boss«, wie er oft genannt wird, fünf Punkte. Die ersten drei Punkte bieten kaum Überraschungen: zunächst eine dauernde und gute, in sich geschlossene Markenkommunikation über eine lange Zeit; zweitens eine straffe Führung mit einem Management, in dem sowohl junge als auch erfahrene Mitarbeiter zusammenarbeiten; drittens eine hoch motivierte Mitarbeiterschaft. Selbst im Süden der Philippinen mit seinen wenig erschlossenen Regionen findet man bei Nestlé Vertriebsmitarbeiter, die in Europa ausgebildet worden sind und von dort auch einen Teil ihrer Berufserfahrungen mitgebracht haben. In Deutschland würde ein Außendienstmitarbeiter, der täglich kleine Händler besucht und an Marktständen kleine Werbeschilder anbringt, als völlig überqualifiziert betrachtet werden, wenn er über eine internationale Managementausbildung verfügt. Bei Nestlé sieht man es als eine Investition in die Zukunft, und die Absatzzahlen bestätigen es.

Eine typische philippinische Besonderheit ist das Tragen von Firmenuniformen. Einerseits erhöht es die Identifikation mit dem jeweiligen Unternehmen, andererseits hat es einen praktischen Hintergrund; sie werden nämlich vom Unternehmen bezahlt. Damit auch die Bürokleidung zur Uniform wird, gibt es überall genaue Vorschriften, was an welchem Tag zu tragen ist. Montags eine graue Hose mit blauem Hemd und schwarzer Krawatte, dienstags eine blaue Hose mit weißem Hemd usw. Solche Vorschriften existieren natürlich auch für die weiblichen Angestellten. Und selbst im kleinsten Nestlé-Büro auf den Philippinen hängen gleich neben der aktuellen Kleiderordnung die Managementprinzipien von Helmut Maucher.

Überraschend ist Santos vierter Erfolgsfaktor: die Verpackungsgröße. Beim Nescafé werden zum Beispiel 70 Prozent der Umsätze mit kleinen Einheiten von 25 und 50 Gramm gemacht. Für eine Tasse Nescafé braucht man zwei Gramm. Es handelt sich also um Packungen, die für zwölf bis 25 Tassen Kaffee reichen. Das ist für einen normalen Haushalt auf den Philippinen gerade einmal eine Ein- oder Zwei-Tagesration. Kaffeetrinken ist hier weit mehr als nur eine normale Form der Höflichkeit gegenüber Gästen. Es ist ein absolutes Muss bei jedem sozialen Kontakt.

Aber auch beim Milchpulver machen die so genannten Soft Packs mit 80 oder 200 Gramm 85 Prozent der Umsätze aus. (Mancher Europäer wird sich vielleicht wundern, weshalb auf den Philippinen so viel Milchpulver verwendet wird. Die Antwort ist ganz einfach. Im tropischen Klima und ohne Kühlschrank ist frische Milch kaum haltbar.)

Als fünften ganz wesentlichen Erfolgsfaktor nennt Santos die Präsenz im Handel. Geht man durch die Wet Markets, führen einen kleine Reihen von Fähnchen zu den Ständen, die zum Beispiel Maggiprodukte, Gewürzmischungen für Suppen und Ähnliches bereit halten. Auch in Supermärkten wird auf Werbung und Präsenz der Nestlé-Marken großen Wert gelegt.

Eine Besonderheit im Süden der Philippinen ist, dass die von Nestlé übernommene Marke Carnation dort einen hohen Bekanntheitsgrad hat und sich großer Beliebtheit erfreut. Aus diesem Grund findet man die Milchprodukte der Marke Carnation auch weiterhin in den Supermarktregalen, obgleich der Inhalt von Carnation- und Nestlé-Verpackungen in jeder Weise identisch ist. Es gibt keine Qualitätsunterschiede, und der Verbraucher kann absolut keine Geschmacksunterschiede feststellen, aber die eine oder die andere Marke hat sich eingeprägt und wird präferiert.

Natürlich werden auf den Philippinen auch kontinuierlich neue Produkte eingeführt, wie zum Beispiel der neue trinkfertige Milo Tonic Food-Drink in kleinen Plastikflaschen oder auch das Neslac-Kindermilchpulver mit Bifidus oder Chamyto, das dem LC1 Go in Europa entspricht. Während LC1 Go gesundheitsbewusste Erwachsene zur Zielgruppe hat, ist Chamyto für Kinder gedacht. Fertige

Reisgerichte von Maggi, die nicht mehr gekocht werden müssen, haben auf den Philippinen ein völlig neues Marktsegment geschaffen.

Gemeinsam mit McDonald's und Pizza Hut wurde zum Beispiel Nestea in den Schnellrestaurants eingeführt. Auch auf den Philippinen spielt die ständige Verfügbarkeit der Produkte eine große Rolle. Deshalb werden auch in Schulen Getränkeautomaten für Nestea aufgestellt oder an immer mehr Plätzen Nescafé-Automaten. Nescafé soll nicht nur zum Frühstück getrunken werden, sondern auch außer Haus, und er muss nicht immer heiß sein. Mit den Automaten will man vor allem junge Leute ansprechen.

Zur Markenpflege gehört auch, dass bestehende Marken verbessert werden. So gibt es Nido jetzt reich an Proteinen, Kalzium und Zink für gesundes Wachstum oder das Milchpulver Bear Brand ebenfalls mit Nährstoffen angereichert. Auch das Thema Kalzium und Osteoporose spielt auf den Philippinen im Vertrieb von Produkten und in der Produktgestaltung bereits eine Rolle. So gibt es Nestlé Carnation mit Kalzium plus, wofür sogar im Internet gemeinsam mit der Osteoporose-Gesellschaft der Philippinen geworben wird.

Kaffee ist mehr als ein Getränk

Kaffee ist auf den Philippinen ein ganz besonderes Thema. Nicht nur, dass man ihn zu fast jeder Gelegenheit trinkt und er fast immer gleichbedeutend mit Nescafé ist; auch was seine Produktion betrifft, gibt es einige Besonderheiten.

Für die meisten Menschen in den hoch industrialisierten Ländern ist Kaffee eine Art Grundnahrungsmittel – fester Bestandteil des Frühstücks und kontinuierlicher Begleiter durch den Arbeitstag. Über Kaffee wird kaum nachgedacht, solange er heiß ist und schmeckt.

Der eigentliche Kick von Kaffee ist sein Inhaltsstoff Koffein. Er macht ihn gefährlich – gewohnheitsfördernd und anregend. Koffein, das frische Aroma und der köstliche Geschmack bilden zusammen die Grundlage dafür, dass das Getränk überall in der Welt äußerst beliebt ist. Koffein gehört zu der Gruppe der Xanthine und findet sich nicht nur in Kaffeebohnen, sondern auch in Teeblättern oder Kakaobohnen und anderen Pflanzen.

Eine durchschnittliche Tasse Kaffee enthält 80 bis 150 Milligramm Koffein. Zum Vergleich: in einer Dose Cola sind etwa 30 bis 50 Milligramm. Obwohl 100 Gramm Teeblätter mehr Koffein enthalten als dieselbe Menge gemahlener Kaffee, ist in einer durchschnittlichen Tasse Kaffee mehr Koffein als in einer Tasse Tee, da man für eine Tasse Kaffee mehr Kaffeepulver benötigt als Teeblätter für eine Tasse Tee. Espresso hat zwar eine höhere Konzentration an Koffein als normaler Kaffee; da Espresso aber für gewöhnlich nur in einer geringen Menge konsumiert wird, nimmt man mit einer Tasse Espresso etwa ebenso viel Koffein auf wie mit einer normalen Tasse Kaffee.

Die Bohnensorte, das Röstverfahren, wie fein die Bohnen gemahlen sind und die Art und Weise des Aufbrühens beeinflussen, wieviel Koffein eine Tasse Kaffee am Ende enthält. Obwohl dunkel geröstete Kaffeebohnen einen stärkeren Geschmack haben, enthalten sie weniger Koffein als hell geröstete, da durch die längere Röstdauer mehr Koffein verloren geht. Je feiner die Bohnen gemahlen sind, desto mehr Koffein wird ihnen entzogen.

Etwa 30 bis 60 Minuten nach dem Konsum entfaltet das Koffein seine Wirkung. Es regt über biochemische Prozesse die Gehirnaktivität an. Zwei Tassen Kaffee reichen aus, um auf dem EEG eine erhöhte Aktivität des Gehirns sichtbar zu machen, vier oder fünf Tassen erhöhen bereits Herzfrequenz und Atmung. Koffein regt das Nervensystem an, das die wichtigsten Körperfunktionen steuert, Atmung, Herzschlag und Verdauung. Es vertreibt Müdigkeit, steigert die Aufmerksamkeit und beschleunigt das Denken. Zu viel Koffein hingegen verursacht Reizbarkeit, Nervosität, Überspanntheit oder sogar Diarrhöe.

Koffeinabhängige brauchen ihre regelmäßige Dosis, um Müdigkeit und Kopfschmerzen zu bekämpfen und ihre Konzentration zu steigern. Der Versuch, sich den Kaffeekonsum abzugewöhnen, kann mitunter sehr schwierig und in besonders schlimmen Fällen sogar von Entzugserscheinungen begleitet sein. Die häufigsten Entzugserscheinungen sind pochende Kopfschmerzen, die etwa einen Tag nach dem letzten Schluck Kaffee einsetzen.

Obwohl verschiedene Studien zu teilweise widersprüchlichen Ergebnissen gekommen sind, scheint der Genuss von Kaffee kein erhöhtes Risiko für Herzbeschwerden zu bedeuten, solange man weniger als fünf Tassen am Tag trinkt. Demgegenüber scheint der Genuss von Kaffee das Suizidrisiko zu mindern, und wer wenigstens zwei Tassen täglich trinkt, senkt seine Reizschwelle, hebt die Laune, erhöht die sozialen Fähigkeiten und steigert das Selbstbewusstsein und die Energie – Eigenschaften, die erklären könnten, warum Kaffee ein so geselliges Getränk ist. Moderate Kaffeetrinker leiden seltener an erhöhtem Blutdruck und Diabetes und nehmen seltener Psychopharmaka und Medikamente gegen Magengeschwüre, Angstzustände oder Bluthochdruck.

Die Kaffeepause im Büro gibt den Angestellten nicht nur körperlich neuen Schwung. Die soziale Komponente des Rituals ist im Grunde noch viel wichtiger; denn bei einer guten Tasse Kaffee unterhält man sich, scherzt und entspannt sich, und das ist es, was vielen Menschen hilft, einen langen, ermüdenden Arbeitstag durchzustehen.

Kritische Stimmen behaupten, die Gesellschaft ziehe der Droge Kaffee das Deckmäntelchen der Geselligkeit über und biete so den Marketingexperten fruchtbaren Boden für ihre Kampagnen. Wer Kaffee vermarktet, gehe nicht auf die pharmakologischen Aspekte ein, sondern stelle Familienharmonie, Freizeitaktivitäten sowie den Genuss von Kaffee in den Vordergrund. Kaffeehersteller hätten schon immer ein reges Interesse an Kaffeepausen gehabt, und sie unterstützten dieses zur Gewohnheit gewordene Ritual durch Werbung und spezielle Büro-Kaffeeservice-Produkte.

Das mag alles richtig sein. Nur müssen sich diese Kritiker

überlegen, welche Alternativen sie den Menschen bieten wollen. Eine Welt ohne Pause, ohne Genuss und ohne Qualität hatten wir bereits. Sie ist mit dem real existierenden Sozialismus untergegangen – und niemand trauert ihr nach.

Auf den Philippinen ist der Kaffee aber auch als Agrarprodukt von erheblicher Bedeutung. Die beiden wichtigsten Kaffeesorten weltweit sind Arabica, die in Bergregionen wächst und 75 Prozent der Weltproduktion ausmacht, und Canephora, bekannter unter dem Namen Robusta; letztere ist widerstandsfähiger, bietet einen höheren Ertrag, enthält mehr Koffein und braucht tropisches Klima. Mehr und mehr geht man jedoch dazu über, Kreuzungen aus beiden Sorten anzubauen. Die Weltproduktion an Kaffee liegt zur Zeit bei rund sechs Millionen Tonnen, wovon Nestlé 720 000 t, also etwa zwölf Prozent, kauft. Damit ist Nestlé einer der größten Käufer von grünem Kaffee.

Die wichtigsten Erzeugerländer für Arabica sind Brasilien, Kolumbien, Mexiko und Guatemala. Canephora wird in Brasilien, Vietnam, Indonesien, Indien und an der Elfenbeinküste angebaut. Die sechs Hauptimportländer für Kaffee sind die USA, Deutschland, Italien, Frankreich, Japan und Großbritannien. Welche Bedeutung Kaffee als Wirtschaftsgut hat, erkennt man daran, dass er unter Wertmaßstäben nach Erdöl die zweitwichtigste Commodity ist, die auf den Weltmärkten gehandelt wird.

Unbefriedigende Ernte auf den Philippinen

Auf den Philippinen wurde die Kaffeepflanze im 18. Jahrhundert eingeführt. Heute gibt es rund 30 000 Kaffeefarmer, von denen jedoch 95 Prozent zu den Kleinbauern gehören. Der jährliche Kaffeeverbrauch auf den Philippinen liegt bei ungefähr 50 000 t, wovon allein Nestlé auf den Philippinen 43 500 t im Jahre 1999 verarbeitet hat. Seit 1990 schwankt die jährliche Inlandsproduktion zwischen 40 000 und 55 000 t, so dass der Mehrbedarf aus Indonesien und Vietnam importiert werden muss.

Zwar hat sich auf den Philippinen seit 1998 an einer Fläche

von 112 500 Hektar (ha) für Kaffeeplantagen nichts geändert, die Ertragsmenge schwankt jedoch erheblich. 1998 waren es noch 37 000 t, 1999 44 000 t, die im Jahr 2000 auf 34 000 t zurückgehen werden. Nestlé kaufte auf den Philippinen 1998 etwas mehr als 30 000 t Kaffee, 1999 waren es fast 37 000, im Jahre 2000 werden es nur noch 27 000 t sein.

Dabei spielte natürlich die Preisentwicklung eine Rolle. 1998 lag der Weltmarktpreis für Kaffee bei 67 Ph. Pesos pro Kilogramm. Nestlé zahlte auf den Philippinen 65 Pesos pro Kilogramm, wohingegen die Kosten für importierte Kaffeebohnen bei 94 Pesos lagen. 1999 sah die Situation schon ganz anders aus. Der Weltmarktpreis war auf 50 Pesos abgesunken, der Ankaufpreis von Nestlé lag mit 56,5 Pesos noch darüber, aber die Kosten für importierte Kaffeebohnen waren stark gesunken und hatten sich mit 59 Pesos pro Kilogramm fast dem Inlandspreis angeglichen. Im Frühjahr 2000 lag der Weltmarktpreis für philippinischen Kaffee nur noch bei 35 Pesos pro Kilogramm, während Nestlé 43,88 Pesos zahlte und damit den Importpreis von 44,37 Pesos zwar immer noch unterbot, andererseits aber fast ein Viertel mehr zahlte, als der Weltmarkt hergegeben hätte.

Mit dieser Einkaufspolitik will Nestlé die örtlichen Farmer unterstützen. Dabei reicht es aber nicht nur, die Bohnen zu einem guten Preis aufzukaufen. Eine wichtige Funktion hat auch der landwirtschaftliche Beratungsdienst von Nestlé auf den Philippinen. Seit 1962 kümmert man sich dabei ausschließlich um das Produkt Kaffee, mit dem Ziel, einerseits bessere Ernten zu erzielen und gleichzeitig die Qualität zu erhöhen. Zurzeit sind 55 Prozent der Kaffeepflanzen auf den Philippinen älter als zwanzig Jahre. Es ist notwendig, Neupflanzungen vorzunehmen und auch die Bearbeitung der Kaffeekirschen nach der Ernte zu verbessern.

Zu diesem Zweck hat Nestlé in Tagum, 60 km von Davao entfernt im Süden der Insel Mindanao, eine Experimental and Demonstration Farm eingerichtet, die spezielle Trainingsprogramme für Kaffeefarmer anbietet. 1999 wurden insgesamt 1300 Personen im Kaffeeanbau geschult. Nestlé hofft so den rückläufigen

Trend bei der Kaffeeernte aufhalten zu können. Auf einer gepflegten Kaffeeplantage sind Ernten zwischen 2,5 und vier Tonnen pro Hektar durchaus realistisch. Ohne aufwendige Pflege beträgt die Ernte immerhin noch eine Tonne pro Hektar. Die philippinischen Kaffeefarmer kommen nur auf Ernten zwischen 250 und 900 kg. Fachleute bezeichnen die Plantagen dort abwertend als »Dschungelkaffee«.

Was durch gezielte landwirtschaftliche Maßnahmen zu erreichen ist, demonstriert zur Zeit gerade Vietnam. Dort betrug die Kaffeeernte 1990 noch 50 000 t, 1996 lag sie schon bei 240 000 t, und das Ergebnis stieg 1999 auf 375 000 t. Die zur Zeit weiter forcierte Anpflanzung von Kaffee lässt in Vietnam auf eine Ernte von 700 000 t hoffen.

Forscht man auf den Philippinen nach den Ursachen, weshalb die Kaffeeerträge so schlecht sind, stößt man immer wieder auf einige erstaunliche Tatsachen. Die Vermutung, dass sich das Klima verändert haben könnte, trifft nicht zu. An der Preisentwicklung liegt es ebenfalls nicht. Zwar ist der Preis in den vergangenen fünfzehn Jahren um die Hälfte gefallen; dies hat jedoch keinen Einfluss auf die gegenwärtige Produktion, denn der Preis pro Kilogramm ist immer noch lukrativ.

Man hat zwar im Jahre 1999 850 ha Kaffeeplantagen auf den Philippinen neu angelegt, gleichzeitig gingen aber 450 ha bestehendes Plantagenland endgültig verloren. Im Jahre 2002, wenn die neuen Pflanzen tragen, wird man also gegenüber heute nur 400 ha neu in die Produktion eingliedern können. In Vietnam werden es bis dahin 25 000 ha sein.

Es scheint so, als verfolge man auf den Philippinen zu kurzfristige Ziele. Zunächst einmal ist das Interesse, Kaffee zu pflanzen, gering. Daraus resultiert auch eine geringe Investitionsbereitschaft. Daraus folgt wiederum der Einsatz von nur einfachem technischen Gerät und wenig Arbeitskraft, mit der Konsequenz, dass die Ernten schlecht ausfallen und die Einkommen ebenfalls hinter den Erwartungen zurückbleiben. Daraus resultiert im Kreislauf wieder ein geringes Interesse, sich für den Kaffeeanbau zu engagieren.

Dass keine langfristigen Ziele verfolgt werden, liegt auch daran, dass die Kleinbauern zwar öffentliche Ländereien bepflanzen und abernten dürfen, ihnen das Land aber nicht gehört und sie somit keine Perspektive haben, es für die nächsten 30 oder 40 Jahre urbar zu machen und Geld und Zeit in die Anlage der Plantagen zu stecken. So lange sie keine Besitzrechte an Grund und Boden haben, wird sich an dieser Grundhaltung auch nichts ändern.

Aber es gibt noch mehr Probleme. Die Philippinen sind der Kopra-Exporteur No. 1 der Welt. Darüber hinaus wird auch Zuckerrohr und Reis angebaut und ebenfalls Getreide. All diese Produkte bringen im Vergleich zum Kaffee wesentlich kurzfristigere Erträge. Viele Farmer erwarten auch Unterstützung vom Staat, und so lange diese nicht gegeben wird, ist für sie Kaffee nur ein Zusatzprodukt, das unter den Kokospalmen gepflanzt wird. Vor fünf Jahren war die Mango-Frucht ein landwirtschaftliches Erzeugnis, dass gute Erträge brachte und wenig Arbeit erforderte und deshalb dem Kaffeeanbau vorgezogen wurde.

Die Regierung schiebt die Schuld an der ganzen Misere gern auf die Industrie, und auch viele Farmer tun so, als würden sie den Kaffee nur aus Gefälligkeit für Nestlé anpflanzen. Dabei sieht Nestlé gerade in der Kaffeeproduktion eine echte Zukunftschance für die Bauern auf den Philippinen. Die Pflanze mit der höchsten politischen Bedeutung ist zur Zeit der Reis, auf den sich viele politische Maßnahmen beziehen. Aber als Commodity wird Kaffee seine Spitzenstellung behalten.

Deshalb unterstützt Nestlé die Bauern durch eine ganz bestimmte Einkaufspolitik. An zwölf Stationen auf den Philippinen kann der Kaffee von den Bauern angeliefert werden. Dabei existiert ein gleiches, offenes und transparentes Preisschema, das sich am Weltmarktpreis orientiert. Alle Lieferanten werden gleich behandelt, es gibt eine für alle sichtbare Qualitäts- und Preistransparenz, eine genaue Kalkulation, und, was besonders wichtig ist, sofortige Bezahlung.

Nahrung öffnet den Weg zum Wohlstand

Meine Behauptung, dass »Nahrung den Weg zum Wohlstand öffne« stößt oft auf heftigen Widerstand, ja sogar auf wütende Ablehnung. Ich hoffe allerdings, dass ich in meinen bisherigen Ausführungen genügend Material geliefert habe, das diese Aussage untermauert.

Menschen, die hungern und aufgrund mangelhafter Ernährung krank sind, werden, bevor sie nicht satt und möglichst auch gesund sind, nur wenig Interesse an Bildung, an sozialen Aktivitäten, an politischer Teilhabe und an grundlegenden Veränderungen volkswirtschaftlicher Bestimmungsfaktoren haben. Ihr zentrales Problem ist die Ernährung, und solange sich hierbei keine Lösung abzeichnet, ist alles andere Nebensache. Westeuropäer und Nordamerikaner machen sich oft überhaupt keine Vorstellungen davon, wie schwierig, umständlich und extrem zeitaufwendig die Nahrungsbeschaffung in anderen Teilen der Welt ist.

Ein als Entwicklungshelfer in Westafrika tätiges Ehepaar berichtete mir, dass die Frau einen ganzen Tag zum Einkaufen einiger weniger Grundnahrungsmittel einsetzen muss. Frisches Gemüse oder Fleisch gibt es in dem Ort, in dem sie leben und arbeiten, nicht in ausreichendem Maße und nur in einer zu geringen Auswahl. Der nächste Markt ist dreihundert Kilometer entfernt. Deshalb besteigen die Frauen des Dorfes frühmorgens einen Bus, der dann abfährt, wenn er vollbesetzt ist. Nach fünf bis sechs Stunden Fahrzeit ist er am Markt eingetroffen. Nach dem Einkauf geht es die gleiche Strecke zurück, und erst lange nach Einbruch der Dunkelheit erreicht man wieder das heimische Dorf. Ob die Menschen, die unter solchen Bedingungen leben, für die Probleme der europäischen Slow-Food-Bewegung großes Verständnis aufbringen können? Eine bessere Nahrungsversorgung würde ihnen viel Zeit ersparen, die sie für andere Arbeiten nutzen könnten, die vielleicht die Grundlagen für später entstehenden Wohlstand legen würden.

Allerdings darf man bei dem Wort »Wohlstand« nicht automatisch in europäischen oder amerikanischen Kategorien denken. Es geht nicht um das Einfamilienhaus am Stadtrand, den Zweitwagen und auch nicht um einen ausgiebigen zweiten Urlaub pro Jahr. »Wohlstand« bedeutet in den meisten Teilen der Welt Deckung und Sicherung der grundsätzlichen Bedürfnisse. Ein Mitarbeiter einer Handelskammer im Ausland berichtete mir, dass er in China sofort die Bauern eines Dorfes erkennen könne, die Nestlé mit Milch beliefern. Sie hätten alle neue Dächer, durch die es nicht mehr ins Haus regnet; regelmäßige Einnahmen machten diese Investition möglich. Auf den Philippinnen können sich die Kaffeeanbauer, die ihre Produkte an Nestlé verkaufen, vielleicht ein Moped leisten. Sie werden mobil und sind nicht mehr nur auf die Händler angewiesen, die zu ihnen ins Dorf kommen. Der Wohlstand hat sehr einfache Wurzeln, so wie er es auch in Europa und Amerika im 19. Jahrhundert hatte.

Es fällt den Menschen in den Industrieländern immer wieder schwer, sich die Situation in den Schwellenländern vorzustellen. Das direkte Nebeneinander von westlichem, oder besser gesagt internationalem Lebensstil und extremer öffentlicher Armut, mit allen dazwischen liegenden Übergangsstufen, ist eine Tatsache, mit der alle Menschen in diesen Ländern tagtäglich konfrontiert sind und die nicht als gesellschaftliches Manko angesehen wird. In Europa wird Armut versteckt und kaschiert, in den USA glauben die meisten Menschen noch an die Möglichkeit, vom Tellerwäscher zum Millionär aufsteigen zu können. In den Schwellenländern ist man sich bewusst, dass man nicht allen sofort helfen kann, aber dass jeder Schritt, den der Einzelne tut, sich auf das Ganze auswirkt. Wohlstand findet ja nicht in der Form statt, dass ein Haufen Geld auf einen Berg geschichtet wird und dort liegen bleibt. Wer Geld verdient, sorgt durch seinen Konsum und durch die Verbesserung des eigenen Lebensstandards ganz automatisch dafür, dass auch andere Geld verdienen können.

Der Aufbruch der Schwellenländer Asiens und Lateinamerikas ins dritte Jahrtausend wird die globale wirtschaftliche und ökologische Entwicklung in den kommenden zwanzig Jahren zentral bestimmen. Auch wenn die Medien und damit die Öffentlichkeit der Industrieländer diese Länder heute hauptsächlich als pittoreske, aber überwiegend billige und manchmal auch gefährliche Urlaubsländer wahrnehmen, ändert das nichts an der Tatsache, dass ihre Bedeutung bereits in den vergangenen zehn Jahren überproportional gewachsen ist.

In dieser Zeit haben schätzungsweise mehr als 500 Millionen Menschen den Schritt aus der Armut heraus in die Konsumwirtschaft geschafft und den Zugang zu Industriegütern gewonnen. 1989 wurden noch über 80 Prozent des Umsatzes der Nestlé-Gruppe mit den 16 Prozent der Weltbevölkerung erzielt, die in den nicht kommunistischen Industriestaaten lebten. Die 52 Prozent der Menschheit, die in Entwicklungsländern lebten, trugen nur 18 Prozent des Umsatzes bei. Heute erzielt Nestlé 30 Prozent des Weltumsatzes in so genannten Schwellenländern und erreicht dort die höchsten Wachstumsraten im Nahrungsmittelbereich. Damit ist die Endmarke aber noch keineswegs erreicht; denn in diesen Regionen sind die höchsten Bevölkerungszuwachsraten weltweit zu verzeichnen.

Werden die Menschen in diesen Ländern lediglich dazu beitragen dürfen, den Umsatz der Konzerne und damit die Gewinne in den hoch entwickelten Ländern weiter zu steigern, um die Schere zwischen Arm und Reich noch mehr zu öffnen, oder werden sie am Wohlstand beteiligt? Das ist eine Grundsatzfrage, auf die die verschiedenen multinationalen Konzerne sicherlich unterschiedliche Antworten haben werden, abhängig davon, was und wie sie produzieren.

Ölkonzerne, die das schwarze Gold aus dem afrikanischen Kontinent herauspumpen, stecken sicher ebenso in einer Legitimationskrise wie die Nahrungsmittelkonzerne, die Afrikas Küstenregionen leerfischen, um Europa und Nordamerika mit immer billigerer Tiefkühlware beliefern zu können oder um Fischmehl für die Schweine-, Rinder- und Hühnermast herzustellen, damit in den

Industrieländern die Preise für Fleisch noch weiter sinken können. Auch so genannte Brandnet-Unternehmen wie der Turnschuhhersteller Nike unterscheiden sich in ihrer Unternehmensstruktur und damit auch in ihren gesamtwirtschaftlichen Auswirkungen deutlich von Nestlé. Nike hat seine Zentrale in den USA. Dort werden zentral alle wichtigen Marketingentscheidungen getroffen. Produziert wird in den Ländern, in denen durch niedrige Löhne die geringsten Kosten bei akzeptabler Qualität verursacht werden. Steigen die Kosten, zieht man weiter in ein anderes Land. Die schönen Produkte, hochpreisige Designer-Sportschuhe, werden auf der Welt dort verkauft, wo die besten Renditen locken – sicher auch in Schwellenländern, aber davon könnten die Fabriken dort nicht existieren.

Wie ich es bereits beschrieben habe, funktioniert das bei Nestlé anders. Es wird in den Ländern für die Länder produziert, es werden nach Möglichkeit einheimische Rohstoffe eingesetzt und einheimische Mitarbeiter beschäftigt. Die Einheiten sind in den einzelnen Ländern nicht größer als die der Wettbewerber, einschließlich der nicht global tätigen Mittelständler. Nestlé versucht, die Bedürfnisse der Menschen in diesen Ländern zu decken, indem man »Popularly Positioned Products« eingeführt hat, die eben durch die Verwendung lokaler Roherzeugnisse und Verpackungsmaterialien sowie durch den Verzicht auf unnötige Optionen, wie zum Beispiel Mikrowellenprodukte, zu einem erheblich geringeren Preis angeboten werden können.

Peter Brabeck-Letmathe spricht gern von der einzigartigen Mission der Nahrungsmittelindustrie, allen Menschen eine gesunde und genussreiche Ernährung zu verschaffen und gleichzeitig den Aktionären der Unternehmen einen angemessenen Wertzuwachs. Diesem doppelten Auftrag habe sich Nestlé als weltweit führendes Unternehmen der Nahrungsmittelindustrie schon bisher verschrieben und werde auch in Zukunft daran festhalten.

Brabeck lässt keinen Zweifel daran, dass Nestlé in vielfältiger Weise eine soziale und ethische Verantwortung hat und diese auch wahrnimmt. An oberster Stelle, vor allem anderen, ist nach seiner

Überzeugung ein Unternehmen dazu da, im Interesse der menschlichen Gesellschaft als Ganzes Wohlstand zu schaffen. Betriebswirtschaftlich bedeutet das für ihn, Profite zu machen. Keine anderen Organisationen als die Unternehmen seien dazu in der Lage und damit betraut, weder die Mehrzahl der einzelnen Bürger noch die staatlichen und überstaatlichen Einrichtungen und auch nicht die nichtstaatlichen Organisationen.

Damit sind wir an einem scheinbar heiklen Punkt angelangt, den Profiten. Man mag es als Tatsache hinnehmen, dass Nestlé die Dritte Welt nicht mit Produkten überschwemmt, die in Europa hergestellt wurden und den Arbeitsmarkt in der Dritten Welt zerstören würden. Man wird auch bereit sein, als wahr zu akzeptieren, dass Nestlé seine Kaffeelieferanten anständig bezahlt, damit Europas und Amerikas Einwohner ihr Lieblingsgetränk erhalten. Und man ist auch sicher bereit, zu glauben, dass durch die Produktion von Nestlé in den Schwellenländern keine Arbeitsplätze in den Industrienationen vernichtet werden. An der Tatsache, dass auf den Philippinen stattliche Gewinne erwirtschaftet werden, ändert das jedoch nichts.

Der Einwand, der stets erhoben wird, lautet, dass nur eine kleine Minderheit von Aktionären von der Mehrung des Wohlstands profitiert. Für mich ist das eine grundsätzliche Systemfrage: Will man eine globale Marktwirtschaft oder nicht? Was ist die Alternative? Weder der real existierende Sozialismus noch die Rückkehr zu alternativen Landkommunen haben vorzeigbare Erfolge gebracht. Keinem der Kritiker ist bisher eine Lösung eingefallen, die eine global zu realisierende Alternative zur Marktwirtschaft und damit auch zur Erzielung von Renditen als treibender Kraft darstellt.

Peter Brabeck macht folgende Rechnung auf, die auf den Zahlen von 1997 basiert: In einem guten Jahr erwirtschaftet Nestlé einen Nettogewinn von etwa fünf bis sechs Prozent des Gesamtumsatzes in Höhe von circa 70 Mrd. sfr, das ergibt als Summe rund vier Mrd. sfr. Zuvor muss das Unternehmen jedoch 1,85 Mrd. sfr an Steuern zahlen. Und von den vier Mrd. sfr Nettogewinn zahlt Nestlé 1,4 Mrd. an Dividenden aus. Davon behält die Schweizer Regierung wiederum automatisch 35 Prozent, rund 400 Mio. sfr, an Steuern ein.

Es lässt sich nun einwenden, dass von den Steuern, die die Schweiz kassiert, der Rest der Welt nichts abbekommt und dass die Schweiz ohnehin kein armes Land sei. Deshalb führt Brabeck seine Rechnung weiter fort.

In demselben Jahr summieren sich die Ausgaben des Konzerns für Kaffee, Kakao, Milch und alle anderen Roherzeugnisse, die für die Herstellung von Nestlé-Produkten benötigt werden, auf 18,3 Mrd. sfr. Weltweit finden Hunderttausende Bauern und ihre Familien auf diese Weise einen Abnehmer für ihre Erzeugnisse. Weitere sechs Mrd. sfr werden für Verpackungsmaterial aufgewendet, das zugeliefert und ebenfalls produziert werden muss. Für die 230 000 Mitarbeiter des Konzerns zahlt Nestlé 11,6 Mrd. sfr an Löhnen und Gehältern sowie Beiträgen zur Sozialversicherung. Da Nestlé mit seiner Produktion und seinen Produkten zwischen den Rohstofferzeugern und dem Handel und damit noch nicht am Ende der Wertschöpfungskette steht, kann man ohne Übertreibung sagen, dass Nestlé durch die Produktion von Nahrungsmitteln den Lebensunterhalt von Millionen Menschen sichert oder zumindest erheblich zu dessen Sicherung beiträgt.

Die etwa 1,4 Mrd. sfr an Dividenden, die an mehr als 200 000 Aktionäre ausbezahlt wurden, sind also nur die Spitze des Eisbergs. Die Kritiker des Kapitalismus übersehen zu leicht, dass es sich bei der Dividende nicht um Spekulationsgewinne handelt, sondern um den Gewinn aus einer im Falle von Nestlé sicher nicht sonderlich riskanten Unternehmensbeteiligung. Und dass die Dividende einen Teil des Mehrwertes darstellt, der durch Arbeit, durch die Veredelung von Rohstoffen entstanden ist und nicht durch Zinserträge oder Devisentauschgeschäfte. »Das ist es, worum es in dem Prozess der Wohlstandsmehrung geht«, so Brabeck. »Ein Unternehmen wie Nestlé, das in seiner 133-jährigen Existenz nur zweimal Verluste verzeichnen musste, schafft durch echte

Produktivität Vermögen in Milliardenhöhe.« Und jenen, die versucht sind, den grundsätzlichen materiellen Wohlstand zu verunglimpfen, antwortet Brabeck, dieser Wohlstand habe den Menschen eine Altersvorsorge gegeben, ihre Ausbildung finanziert, freie künstlerische Entfaltung ermöglicht und den Bedürftigen Unterstützung gewährt.

Nestlé geht laut Brabeck an die Aufgabe der Schaffung von Wert in folgender Weise heran:

- Nestlé bietet Produkte, die von den Konsumenten nicht nur aufgrund ihrer funktionalen, sondern auch aufgrund ihrer emotionalen Eigenschaften geschätzt werden.
- Nestlé wird nie vergessen, dass die Geschäftspartner in der Lage sein müssen, an der Wertschaffung teilzuhaben.
- Auf breiterer und ebenso wichtiger Ebene betrachtet schafft Nestlé Werte für die jeweilige Wirtschaft und Gesellschaft, in der das Unternehmen aktiv ist.
- Alle diese Aktivitäten sind aber nur sinnvoll, wenn dadurch kurz- und langfristiger Wertzuwachs für die Aktionäre von Nestlé erzielt wird.

Das, was Brabeck hier beschreibt, ist die klassische Win-Win-Situation: Alle profitieren, und deshalb ziehen alle am gleichen Strang. Sie wird zwar weltweit von allen Unternehmensberatern beschworen, aber nur von wenigen Unternehmen verwirklicht, da sie langfristiges Handeln voraussetzt.

Um Wertzuwachs auf dem Weltmarkt und nicht nur in einzelnen lokalen Märkten zu erzielen, ist es laut Brabeck notwendig, die stattfindenden Veränderungen zu verstehen. Es bestehen seiner Ansicht nach über die Globalisierung der Märkte noch viele Missverständnisse. Eine große Zahl von Menschen – und dazu gehören auch Unternehmer – sähen sie nur als Vermehrung des Altbewährten (vermehrter internationaler Handel, vermehrte Investitionen), nur wenige betrachteten sie als wichtige Veränderung der fundamentalen Gegebenheiten. Ohne klare Vorstellung von dem Weltmärkten sei es unmöglich, in diesem neuen Umfeld Ziele zu setzen.

Für Brabeck bedeutet Globalisierung in erster Linie mehr Chancen und neue Herausforderungen. Im Gegensatz zur offensichtlich weit verbreiteten Meinung glaubt man bei Nestlé nicht an die Standardisierung oder die Herstellung weltweit homogener Nahrungsmittel. Im Gegenteil: Man erwartet, dass sich sowohl vertikal als auch horizontal eine steigende Anzahl von Marktsegmenten als Funktion von Alter, Lebensstil, Tradition usw. entwickeln wird. Es gibt zwar einige Produkte, die in beinahe allen Ländern anzutreffen sind und daher globale Segmente darstellen, wie zum Beispiel McDonald's und Coca-Cola; obwohl diese extrem augenfällig sind, sind sie dennoch große Ausnahmen. Die meisten Nahrungsmittel sind nach wie vor regionaler oder sogar lokaler Natur. Die Globalisierung von Produkten bietet jedoch lokalen und regionalen Personen und Gruppen mehr Freiheit im Auswahl- und Entscheidungsprozess und daher eine größere Vielfalt innerhalb des Konsumverhaltens eines Landes. Es sind die Prioritäten der Kunden, die insbesondere in der Nahrungsmittelindustrie zu Differenzierungen führen. Die von mir im Vorwort formulierte These, dass Nestlé in die soziale Struktur vieler Länder eingreift und die Lebensweise verändert, bestätigt sich damit – allerdings in einer anderen Weise, als es manche erwartet haben werden.

5 | Die Wurzeln der Macht

Nestlé ist so erfolgreich und mächtig, weil der Konzern nach eigenen Regeln handelt.

Der Erfolg eines Unternehmens wird immer zu seiner Macht beitragen, aber die Macht eines Unternehmens muss nicht immer nur auf dem Erfolg beruhen. Gerade die Kritiker der Globalisierung und der internationalen Unternehmen werden nicht müde, auf die dunkle Seite der Macht zu verweisen, auf der sich Rechtsbrüche, wirtschaftlicher Druck auf Regierungen, Korruption, Lohndumping und Umweltverschmutzung ebenso finden wie die Bedrohung durch schiere Größe, die zur Verdrängung des Wettbewerbs, zu Marktverzerrungen, überhöhten Preisen und zur Schwächung der Position von Verbrauchern und Lieferanten führt.

Auf der Suche nach den Wurzeln der Macht eines Unternehmens stellt sich für mich zunächst die zentrale Frage nach der Grundorientierung des Unternehmens: Ist es marktorientiert oder machtorientiert?

Machtorientierung soll bedeuten, dass statt erbrachter Leistungen hauptsächlich die Existenz des Unternehmens und der Einfluss, den es und speziell natürlich seine Führung ausübt, honoriert werden. Marktorientiert ist ein Unternehmen, wenn es Mehrwert schafft – sowohl durch die Produktion realer Güter oder Wissensgüter als auch durch Dienstleistungen – und diesen Mehrwert auf Märkten im Wettbewerb mit anderen realisiert.

Machtorientierte Unternehmen finden sich bevorzugt als Staatsbetriebe in Ländern mit eingeschränkten Märkten. Aber auch in Staaten, die sich selbst als soziale Marktwirtschaften definieren, haben machtorientierte Unternehmen ihren Platz. Selbst wenn ihre Produkte nicht mehr gefragt sind, wenn sie zu teuer und zu uneffektiv produzieren oder ihre Ingenieure sich liebevoll in veralteten Lösungen verlieren, haben sie immerhin noch die Funktion, Arbeitsplätze vorzuhalten. Oft genug existieren sie überhaupt nur deshalb noch, eng verflochten mit staatlichen Interessen, eingebunden in öffentlich-rechtliche Netzwerke, abhängig von staatlicher Förderung und mit Aufgaben betraut, die scheinbar von nationalem Interesse sind. Auf jeden Fall handelt es sich eigentlich immer um Dinosaurier des Industriezeitalters, Mitglieder eines Monopols oder Oligopols, deren spezielle Eigenschaften sich nicht mehr ausschließlich durch betriebswirtschaftliche Leistungen, sondern viel besser durch strukturbezogene Betrachtungen erklären lassen. Die Automobilindustrien Großbritanniens und Frankreichs gehören zumindest zum Teil ebenso dazu wie die deutsche Steinkohlenförderung und natürlich der gesamte agrarindustrielle Bereich der Europäischen Union.

Selbst von seinen Kritikern wird Nestlé eindeutig nicht zu dieser Unternehmenskategorie gezählt. Nestlé ist ein absolut marktorientiertes Unternehmen, das sich aus eigener Kraft im Wettbewerb behaupten muss. Das bedeutet jedoch nur, dass man bei der Beschreibung der Wurzeln der Macht in ganz besonderer Weise die Frage nach den kritischen Erfolgsfaktoren stellen muss.

Bei dem Versuch, ein Unternehmen zu beschreiben, ist man stets geneigt, es in eine Systematik zu pressen, die es messbar und vergleichbar macht. Nach Größe oder Branche, nach Eigenschaften, die das Unternehmensverhalten bestimmen, nach Marketing- oder Produktorientierung, nach der Zugehörigkeit zur Old oder zur New Economy. So vielfältig wie die internationale Managementliteratur sind auch die Beschreibungsversuche. Was bei dem Studium dieser Literaturgattung auffällt, ist, dass Nestlé darin nur selten vorkommt. Andere Unternehmen, die weniger Erfolge verbuchen konnten und die auch längst nicht so groß sind, werden häufiger erwähnt. Das mag unter anderem daran liegen, dass der überwiegende Teil der Managementliteratur in den USA geschrieben und produziert wird und ausländische Unternehmen dort generell eine geringere Beachtung finden als einheimische. Ein weiterer Grund kann aber auch sein, dass Nestlé sich den gängigen Klischees und Rubrizierungen mehr oder weniger entzieht.

Betrachtet man Unternehmen, die seit Jahren oder gar Jahrzehnten nachweislich Spitzenleistungen erbringen, dann stößt man unweigerlich auf eine Person, die für das Unternehmen eine zentrale Bedeutung hat, weil sie neue Ideen von anhaltender Tragkraft einbrachte, es verstand, die eigenen Vorstellungen umzusetzen und die Mitarbeiter zu begeistern. Oft waren es die begabten Erfinder oder Kaufleute, die das Unternehmen gründeten, die solche Spuren hinterließen, aber nicht immer. Diese Erfahrung hat auch der internationale Managementberater Robert M. Tomasko gemacht. Er schreibt in seinem Buch *Aufbruch zu neuer Größe:* »Strategien und Organisationsformen existieren nur, weil sie Menschen helfen, ihre Potenziale zu bündeln. Es sind Menschen, die Debatten über die Zukunft führen, aus denen neue Einsichten über wirtschaftliche Gegebenheiten entstehen. Es sind Menschen, die Voraussetzungen für neue Ideen schaffen, die neue Ideen haben und diese zur Vollendung bringen – oder sie zunichte machen... Veränderungen sind nur möglich, wenn Menschen sich verändern. Wachstum ist nur möglich, wenn Menschen sich steigern.«

Herausragende Persönlichkeiten an der Spitze von Unternehmen sind weder die Regel, noch tauchen sie regelmäßig und immer zum richtigen Zeitpunkt in einem Unternehmen auf. Sie sind selbst in einer ganzen Reihe von erfolgreichen Unternehmenslenkern die Ausnahme. Das zeigt sich auch in ihrer Wirkung, die Jahrzehnte, oft mehr als ein halbes Jahrhundert anhält und weit über ihre aktive Zeit im Unternehmen hinaus reicht.

Aber diese besonderen Persönlichkeiten brauchen auch eine besondere Chance. Ein gut florierendes Unternehmen in einer

Spitzenposition im Markt ohne interne oder externe Probleme bietet ihnen kaum Entfaltungsmöglichkeiten für ihre Talente. Auch in der direkten Nachfolge eines anderen herausragenden Machers werden sie kaum eine Möglichkeit haben, zu zeigen, was sie wirklich können. Aber nicht nur die Konstellation der richtigen Person zur richtigen Zeit am richtigen Platz ist ausschlaggebend. Es muss auch genügend Zeit vorhanden sein, um die neuen Ideen in die Köpfe aller Führungskräfte und über sie in die Köpfe möglichst aller Mitarbeiter einzupflanzen. Das geht nicht per Anweisung, sondern nur durch Überzeugung und durch tägliche Praxis über Jahre hinweg.

Wem es gelingt, einem Unternehmen eine solche ideelle Basis zu geben, die

- einen breit angelegten kontinuierlichen Verbesserungsprozess in Gange setzt,
- Prinzipien mit nachvollziehbaren Werten vermittelt,
- den Menschen und seine Bedürfnisse achtet und
- das Unternehmen auf das Erwirtschaften von Gewinnen fokussiert,

wird zu diesen Ausnahmepersönlichkeiten zählen. Ich bin der Überzeugung, Helmut Maucher ist eine davon.

Lässt man die Ära Maucher Revue passieren, gibt es nur wenige Entscheidungen, die nicht oder nicht in der vorgesehenen Zeit den gewünschten Erfolg gebracht haben. Zu diesen wenigen Entscheidungen zählen ganz sicher die bereits behandelten Themen Babynahrung und Gentechnologie. Dazu zählen aber auch weniger öffentlichkeitswirksame Angelegenheiten wie die, dass etwa bei Perrier im französischen Vergèze nicht die gewünschte Rentabilität erreicht werden konnte. Es ist wohl der Stärke der CGT, der kommunistischen Gewerkschaft, ebenso wie dem französischen Arbeitsministerium zuzuschreiben, dass das Unternehmen sich mit zu hohen Kosten, unrationellen Methoden und ungenügender Produktivität herumzuschlagen hat. Die CGT bringt keinerlei Verständnis für eine Erhöhung der Produktivität auf, und das Ministerium liebt es zu intervenieren. Aber mit der Nestlé-typischen Hartnäckigkeit wird auch dieses Problem in den Griff zu kriegen sein, wenn auch zu einem späteren Zeitpunkt als gewünscht.

Bei der deutschen Firma Herta Fleisch und Wurstwaren musste man die strategische Richtung ändern und sich von Teilen der Vorproduktion, also all den Bereichen, die mit dem Schlachten und Zerlegen von Fleisch zusammenhängen, trennen, um sich mehr auf die kombinierten Produkte im Convenience-Bereich zu konzentrieren.

Auch das Joint Venture mit Coca-Cola im Bereich trinkfertiger Kaffee- und Teeprodukte führte nicht zu dem gewünschten Erfolg, weshalb es wieder beendet und durch eine normale Kooperation ersetzt wurde. Maucher räumt ein, dass er die konservative Haltung der Abfüller unterschätzt hatte, die eine Sortimentsausweitung ablehnten, da sie bereits genügend Umsatz mit Coca-Cola als Kernprodukt machten. Aber Maucher deutete auch an, dass durch personelle Veränderungen die Chemie zwischen den Spitzen der Unternehmen nicht mehr so gut war wie zu dem Zeitpunkt, als das Joint Venture vereinbart wurde. Alles in allem haben aber diese Fehlentwicklungen und Misserfolge nichts am generellen Kurs Mauchers geändert.

»Mr. Nestlés« Defragmentierungsprogramm

»Herr Maucher hat die Firma in einem kritischen Moment übernommen, als es fast ums Leben der Firma gegangen ist. In einem so kritischen Moment muss es zwischen Person und Firma eine andere Identität geben, als wenn man eine Firma übernimmt, die fantastisch gut läuft. Das ist der erste sehr wichtige Punkt«, beschreibt Peter Brabeck rückblickend das Verhältnis von Helmut Maucher und Nestlé. Über zwei Jahrzehnte hinweg personifizierte Helmut Maucher, »Mr. Nestlé«, wie er genannt wurde, das Unternehmen in aller Welt. Und Brabeck fährt fort: »Der zweite Punkt ist die Entscheidung Helmut Mauchers, Nestlé wirklich zu der führenden Nahrungsmittelfirma zu machen, um sich von den anderen abzuheben. Wir hatten zwei strategische Optionen: Die eine war, zu versuchen, weiterhin ein Konglomerat zu bleiben, das war ja das Führungsziel vor Maucher, da sind wir in Hotels, in Restaurants, ins Weingeschäft, ins pharmazeutische Business und bei L'Oréal eingestiegen. Die Idee in den siebziger Jahren war, dass die Zukunft und das Wachstum für Nestlé aus einer Diversifizierung kommen sollten. Aber dies war natürlich sehr kostspielig. Und dann kam Maucher und sagte, vergesst das Ganze, ich bin davon überzeugt, dass Nestlé wachsen und groß werden kann, wenn sich das Unternehmen auf das Lebensmittelgeschäft konzentriert. Das war meiner Meinung nach die wichtigste und wohl auch die riskanteste Entscheidung von Maucher.

Er hat dann das Ruder extrem herumgerissen, zum Beispiel war Maucher der Mann, der uns das Nestlé-Nest wieder zurückgeholt hat. Vorher hatten wir es abgestoßen, weil es für das Nestlé-Konglomerat keinen Sinn gehabt hat. Diese Entscheidung für das Nestlé-Nest ist für mich das Symbol für die Grundsatzentscheidung, die Firma auf das Lebensmittel- und Getränkegeschäft an sich und auf Wachstum in diesem Bereich zu refokussieren.«

»Wir wollen ein Weltunternehmen, aber kein Allerweltsunternehmen sein. Wir wollen nur Geschäfte betreiben, von denen wir auch etwas verstehen«, sagte Maucher damals. Nestlé konzentrierte sich also auf den Nahrungsmittelsektor. Allerdings blieben profitable Kapitalbeteiligungen im Bereich von diätetischen, ophtalmologischen und kosmetischen Produkten erhalten. Wie sich später zeigte, ergaben sich dabei im Forschungsbereich sogar Synergieeffekte. Gleichzeitig führte Maucher auf allen Ebenen Rationalisierungsmaßnahmen durch und erreichte sehr schnell eine Ausweitung der zur Verfügung stehenden Liquidität und eine deutliche Verbesserung der Rentabilität des Geschäftes. Auf der anderen Seite stockte er die Mittel für Forschung, Marketing und für die Schulung des Managements auf. Er verbesserte das Berichtssystem aus den Märkten und baute in der Zentrale bürokratische Vorgänge, vor allem im Personalsektor, ab.

»Ich konnte den Laden wieder mobilisieren, die Leute sind wieder aufgeblüht, die haben gesagt, Gott sei Dank ist wieder einer da, mit dem wir reden können, der weiß, wo es lang geht, der Ideen hat. Sie glauben nicht, wie viele Kräfte Sie damit in einem Unternehmen mobilisieren. Bei wie vielen Leuten Sie Fähigkeiten entwickeln oder entdecken, die dann alle wieder an einem Strang ziehen.

Ich konnte all das, was zu tun war, natürlich nicht selbst machen. Ich konnte es nur anregen und die Mitarbeiter überzeugen. Hier komme ich wieder auf das Menschliche, auf die Führung. Das war auch für mich eine erstaunliche Erfahrung, wie viele Leute dann mitgemacht haben. Deswegen konnte ich in relativ kurzer Zeit Nestlé a) umdrehen und b) auf eine Größenordnung und auf eine Position führen, die die Grundlage für die heutige gute Arbeit ist. Wir haben heute eine Managementqualität, die in die Zukunft trägt. Die Leute wissen, wie sie jetzt die Dinge weiter verfolgen.

Ob man es wahrhaben will oder nicht, es macht einen riesigen Unterschied, ob der Erste in einem Unternehmen etwas taugt oder nicht. Der Erste ist nichts ohne seine Leute, aber alle seine Leute sind relativ wenig ohne eine gute Figur an der Spitze. Das ist nach wie vor so trotz aller Computer und aller intellektuellen Ideen.«

Management zwischen Langfristigkeit und Schnelligkeit

Maucher hat während seiner gesamten Tätigkeit einer langfristigen Betrachtungsweise immer den Vorzug vor kurzfristigen Lösungen gegeben. Voraussetzung dafür ist allerdings, stets ein zufriedenstellendes Ertragsniveau zu erzielen; denn längerfristige Überlegungen und Entscheidungen sind für ein Unternehmen nur dann möglich, wenn es nicht ständig kurzfristig um sein Überleben kämpfen muss. In diesen Zusammenhang gehört auch eine klare Unterscheidung zwischen Strategie und Taktik. »Wir wollen den ›Krieg‹ gewinnen und nicht nur eine Schlacht«, hat Maucher einmal gesagt.

»In meinen Managementgrundsätzen steht unter anderem, wir wollen konservativ sein in Werten, in Prinzipien, in Commitments, aber ganz vorn und dynamisch in technologischen und anderen Entwicklungen wie Konsumententrends. Manche Leute sagen deshalb, die sind alt und konservativ, und manche sagen, verdammt, die wissen immer, was läuft. Das stimmt beides, denn wir geben nicht so leicht Werte oder Grundsätze auf, die aus meiner Sicht schon seit 10 000 Jahren Bestand haben und die die nächsten 10 000 Jahre auch noch bestehen werden. Aber auf anderen Gebieten wollen wir ganz vorn sein«, sagte Maucher in einem Gespräch.

»Man muss eben entscheiden können, wo und auf welchem Gebiet man ganz vorn sein muss und wo man vorsichtig sein muss. Die meisten verwechseln vieles oder sie halten dem Druck nicht stand, wenn andere Leute mit allen möglichen Ideen kommen, oder sie spüren nicht, was sie tun müssen. Viele Unternehmen haben ja auch das Internet am Anfang fast verschlafen. Ich sehe für Nestlé die größte Gefahr darin, dass die Mitarbeiter mit der Zeit keine neuen Fragen mehr stellen und in ihrem Stolz anfangen einzuschlafen, weil es uns so gut geht und weil wir so viel Erfolg haben.

Der Boss des Unternehmens hat die verdammte Pflicht, den ganzen Laden dauernd auf Trab zu halten, immer neue Fragen zu stellen und immer neue Dinge anzustoßen. Wenn ein Boss nicht mehr neugierig ist und nicht mehr weiß, was sich auf der Welt bewegt, muss er sofort abtreten.

Er muss immer ganz vorn sein, wenn er das nicht mehr ist, wenn er von den anderen gezogen werden muss, hat das Unternehmen ein großes Problem, daran besteht für mich kein Zweifel. Der Erste muss immer spüren, was los ist, und muss immer wieder fragen, habt Ihr daran gedacht und habt Ihr das gesehen. Sobald man diese Neugierde und diese, ich möchte fast sagen, Obsession nicht mehr hat, wenn einem die anderen sagen, das hast Du nicht begriffen oder gar, wir müssen ihm jetzt vorsichtig beibringen, dass sich die Welt inzwischen geändert hat, dann ist es furchtbar. Ich habe das jahrelang als Assistent gemacht, die anderen so hochgezogen. Aber das muss oben angesiedelt sein.

Der einzige Grund, weshalb Ältere abtreten müssen, ist für mich, weil ein Teil von ihnen das nicht mehr kann. Manche sind mit 35 Jahren schon alt im Kopf und nicht mehr neugierig. Andere, die haben es mit 80 Jahren immer noch drauf. Deshalb bin ich auch nicht für starre Altersgrenzen, sie kommen entweder zu spät oder zu früh. Ich wäre für viel mehr Flexibilität. Aber das Kriterium neben der normalen Gesundheit sollte wirklich sein, ob die Person noch mitkommt, ob sie noch neugierig ist, ob sie noch was für die Zukunft bringen möchte, ob sie das noch spürt; wenn derjenige nur rumhockt, ist er eine Belastung.«

Wenn man Helmut Maucher gegenüber sitzt, spürt man sofort, dass da jemand trotz seiner 73 Jahre noch lange nicht an seine Grenzen gestoßen ist. Er wirkt eher wie ein Endfünfziger. Was auffällt, ist seine große geistige Präsenz. Er lässt sich auf seine Gesprächspartner ein, hört ihren Fragen zu und beantwortet sie sehr genau. Gleichzeitig denkt er aber schon weiter und beginnt das Thema zu umkreisen, auszubauen und auch neue und andere Aspekte zu finden. Dabei überrascht er durch große Verbindlichkeit und persönliches Engagement. Es ist offensichtlich nicht seine Art, ausgewogene Statements abzugeben, die den Belangen aller Rechnung tragen. Seine Meinung ist seine Meinung. Er urteilt schnell, aber begründet und fundiert. Vage Vermutungen anzustellen und über die wahren Gründe zu spekulieren, die hinter den Tatsachen liegen, ist nicht sein Stil. Das schlägt sich auch in der Sprache nieder. Griffige Formulierungen, die oft plakativ, manchmal auch derb klingen, bringen das Thema auf den Punkt. Oft so scharf, dass sie auch verletzend wirken können, wenn man sie aus der Gesprächssituation herausreißt.

Helmut Maucher spricht nicht einfach nur, viele kleine Gesten unterstreichen, was er meint, er sucht den Augenkontakt, und wer dem prüfenden Blick nicht standhält, wer nicht signalisiert, ob er verstanden hat, für den kann es schwierig werden mitzuhalten.

Von der Vergangenheit, von einer Erfahrung zur Zukunft, zu den sich abzeichnenden Möglichkeiten, ist für ihn immer ein kleiner Schritt. Natürlich hat er viel geleistet und war schneller und besser als viele andere, aber es scheint ihn immer für einen Augenblick wehmütig zu stimmen, wenn er beschreibt, was alles noch getan werden kann, wenn er sich vorstellt, woran er nicht mehr teilhaben wird. »Das ist in hundert Jahren vielleicht schon ganz anders.« Wie schnell wird dieser Zeitraum mit neuen Ideen durchschritten. Die meisten Menschen seines Jahrgangs blicken gern auf ein abgeschlossenes Lebenswerk zurück. Helmut Maucher kann sich immer noch für die Zukunft begeistern.

Intuition als persönlicher Erfolgsfaktor

Als seinen wichtigsten persönlichen Erfolgfaktor sieht Helmut Maucher die Fähigkeit, Intuition als Grundlage von Entscheidungen zu nutzen. Im Gespräch sagte er mir:

»... daneben braucht man eben auch diese Fähigkeit, und ich weiß nicht, ob man die entwickeln kann oder ob man sie einfach hat, das kann ich nicht genau beurteilen, ein Gespür, was sich auf der Welt wahrscheinlich bewegt. Viele Leute, die heute akademisch geschult sind, arbeiten mit Analysen und Modellen, die sie fortschreiben, aber das ist ja immer nur die Hälfte der Wahrheit.

Ich habe einmal gesagt, für mich ist Intuition eine kreative Verwertung von Information. Es gibt Leute, denen können Sie Hunderte von Sachen erzählen, alles Mögliche, die spüren nicht, die wissen nicht, was das alles bedeutet. Und andere, die arbeiten weniger mit diesen reinen quantitativen Analysen, sondern sammeln Informationen, sie unterhalten sich da oder dort, sie lesen eine Zeitung. Sie sind in der Lage, das, was sie aufnehmen, zu kombinieren, und aus dieser Kombination entsteht dann die Vorausschau auf das, was kommt. Und das ist wirklich eigentlich nichts Geniales. Aber ich habe ja auch nicht behauptet, Einstein zu sein. Ich habe nur zufällig diese fünfzehn Talente, die notwendig sind, um gut zu managen, aber ich bin nirgends ein Genie. Ich habe offensichtlich die Fähigkeit, Dinge so zu kombinieren, dass ich sagen kann, das kommt, und das ist richtig.

Wer nur Nescafé verkaufen kann, wird in Zukunft nicht mehr Chef sein. Wer sich nicht für alles interessiert, was sich auf der Welt bewegt, und sein Geschäft nicht in den Kontext dieser Entwicklungen stellen kann, wird in Zukunft nicht mehr ein guter Unternehmer sein. Es ist für mich einerseits erstaunlich, wie wenig Leute das können, und andererseits ist es eigentlich nichts Besonderes, es ist nichts Geniales, sondern eine ganz normale Kombinations- und Denkweise.

Bevor ich nach Vevey kam, wurde das Unternehmen allmählich zu einem reinen Verwaltungsapparat, das weiß man. Es tauchten Schwächen auf. Nestlé war immer noch gut, aber es war nicht mehr gut in Schuss. Die Leute waren frustriert, es lief nicht mehr richtig, es gab Krach im oberen Management und es kam halt nichts Gescheites mehr raus.

Deshalb hat der Schweizer Verwaltungsrat gesagt, wir brauchen jetzt den Maucher in Vevey, obwohl ja ein Deutscher bestimmt nicht die erste Wahl war, um die größte Schweizer Firma zu leiten. Man hätte auch einen anderen nehmen können, der hätte das Unternehmen auch ordentlich weiter geführt.« Allerdings finde man so eine Type wie ihn auch in den großen Unternehmen halt nicht jeden Tag.

Schaffung eines innovativen Klimas

Wenn Helmut Maucher sagt, »das Normale und Vernünftige zuerst tun, also marktgängige Produkte herstellen, sich um sein Management kümmern, sein Personal und seine Kunden, schauen, dass die Kasse stimmt«, werden viele sich sicher fragen, ob das denn nicht alle Verantwortlichen in allen Unternehmen so machen. Erstaunlicherweise ist das keineswegs der Fall. In der Computerindustrie werden Millionensummen in die Entwicklung neuer Mikrochips investiert, die überhaupt niemand mehr haben will.

In der Lebensmittelbranche kommen allein in Deutschland jährlich rund 30 000 neue Produkte auf den Markt, von denen mehr als die Hälfte nach einem Jahr bereits wieder verschwunden ist, die sich also als nicht marktgängig herausstellten.

Zu dem Normalen und Vernünftigen zählt bei Maucher auch das nüchterne Einschätzen von Rationalisierungsmöglichkeiten und deren konsequente Durchsetzung. Schnelle Strukturanpassung von Wachstum und Beschäftigung wird von ihm ebenso gefordert wie der Verzicht auf Erhaltungssubventionen und konsequente Anpassung der Arbeitskräfte an neue Gegebenheiten, und zwar sowohl regional als auch beruflich. Damit macht er sich bei den betroffenen Mitarbeitern, den Betriebsräten und den Gewerkschaften natürlich keine Freunde. Wenn ein Werk in Karlsruhe mit 224 Arbeitsplätzen zum Verkauf steht und im Maggi-Werk Singen rund ein Drittel der Arbeitsplätze abgebaut werden sollen, weil die Lohnkosten in der betreffenden Region zu hoch sind und sich die Konzentration der Produktion an einem anderen Standort als vorteilhafter erweist, dann rechnen die Gegner dieser Maßnahmen die weltweiten Konzerngewinne dagegen auf. Nach dem Motto, wenn man so viel verdient, kann man sich doch den Luxus erlauben, hin und wieder unwirtschaftlich zu handeln – besonders natürlich dort, wo man selbst betroffen ist. Was sozial klingt, ist es aber nicht; denn hier werden die Maßstäbe bewusst verwechselt. Mit wirtschaftlicher Vernunft in einem höheren Sinne hat das nichts mehr zu tun.

Helmut Maucher fordert: »Gutes Sozialklima: ja – friedliche Idylle: nein!« Dabei legt er durchaus höhere Maßstäbe an. Das Ganze hat Vorrang vor dem Einzelfall. Von seinem Prinzip der Menschen- und Produktorientierung zu Lasten der Systemorientierung rückt er damit nicht ab, weil er im Rahmen langfristiger Entwicklungen denkt.

Bei Nestlé herrscht ein kollegialer, offener Führungsstil, aber – und das ist sehr wichtig – kombiniert mit einer klaren Führungsspitze auf jeder Ebene. Maucher hält nichts von einer rein kollektiven oder rein kollegialen Führung, er ist mehr für ein »Team mit Spitze« als für ein »Team als Spitze«. Wichtige Voraussetzungen für effiziente Personalarbeit und Motivation der Mitarbeiter sind nach seiner Ansicht breite Kontrollspannen, wenig Führungsstufen, Delegation von Verantwortung und Kompetenz.

Oft gebe es in Unternehmen einen Ersatz von Führung durch Systeme, man könne sogar sagen: Je weniger wirkliche Führung vorhanden ist, desto mehr wird der gesamte Betrieb mit Personalsystemen übersät, Gehaltsfindungs-, Bewertungs- und Klassifikationssystemen und detaillierten Anweisungen zur Personalführung. Dies kostet nach Ansicht von Maucher viel Geld und bringt nichts. Im Gegenteil, es demotiviere und lenke die Personalarbeit zum Teil in die falsche Richtung. Bei richtiger Ausrichtung auf das wirklich Notwendige und Sinnvolle sowie Wahrnehmung der eigentlichen Personal- und Führungsfunktion durch die Chefs könnten Personalabteilungen stark verringert werden.

Generell neigt Maucher dazu, möglichst wenige einheitliche Verhaltensregeln und Strategien zu haben und möglichst viele nach Ländern, Gesellschaften, Regionen und nach Branchen oder Produktgruppen zu differenzieren. Möglichst viel Einheitlichkeit bevorzugt er nur auf dem Gebiet von Systemen und Methoden bei wiederkehrenden Abläufen, zum Beispiel in der Fertigung von Produkten. Bei der Personalführung, dem Marketing, Produktqualitäten, bei allem, was vom Konsumenten, vom lokalen Wettbewerb abhängt, bei allem, was auch externen Einflüssen unterliegt, möchte er sich Flexibilität erhalten. Seine generelle Politik ist, sich so weit wie möglich in die regionalen Gegebenheiten, Mentalitäten und Situationen zu integrieren. »Es ist nicht unsere Philosophie, ein großes Heimgeschäft zu haben und dazu einige Satelliten im Ausland. Wir wollen im Ausland keine Outsider, sondern Insider sein«, so Maucher.

»Jeder soll wissen, was Nestlé ist, woher Nestlé kommt, welche grundsätzlichen Philosophien wir haben, dass wir in allen Niederlassungen einige gute Schweizer Tugenden wie Pragmatismus,

Realismus und positive Einstellung zur Arbeit erhalten wollen; aber jeder soll auch wissen, dass wir weltoffen und liberal sind.«

Ganz zentral ist für Maucher, dass ein innovatives Klima im Unternehmen geschaffen wird. Wer nicht erneuerungsbereit und initiativ ist, ist für ihn kein »Unternehmer«, sondern »Unterlasser«. Andererseits müsse man nicht immer nur nach der großen und dramatischen Innovation suchen, sondern dürfe die Bedeutung der Renovation und der ständigen Erneuerung und Anpassung von Sortimenten nicht unterschätzen.

Manchmal hat Maucher zum Management by provocation gegriffen, weil gewisse provokative Aussagen oft schneller Überlegungen, Reaktionen und Prozesse in Gang setzen, als es sonst der Fall wäre. Für Veränderungen braucht man auch Kraft, Autorität und Glaubwürdigkeit. Was man sagt und was man tut, das muss übereinstimmen. Für Maucher war der persönliche Kontakt, das persönliche Gespräch mit den Führungen der einzelnen Länder und mit den Mitarbeitern sehr wichtig, und deshalb war er mindestens die Hälfte der Zeit unterwegs. Auch sein Nachfolger Peter Brabeck pflegt dieses Management by Travelling-around.

Die Information von Kadern und Mitarbeitern ist für Maucher ein wichtiger und notwendiger Bestandteil der Personalpolitik. Die Mitarbeiter haben das Bedürfnis, informiert zu werden; Information schafft mehr Sicherheit, Vertrauen und Identifikation mit dem Unternehmen. Direkte und mündliche Information sowie verständliche Sprache hält Maucher für besser als komplizierte Texte und Broschüren. Während Führungskräfte Hintergrundinformationen brauchen, sind den Mitarbeitern direkte Informationen über ihren Arbeitsplatz und alles, was sie persönlich betrifft, oft wichtiger als umfangreiche Informationsbroschüren über die abstrakten Taten und Strukturen des Unternehmens.

Image und Unternehmenskultur

Das Image eines Unternehmens bildet die Basis für dessen langfristige Aktivitäten und dient darüber hinaus dazu, tüchtige Führungskräfte und Mitarbeiter zu bekommen und sie an das Unternehmen zu binden. Image entsteht laut Maucher zunächst durch Fakten, durch Größenordnung, Ertragslage, Marktposition und vor allem durch Produkte und Marken eines Unternehmens. Zweitens bestehe ein enger Zusammenhang zwischen Image und Unternehmenskultur. Je mehr die Vorstellungen über das Unternehmen mit der Wirklichkeit übereinstimmen, desto besser. Je mehr das Image dagegen in eine Richtung gedreht wird, die den Fakten nicht entspricht, desto kritischer werde es langfristig für das Unternehmen. Aus diesem Grunde ist es für ihn entscheidend wichtig, dass die tatsächliche Situation des Unternehmens sowie seine Produkte und Verhaltensweisen mit dem übereinstimmen, was über das Unternehmen verbreitet wird. »Im Prinzip ist das sehr einfach: Erst wenn man wirklich das sagt, was Sache ist, gerade bei unangenehmen Dingen, dann wird man auch glaubwürdig«, so Maucher. Image werde immer mehr durch den Grad der sozialen und gesellschaftlichen Verantwortung geprägt, also durch das tatsächliche Tun und nicht durch das Reden darüber.

Helmut Maucher baut voll und ganz auf die Überzeugungskraft von Tatsachen und Fakten. Dabei hat er früher oft die emotionale Komponente der Nestlé-Kritiker außer Acht gelassen und übersehen, dass sich Argwohn und Verdächtigungen der Medienöffentlichkeit gegen Nestlé auf diese Weise, mit rationaler Argumentation, kaum entkräften lassen.

Großunternehmen haben, so räumt Maucher ein, hinsichtlich ihrer Imagebildung weniger ein Informationsdefizit als vielmehr ein Vertrauensdefizit, das durch die gängigen Methoden der Information nicht voll beseitigt werden kann. »Das Image von Unternehmen kann heute auch durch die Medien sehr stark negativ oder positiv beeinflusst werden. Denn diese wirken nicht nur auf die unterschiedlichen Empfängergruppen im Umfeld des Unternehmens, sondern auch intern. Wenn über mich etwas in der Zeitung steht, wird das von unseren Leuten weit mehr gelesen als Appelle oder Rundschreiben, die ich direkt an die Mitarbeiter adressiere. Ich habe das einmal ›Management by Interview‹ genannt.« Dass seine Interviews vielleicht bei den Mitarbeitern mit der Unternehmenswirklichkeit verglichen und entsprechend bewertet werden, ist anzunehmen, dass ihnen aber von Seiten der Nestlé-Kritiker ein bestimmter Wahrheitsgehalt zugebilligt wird, ist eher unwahrscheinlich.

Was kann ein Unternehmen in dieser Double-Bind-Situation tun? Informiert es, vermuten viele eine Verschleierung der Wirklichkeit, informiert es nicht, verheimlicht es etwas. Die Aufgabe der mit den Public Affairs betrauten Personen einschließlich Management sieht Maucher deshalb notgedrungen auf zwei Ebenen: Einmal gehe es darum, die Öffentlichkeit und interessierte, auch kritische Kreise zu informieren und so weit wie möglich Verständnis für die Tätigkeit des Unternehmens zu schaffen, und zum anderen gehe es um die bessere Sensibilisierung des Nestlé-Managements bezüglich der Reaktionen der Öffentlichkeit oder gewisser Gruppen auf ökonomisch und unternehmerisch an sich richtige Entscheidungen. Hier bedürfe es dann entweder einer Korrektur dieser Entscheidungen oder einer intensiveren Form der Erläuterung. Gerade in dieser Hinsicht ist die Unternehmensspitze sehr stark selbst gefordert; denn eine solche Aufgabe lässt sich nur sehr bedingt delegieren.

Ohne Frage wird der persönliche Einsatz der Unternehmensleitung in Sachen Kommunikation immer wichtiger. »Wir brauchen Unternehmensleiter, die mit dieser neuen Art der Kommunikation umgehen können, die dafür eine Begabung haben. Ich meine nicht die letzten ausgefeilten Techniken, aber den Mut und die Gelassenheit, über Unternehmensfragen offen zu reden, intern und nach außen«, so Maucher. Allerdings dürfe man nicht zu stark personifizieren, sondern müsse das Unternehmen mit dem Image verbinden. »Das Image des Unternehmens muss Bestand haben, auch wenn der Unternehmensleiter am nächsten Tag aus dem

Flugzeug fällt. Ich glaube aber, das Problem kann zum Teil gelöst werden, wenn derjenige, der eine Firma verkörpert oder an der Spitze steht, so weit im Einklang mit der Institution ist, dass keine Brüche entstehen.« Aus Unternehmenssicht darf es also nie um Maucher oder Brabeck gehen, sondern nur um Nestlé. Wenn Maucher »Mr. Nestlé« genannt wurde, stand das Unternehmen damit eindeutig im Vordergrund – und nicht der Privatmann.

Diese Unterscheidung zwischen Personen und Unternehmen wird selbst von Politikern schon einmal übersehen, zum Beispiel als die schleswig-holsteinische Ministerpräsidentin Heide Simonis zum Nestlé-Boykott aufrief, weil Helmut Maucher als Privatmann und CDU-Mitglied im Zusammenhang mit der Kohl-Affäre Geld an seine Partei gespendet hatte. Dass durch einen solchen Aufruf auch Arbeitsplätze im eigenen Bundesland gefährdet wurden, fiel Frau Simonis erst später auf. Aber auch dies ist ein Beispiel dafür, wie nicht zusammenhängende Fakten – eine private Spende und eine Funktion in einem Unternehmen – öffentliche Aktionen auslösen können.

Ein wichtiger Imagefaktor für das Unternehmen liegt laut Maucher nicht nur darin, wie man mit Kunden, sondern auch, wie man mit Lieferanten umgeht. Eine Forderung, die Maucher bei vielen Gelegenheiten wiederholt hat, lautet: »Behandelt eure Lieferanten so, wie wir von unseren Kunden behandelt werden möchten.« Wichtig sei, dass eine Firma bei Lieferanten, Kunden, Konsumenten, bei Regierungen, Gewerkschaften und eigenen Mitarbeitern ein einheitlich positives Image hat. Dort, wo viele Nestlé-Wettbewerber ein schlechtes Image besitzen, nämlich beim Handel, scheint Nestlé selbst auf dem problematischen deutschen Markt einen guten Ruf zu geniessen. Auch wenn große Handelsketten wie SPAR Markenartikel auslisten, weil sie zu teuer sind – Nestlé-Marken sind bislang nicht darunter.

Bei einem Konzern mit vielen Firmen und einer sehr breiten Produktpalette, wie sie Nestlé hat, kann das Corporate Image eigentlich nur das umfassen, was diesen Einheiten gemeinsam ist. Gewisse Grundprinzipien im Stil, im Management und im Pragmatismus sind für alle Gruppenfirmen Richtwerte. Dazu zählt Maucher auch den Realismus, die Offenheit der Rede, die Vermeidung von Übertreibungen, eine gewisse Bescheidenheit, verbunden mit Geschmack und Stil, und last but not least leitende Mitarbeiter, die zwischen eigenen egoistischen Karrierezielen und der notwendigen Sachbezogenheit und Firmenorientierung eine vernünftige Balance zu halten verstehen.

Den richtigen Nachfolger finden

Den richtigen Nachfolger zu finden, war für Maucher die größte Sorge in den vergangenen Jahren. Wörtlich sagte er mir dazu: »Heute bin ich heilfroh, dass ich das geschafft habe, denn der Brabeck und sein Management machen es gut. Viele starke Typen wie ich schaffen das bekanntlich nicht. Die machen den größten Fehler am Ende ihrer Karriere, dass sie nämlich einen schwachen Mann hinsetzen oder überhaupt nicht in der Lage sind, einen Nachfolger zu finden. Solche negativen Beispiele finden sich reihenweise.«

Wie Recht Maucher damit hat, belegen etwa die Beispiele von BMW, Thyssen oder auch Babcock. Bei BMW entschied sich erst während der maßgebenden Aufsichtsratsitzung überraschend, wer den Konzern in Zukunft führen wird. Bei Thyssen traten nach dem Abschied des »Sonnenkönigs von der Ruhr«, Dieter Spethmann, so lange Manager zweiter Wahl an, bis der Konzern von seinem kleineren Wettbewerber Krupp geschluckt wurde. Bei Babcock störte der in den Aufsichtsrat gewechselte frühere Vorstandsvorsitzende Hans L. Ewaldsen so lange die Arbeit seiner Nachfolger, bis der Konzern tief in die Verlustzone rutschte und zu umfangreichen Firmenverkäufen gezwungen war.

Natürlich sei es auch zum Teil Glücksache, den richtigen Nachfolger zu finden, räumt Maucher ein, aber er habe, sobald er in Vevey war, damit angefangen, das Management und die Nachfolge aufzubauen. Dabei hielt sich seine Wertschätzung der damaligen Mitarbeiter deutlich in Grenzen.

Peter Brabeck habe er zum ersten Mal in Venezuela näher kennengelernt, als dieser noch der Chef der dortigen Niederlassung von Nestlé war. Später hat er ihn als Manager der kulinarischen Produkte nach Vevey geholt und dann zum Generaldirektor für Marketing und die gesamten Strategischen Business Units gemacht. In der Position haben die beiden sehr viel und eng zusammengearbeitet.

Dabei verstärkte sich bei Maucher der Eindruck, dass Brabeck der Richtige für die Nachfolge sei. »Deshalb habe ich mit ihm ein Gespräch geführt«, erzählt Maucher, »das war vielleicht vor sechs Jahren oder so, und gesagt, was wollen Sie eigentlich machen? Wo wollen Sie hin? Da sagte er, eigentlich, wenn ich ehrlich bin, ich möchte mal Ihren Job. Da habe ich gesagt, okay, you are in the pipeline. Das war das Personalgespräch.«

Auch Peter Brabeck erinnert sich an das denkwürdige Gespräch. Den Beratern des Management Consultant Egon Zehnder International sagte er:

»Ich fühlte mich draußen in den Märkten sehr glücklich. Als Helmut Maucher mich 1987 in die Zentrale holte, hat mich das nicht unbedingt besonders motiviert. Doch ich bin ein guter Soldat und weiß, dass man gewisse Etappen einfach durchstehen muss, hatte aber immer gehofft, dass ich wieder ins Operative zurückkehren kann. Denn es gab ja rund um die Welt noch einige größere Märkte, die mich als Aufgabe interessierten. Also bin ich zu ihm gegangen und habe ihm gesagt, dass ich eigentlich meine Zeit hier abgesessen hätte und wieder raus an die Front wolle.

Damit waren wir beim Thema, als er mich ganz direkt fragte: Was wollen Sie denn wirklich? Ich habe spontan gesagt, wenn Sie mich schon so fragen, dann will ich einmal auf den Sessel, auf dem Sie jetzt sitzen. Wir hatten in diesem Moment beide ein sehr gutes Gefühl. Es war der Anfang eines sehr engen Vertrauens, das wir seither durchgehalten haben.«

»Dann habe ich ihn rangezogen und die Entscheidung ungefähr zwei Jahre vorher bekannt gegeben, damit alle Gerüchte gestoppt wurden«, beschreibt Maucher den weiteren Werdegang seines Nachfolgers. »Von da an konnte ich ihn auch offiziell in alles einweihen, so dass er bereit war, als ich den Delegiertenjob abgegeben habe. Jetzt habe ich ihn noch einmal einige Jahre als sein so genannter aktiver Chairman begleitet, wobei er schon achtzig Prozent der Vollmachten hatte, aber doch meinen Rat holen konnte oder musste, je nachdem, was wir vereinbart hatten. Jetzt ist er so weit, und ich verschwinde. Am ersten Tag bei der Übergabe habe ich gesagt, die erste Pflicht für Dich ist, dass Du morgen anfängst, Leute heranzubilden, die Dir nachfolgen können. Denn das sind lange Prozesse, und es klappt nicht mit jedem. Aber das ist das Allerwichtigste. Am Ende wird alles durch Menschen gemacht.«

Natürlich hatte Helmut Maucher sich auch mögliche Nachfolger von außen angesehen, aber er kam zu dem Schluss, dass sie nicht zu Nestlé passten und auch von den Nestlé-Managern nicht akzeptiert würden.

Das Thema Nachfolge wird bei Nestlé nicht nur behandelt, wenn es akut ansteht. Helmut Maucher hat es immer so gehalten, dass sich der Verwaltungsratsausschuss regelmäßig damit befasste. Jedes Jahr gab es eine Empfehlung von ihm, wer im Falle, dass ihm plötzlich etwas passiert, nachrücken soll.

Helmut Maucher ist ganz offen, wenn er erklärt, dass er sich zwar emotional mit allen Mitarbeitern verbunden fühlt, dass ihn aber mit Peter Brabeck eine besondere Freundschaft verbindet, die durch die gemeinsame Arbeit noch vertieft worden ist. Aber auch dabei hat er sich als Chef immer eine Art Rückzugsreserve bewahrt, falls aus dem Unternehmensinteresse heraus Entscheidungen zu treffen gewesen wären, die emotional Probleme aufgeworfen hätten.

Laut Maucher gibt es zwei Grundprinzipien für Unternehmen, die vor der Nachfolgefrage stehen. Erstens muss man sich als Chef wirklich selbst darum kümmern, den Nachfolger aufzubauen. Das sei das Allerwichtigste. Und zweitens muss man anschließend fair die selbst gesetzten Spielregeln beachten und dem Nachfolger nicht das Spiel verderben.

»Das kann man nicht zu früh machen, weil ein guter Mann sonst ungeduldig wird. Er wird sich sagen, ich werde doch keine fünfzehn Jahre warten, bis der Alte endlich abtritt. Das darf man aber auch nicht zu spät machen, weil man dann gewaltig unter Druck gerät.« Bei seiner Nachfolgeregelung seien es fast vier Jahre gewesen, aber davon zähle der inoffizielle Teil nicht; und achtzehn Monate vor der Hauptversammlung an die Öffentlichkeit zu gehen, das sei der optimal gewählte Zeitpunkt.

Laut Maucher wird gerade in Familienunternehmen zu häufig dem Thema Nachfolger zu wenig Bedeutung beigemessen. Wenn er Politiker wäre, würde er versuchen, ein Gesetz zu machen, das Familienunternehmen ab einer bestimmten Größe und Mitarbeiterzahl verpflichtet, einen Beirat oder ein anderes Aufsichtsgremium zu installieren. Dieses müsse unabhängig vom Eigentümer sein und die Vollmacht haben, über die Nachfolge zu entscheiden. Nur so lasse sich verhindern, dass die Mutter den Sohn zum Nachfolger macht, nur weil sie ihn so liebt. Denn heute hänge an dieser Frage zu viel: Tausende Mitarbeiter, die ganze Substanz eines Unternehmens, auch das Image. Eine solche Bestimmung tangiere nicht das Eigentum, das sei keine Umverteilung. Aber ab einer bestimmten Größenordnung dürfe der Führungswechsel nicht wie die Thronfolge in Königshäusern geregelt werden, die ja bekanntlich oft genug Deppen an die Macht gebracht habe. Wer wirklich klug ist, der habe das auch längst begriffen und einen vernünftig besetzten Beirat installiert.

Kontinuität im Wechsel – Peter Brabeck-Letmathe

Der Österreicher Peter Brabeck-Letmathe (Jahrgang 1944) begann, nachdem er das Betriebswirtschaftsstudium mit dem Diplom abgeschlossen hatte, seine berufliche Laufbahn bei Nestlé als Eiskremverkäufer für Findus in Wien. Später übernahm er verschiedene Managementpositionen in Südamerika und in der Schweiz. Ab 1981 war er Landeschef in Ecuador und seit 1983 in Venezuela, bevor er 1987 in der Konzernzentrale im schweizerischen Vevey mit der Leitung der Abteilung kulinarische Produkte betraut wurde.

1992 folgte die Ernennung zum Generaldirektor mit der Verantwortung für die Strategischen Geschäftseinheiten Food, Confectionery, Ice Cream und Petfood. Zusätzlich war Peter Brabeck-Letmathe auch für die Bereiche Marketing und Kommunikation zuständig, bevor er im Juni 1997 als Nachfolger Helmut Mauchers Delegierter des Verwaltungsrates wurde.

Peter Brabeck war lange Zeit ein ambitionierter Bergsteiger; so hat er an einer der ersten österreichischen Hindukusch-Expeditionen teilgenommen. Dazu benötigt man nicht nur eine entsprechende körperliche Kondition, sondern auch ganz bestimmte charakterliche Eigenschaften, etwa vorausschauend und überlegt zu handeln, Risiken zu minimieren, zuverlässig zu sein und auch die Bereitschaft, auf die Zuverlässigkeit anderer zu vertrauen. Auch heute noch schätzt Brabeck lange Bergwanderungen, um den Kopf frei zu bekommen oder Probleme in Ruhe durchdenken zu können. Probleme werden von ihm nicht aufgeworfen, sondern gelöst; dabei sind ihm wohl überlegte Entscheidungen lieber als ein Übermaß an Spontaneität. Humor, nicht Witz, charakterisiert seine Ausführungen.

»Kontinuität im Wechsel«, so lautet die Kernformel der Strategie Peter Brabecks. Schließlich war er unter Helmut Maucher für die Strategien des Unternehmens mitverantwortlich und hat sie in den letzten Jahren mit ihm gemeinsam festgelegt.

»Deshalb gibt es keinen Grund, dass ich jetzt die Strategien verändere. Was ich mache, ist, dass ich den gleichen Kurs steuere, den wir gemeinsam festgelegt haben, und versuche, die Effizienz zu erhöhen, indem ich vielleicht die Segel etwas anders setzte. Das hatte bereits zur Folge, dass wir zu einer gewissen Beschleunigung gekommen sind. Wir haben aus einem sehr guten Resultat noch einmal etwas Besseres gemacht. Das war der erste Teil.« Mit diesen sehr behutsamen Worten erläuterte Brabeck mir, dass sich doch etwas geändert hat.

Der zweite Teil besteht laut Brabeck in der Ausnutzung der Research- und Development-Aktivitäten, an deren Restrukturierung er in den vergangenen zwölf Jahren aktivst teilgenommen habe, um von dort her Zusatzwachstum und Zusatzmargen zu bekommen. In diese Politik flössen auch die Aktivtitäten aus dem Bereich Nutrition ein. Gleich am ersten Tag, nachdem er CEO geworden war, kreierte Brabeck eine Nutrition Business Division.

Dort schaue man nicht so sehr in die spezialisierte Nutrition, sondern suche Bakterien, Moleküle, die nach klinischen Tests in den Mainstream-Produkten eingesetzt werden könnten, um damit Wertzuwachs und zusätzliches Wachstum zu schaffen. Dazu gehöre natürlich LC1, aber auch zahlreiche andere Produkte, die bereits sehr erfolgreich in Südamerika oder auch in Asien eingeführt worden seien. Es gebe eine ganze Reihe von diesen Aktivitäten, und die Nutrition als Wertsteigerungsmittel für die Nestlé-Mainstream-Aktivitäten sei ein wichtiger Teil seiner langfristigen Strategie.

Wellness als Zukunftsziel

»Wenn wir dann langfristiger hinschauen, sehe ich es als meine Aufgabe, die Firma von einer reinen Agroalimentaire-Firma zu einer Firma zu führen, die sich wirklich um die Wellness der Konsumenten kümmert«, so Brabeck weiter.

»Und dazu gehört natürlich ganz klar eine ausgewogene, eine gesunde Ernährung. Aber das sollte man nicht nur auf der rein quantitativen Seite sehen, wieviel Kalorien, wieviel Mineralien und wieviel sonstiges man zu sich nimmt, sondern das muss auch im emotionellen Bereich gebündelt sein.

Denn wir wissen, dass eine gesunde Ernährung eben mehr ist als einfach das Schlucken von Kohlehydraten, von Proteinen oder von Fetten. Um gut ernährt zu sein, kommt der emotionelle Teil dazu. Es ist doch ganz klar, dass man sich vollkommen anders fühlt, wenn man mit Freude gut und ausgewogen isst, als wenn man das Essen einfach nur irgendwie in sich hineinstopft.« Für das Zukunftsziel Wellness soll auch die Nestlé-Forschung und Entwicklung genutzt werden, die auf der Nutrition aufgebaut ist. So kann vermutlich eine gezielte Ernährung dazu beitragen, eine bessere Haut zu bekommen.

Die vier strategischen Prioritäten

Als Brabeck im Jahre 1997 die Leitung des Unternehmens übernahm, formulierte er vier Prioritäten für seine Arbeit:

- effiziente Operationen,
- höherer Verfügbarkeitsgrad für die Nestlé-Produkte, nach dem Motto »whenever, wherever, however«,
- Innovation und Renovation sowie
- bessere Kommunikation mit den Konsumenten.

Um den Wandel in der komplexen Realität globaler Märkte zu gestalten, sind die Ideen und die aktive Beteiligung von vielen Seiten notwendig, betont Brabeck. Die Unternehmensführung setzt dazu realistische, aber doch anspornende Ziele und schafft die organisatorischen Voraussetzungen, damit sich ein einheitliches Bild des Möglichen, das Engagement der Mitarbeiter und die zum Erfolg erforderlichen praktischen Konzepte entwickeln können. Ständiger Wandel bedeutet weiterhin, unterschiedlichste Szenarien in Betracht zu ziehen, ohne darüber die pragmatischen Lösungen und die Erfordernisse für die nächsten Jahre zu vergessen. Zunächst einmal muss mit derzeitigem Wissen gearbeitet und kann nicht endlos über Dinge nachgedacht werden, die man noch nicht wissen kann.

Effiziente Operationen

Einen Weg zur Steigerung der Effizienz der Betriebe und zur besseren Nutzung der verfügbaren Ressourcen sieht Brabeck im internen und externen Benchmarking oder, wo möglich, im Benchbreaking. Die effizientesten Teile der Nestlé-Gruppe — Fabriken, Vertriebs- und Verwaltungszentren, Strukturen etc. — dienen dabei als Maßstab für Verbesserungen in anderen Märkten. »Gleichzeitig müssen wir uns auch mit den besten globalen und lokalen Konkurrenten vergleichen.«

Auf dem Gebiet der Effizienzverbesserung hat Brabeck bereits deutliche Fortschritte erzielt. Die Gestehungskosten für die verkauften Produkte, die im Jahre 1996 noch bei 51,8 Prozent und 1997 bei 51,2 Prozent des Umsatzes lagen, konnten im Verlauf des Jahres 1999 von 50,1 Prozent auf 48,1 Prozent gedrückt werden. Damit hat sich der Prozess eindeutig beschleunigt. »Dieser Trend gibt uns den Spielraum, um auch in Zukunft Marketing, Werbung und Verkauf zu unterstützen und damit Wachstum und Gewinne zu sichern«, sagte Brabeck auf der Bilanzpressekonferenz im März 2000 in Zürich.

»Es handelt sich um eine ganze Reihe von Maßnahmen, die praktisch alle Unternehmensbereiche betreffen. Es wäre auch falsch zu glauben, dass diese Entscheidungen nur vom Zentrum aus verfügt würden. Im Gegenteil, aufgrund unserer Struktur und auch unserer Unternehmenskultur sind es unsere operationellen Gesellschaften, die mit praktischen Vorschlägen auf eine allgemeine Zielsetzung reagieren und die zum Beispiel bis zum Jahr 1999 schon eine Kostenreduktion von 2,2 Mrd. sfr gebracht haben.«

Einführung neuer kostensparender Technologien, Konzentration bestimmter Produktkategorien auf einige wenige Fabriken, die eine ganze Region beliefern, Verlagerung nicht-zentraler Produktionsphasen zu Dritten – alle diese Maßnahmen haben zu einem deutlich leistungsfähigeren industriellen Apparat geführt, betonte Brabeck. Es handele sich um eine Kumulation von kleinen Einzelschritten, die aber bei der großen Anzahl von Betrieben zu signifikanten Verbesserungen führen konnten. Die wichtigsten Fortschritte wurden in den Bereichen Rohstoffe und Prozessoptimierungen erzielt. Dabei standen Kapazitätsauslastung, Effizienzsteigerungen und Verminderung von Verlusten bei der Produktion im Zentrum.

Brabeck hat auch die Anzahl der Fabriken weiter reduziert und will damit fortfahren. 1999 wurden gruppenweit 54 Fabriken geschlossen oder verkauft beziehungsweise enstsprechende Schritte angekündigt. 14 davon resultieren allein aus dem Verkauf von Findus. »Wir sind in der glücklichen Lage, all diese Fragen voraussehend und zeitgerecht zu planen und ohne massive Entlassungswellen lösen zu können, und wir werden auch in Zukunft von dieser Politik nicht abgehen«, sagte Brabeck.

»Wir sehen die Restrukturierung als Teil des täglichen operativen Geschehens. Das ist auch der Grund, weshalb bei Nestlé die Restrukturierungskosten, die sich jährlich auf 300 bis 400 Mio. sfr belaufen, vor dem operationellen Ergebnis aufgeführt werden. Diese Politik der kontinuierlichen Verbesserung ist zwar für die Finanzwelt weniger spekulär, sie erlaubt uns hingegen, unsere Verantwortung gegenüber der Gemeinschaft besser wahrzunehmen.«

Zur Restrukturierung gehört für Brabeck auch die Trennung von einzelnen Aktivitäten oder Unternehmensbereichen, die strategisch nicht von Bedeutung sind oder deren Rentabilität langfristig nicht befriedigend erscheint. Verkauft werden auch Aktivitäten, die spezialisierte Anbieter oft effizienter nach Nestlé-Qualitätsvorgaben machen können, zum Beispiel die kakaoverarbeitenden Betriebe in Malaysia und in Italien. Alles in allem umfasste die Portfolio-Bereinigung im Jahre 1999 einen Umsatz von nahezu 1,7 Mrd. sfr.

Brabeck achtet strikt darauf, dass Kostensenkungen keinesfalls auf Kosten der Qualität erfolgen; beides sollte sich Hand in Hand verbessern. Globale Präsenz verbindet sich bei Nestlé mit einem weltweiten Führungsanspruch in entscheidenden qualitativen Belangen. In von der Unternehmensführung definierten Schlüsselbereichen entwickelt und konzentriert die Nestlé-Gruppe zu diesem Zweck die Kernkompetenzen und baut sie ständig aus, um die Position an vorderster Front der technologischen Entwicklung zu sichern.

Kernkompetenzen bedeuten für Brabeck, mehr als jeder andere über Verfahren, Produkte, ihre Zusammensetzung und ihre Eigenschaften Bescheid zu wissen. Dabei müssen in einem Zeitraum von zehn bis fünfzehn Jahren zwischen 500 Millionen und einer Milliarde sfr für Forschung und Entwicklung aufgewendet werden, um die Kernkompetenzen in einem Schlüsselbereich des Nahrungsmittelmarktes neu aufzubauen.

»Whenever, wherever, however«

Die Verfügbarkeit der Produkte gehört grundsätzlich zu jedem wirksamen Marketingkonzept. Eine bessere Präsenz der Produkte, die gewährleistet, dass sie zugänglich sind – wann, wo und wie der Konsument sie in diesem präzisen Moment will – hat viele Facetten. Das fängt bei der Produkt- und Verpackungsgestaltung an. Ein Schokoladenpulver wie Nesquik ist nun einmal nicht sofort konsumierbar, sondern für die Zubereitung und den Konsum zu Hause gedacht. Um dem modernen Einzelkonsumenten folgen zu können, wird es daher auch in flüssiger Form und individueller Kleinverpackung auf den Markt gebracht. Auch Nescafé wird luxuriös und in interessanten Varianten angeboten, zum Beispiel als »Café Viennois« in Deutschland, bereits in flüssiger Form für jene, die ihn außer Haus trinken, in Portionsbeuteln, weil das praktisch ist, aber auch da, wo auf eine geringe Kaufkraft Rücksicht genommen werden muss.

Brabeck ist absolut überzeugt davon, dass Nestlé kein Händler werden sollte und dass die meisten Händler, die einmal gedacht haben, sie müssten selbst produzieren und zum Teil auch noch Produzenten sind, langsam zugeben werden, dass es wahrscheinlich besser ist, diese Aufgabe jemand anderem zu übertragen. »Wir sind jetzt so weit, dass jeder seine Kernkompetenzen gut versteht«, äußert er sich zufrieden. Vor allem in den Entwicklungsländern sei man durch die Kompetenz des Handels und die Zusammenarbeit mit ihm in der Lage, die Produkte billiger und effizienter zum Konsumenten zu bringen, als es mit der alten Distributionsweise der Fall sein konnte. Dort sei es ja von nationalen zu regionalen Großhändlern, zu Subgroßhändlern usw. gegangen, über eine ziemlich lange Kette, in der die Waren nur weitergereicht wurden, und jeder in dieser Kette habe seine Margen auf den Preis aufgeschlagen. Auch heute seien Logistik und Distribution in diesen Ländern noch immer nicht gänzlich effizient.

Die Globalisierung des modernen Handels und die Einführung von modernen Logistiksystemen wird nach Überzeugung von Brabeck deshalb den lokalen Konsumenten Vorteile bringen. Dadurch, dass die Produkte dann billiger angeboten und gekauft werden können, werde das zu mehr Konsum führen und sei deshalb natürlich auch für Nestlé von Interesse. In diesem Sinn sieht er die Globalisierung und die Internationalisierung der modernen Handelsunternehmen als sehr positiv.

Den Strukturen auf der Distributionsseite, nämlich Mass Merchandisers, stehe in den entwickelten Ländern Europas, in den USA, Japan, Australien usw. inzwischen ein völlig anderer Konsumententypus mit völlig anderen Bedürfnissen gegenüber. Es zeige sich, dass man immer weniger von einem Massenkonsumenten sprechen könne. Niemand wolle ein Massenkonsument sein. Dadurch komme es auf der Konsumentenseite zu einer steigenden Segmentierung. »Wenn ich mir vorstelle, wie hoch segmentiert heute die Medien sind, dann ist das ein Zeichen dafür, dass es diesen Massenkonsumenten nicht mehr gibt.«

Weiterhin könne man beobachten, dass die Konsumenten mehr und mehr Produkte, vor allem im Lebensmittel- und im Getränkebereich, über andere Kanäle einkaufen.

Auf der einen Seite hat man es also mit einer sehr starken Zentralisierung und Internationalisierung des Handels und auf der anderen Seite, in den etwas reiferen Märkten, parallel dazu, mit einer unglaublichen Segmentierung des Handels und der Verkaufsschienen zu tun. Die globale Entwicklung geht gleichzeitig in zwei entgegengesetzte Richtungen: Das ist der Grund, warum Nestlé eine Vertriebskanalpolitik und -strategie betreibt, die sich mit dem Slogan »whenever, wherever and however« beschreiben lässt.

Tiernahrungsmittel seien beispielsweise, so Brabeck, am Anfang nur im Supermarkt verfügbar gewesen. Heute finde der große Zuwachs in den Tierfutter- und Garten-Centern, bei den Veterinären und den zum Teil hoch spezialisierten Tierfachgeschäften statt. »In den letzten Jahren hat sich eine unglaubliche Segmentierung mit sehr hohen Wachstumsraten ergeben. Ich will gar nicht von anderen Produkten sprechen, etwa Getränken. Auf dem Getränkesektor ist der Zuwachs beim Out-of-home-Konsum bei weitem höher als der In-home-Konsum.«

Andere Elemente von Nestlés »whenever, wherever, however«-Politik befassen sich mit dem Preis, dem Rabatt, der Promotionsgestaltung, mit der Vertriebskanal-Strategie sowie der Verkaufsorganisation.

»Es reicht heute nicht mehr aus, dass unsere Produkte fein säuberlich in den Regalen der Supermärkte stehen, sondern sie müssen in allen möglichen Verkaufsschienen vertreten sein – vom kleinen Eckkiosk über die fliegenden Händler in den Straßen bis hin zum Internet. All das trägt dazu bei, dass sich dieses Thema – Verfügbarkeit unserer Produkte – zu einer der komplexesten Herausforderungen für die Gruppe entwickelt hat.«

In den USA erfolgt heute schon die Hälfte des Nahrungsmittelkonsums außer Haus. Nestlé hat bereits seit vielen Jahren den Foodservice-Bereich ausgebaut, der inzwischen bereits sechs Mrd. sfr Umsatz bringt. Und die reale Wachstumsrate liegt mit 5,3 Prozent klar über dem Gruppendurchschnitt.

Neben den klassischen Bereichen Gastronomie, Fast-Food-Ketten, Betriebs-Restaurants usw. werden auch neue Vertriebskanäle immer wichtiger. So hat Nestlé zum Beispiel mit den Esso-Tankstellen in Lateinamerika einen Vertrag geschlossen, der es ermöglicht, an jeder Tankstelle eine Nescafé-Kaffeebar aufzustellen. Und in Japan wurde 1999 mit der Übernahme von rund 100 000 Getränke-Automaten von Ueshima ein weiterer Vertriebskanal ausgebaut. Brabeck: »In diesem Land stehen buchstäblich Millionen von Automaten in den Straßen, und wir sind entschlossen, unser Geschäft mit Fertiggetränken auf Kaffee- und Teebasis auszuweiten.«

In das japanische Automaten-Getränke-Geschäft war Nestlé bereits etwa zehn Jahre zuvor über ein Joint Venture mit Otsuke eingestiegen und hatte bis 1999 einen Marktanteil von rund vier Prozent erreicht. Dieser soll mit dem Zugang zu nunmehr 300 000 Automaten nach den Plänen von Brabeck mindestens verdoppelt werden.

Einen weiteren wichtigen Vertriebskanal stellt für Brabeck das Internet dar. Schon in den frühen neunziger Jahren hat Nestlé sich als erster Nahrungsmittelhersteller mit diesem Thema auseinandergesetzt und in der Schweiz als Testmarkt den Nestlé Easy Shop eingeführt und sich später an der Gründung des ersten Internet-Shops in der Schweiz beteiligt. Es ging vor allem darum, erste Erfahrungen zu sammeln und abzuklären, in welchem Umfang dieser Kanal Änderungen in der Produktpalette, den Verpackungsgrößen usw. erfordert. Inzwischen hat Nestlé in den USA mit einer ganzen Reihe von Internet-Firmen wie WebVan, Peapod, Homegrocer, Netgrocer, Shoplink usw. Marketing-Verträge abgeschlossen und auch in der operationellen Gesellschaft eine Struktur geschaffen, die sich ausschließlich und mit hoher Priorität diesem Geschäft widmet.

Nestlé habe nicht vor, in der physischen Verteilung der Produkte tätig zu werden, so Brabeck. Dafür seien die Großverteiler besser gerüstet, wie das Beispiel Tesco zeige. Dieses Unternehmen sei bereits heute der weltweit größte »e-tailer« und gehöre zu jenen international tätigen Geschäftspartnern, mit denen Nestlé eine gute Beziehung aufgebaut hat.

Nestlé im Spannungsfeld der New Economy

Auf die Frage, welchen Stellenwert die New Economy innerhalb der Nestlé-Strategien habe, antwortete Brabeck, dass er den Ausdruck New Economy nicht sehr glücklich finde. Es gebe auch Old Economy in der New Economy. »Es gibt eine Economy of Things, und es gibt eine Economy of Information. Diese Unterteilung finde ich verständlicher.« Ohne Frage habe diese nicht fassbare Wirtschaft einen großen Einfluss auch auf die Lebensmittelindustrie. Und natürlich auch auf die Art und Weise, wie man eine so große Firma wie Nestlé führen kann.

Nestlé hat in den USA und in Europa gemeinsam mit Mitbewerbern Internet-Platforms gebaut und ist dabei, diese jetzt auszubauen, um die Schnittstelle zwischen den Lieferanten und der Industrie auf den neuesten Stand der Technologie zu bringen. Brabeck ist der Überzeugung, dass dies mehr Sicherheit und auch Verlässlichkeit in die Economy of Things bringt, gepaart mit der Attraktivität und Effizienz der Economy of Information.

Auf der Lebensmittelseite müsse man weiterhin in der Economy of Things sein. »Man kann niemandem nur das Gefühl geben, seinen Durst zu löschen, das Wasser muss immer noch irgendwie in einer Flasche beim Kunden ankommen. Die Economy of Things, die verschwindet nicht.«

Die Economy of Information wird nach Ansicht von Brabeck nur helfen, die Logistik noch effizienter zu machen. »Aber man wird weiterhin Messer und Gabel benutzen, um etwas in den Mund zu schieben.« Es gebe gewisse Bereiche, wo die Economy of Information natürlich die Economy of Things übernehmen könne, etwa in der Musik. »Bis jetzt brauchten wir eben die Schallplatte oder ein Tonband oder irgend etwas in dieser Art. Hier kann ich auf das ›thing‹ verzichten, weil ich die Musik einfach übers Internet abrufe. Aber auf der Lebensmittelseite wird die Economy of Things immer noch der wichtigste Teil sein und bleiben.«

Die Erwartungen und Kalkulationen vieler Internet-Händler hätten sich nicht erfüllt. »Das sehen Sie jetzt sehr schön bei den spezialisierten Internet-Grocers in den USA. Am Anfang, als sie die Infrastruktur der bestehenden Händler benutzt haben, hatten sie einen großen Vorteil oder haben geglaubt, sie hätten ihn. Aber wenn es dann da hinkommt, dass sie wirklich Millionen von Tonnen an Produkten physisch zum Konsumenten bringen müssen, dann sind sie wieder bei den großen Investitionen, dann brauchen sie Lagerhäuser, Lastwagen und Auslieferungsfahrer, und dann wird das Internet einfach wieder nur zu einem Werkzeug, einem sehr wichtigen Werkzeug, aber einem unter vielen.«

Nestlé wendet jährlich für Forschung und Entwicklung ca. 600 Mio. sfr auf. Kein »l'art-pour-l'art« sei gewollt, sondern zunächst einmal die pragmatische Verbesserung der Konkurrenzfähigkeit der Produkte. »In vielen Fällen sollte man nicht auf den großen technologischen Durchbruch warten, wenn Hunderte von kleinen Verbesserungen mehr bringen.« In der breiteren Öffentlichkeit zähle der Nahrungsmittelsektor nicht unbedingt zur Hochtechnologie; bei einigen Produktgruppen, wie zum Beispiel der Herstellung von Nescafé, arbeite die Gruppe aber auf sehr anspruchsvollem Technologie-Niveau und die Grundlagenforschung in den Life Sciences, einschließlich der Gentechnologie, liege auf dem Niveau pharmazeutischer Betriebe.

Innovationen aufgrund von Forschung und Entwicklung erfordern laut Brabeck eine klare Vision und eine langfristige Strategie. Die Biotechnologie ist ein gutes Beispiel dafür. Die Arbeit hat hier schon in den frühen achtziger Jahren in der Grundlagenforschung begonnen. Nestlé habe sich selber ein Urteil über dieses neue Instrument bilden wollen, um so die Sicherheit für seine Kunden von Anfang an gewährleisten zu können. Nach den sehr positiven Schlussfolgerungen gehe es nun um die praktische Anwendung der neuen Technologie, die in vielen Teilen der Welt schon Realität sei. »Einige Entwicklungsländer, etwa Brasilien und Ecuador, sind heute bei den Rahmenbedingungen im Bereich dieser neuen Technologie wesentlich fortschrittlicher als Europa. China nimmt in der Entwicklung und Anwendung sogar eine führende Rolle ein.«

An der positiven Einstellung von Peter Brabeck zur Gentechnik ändern auch die negativen Meinungen der Verbraucher in vielen Ländern nichts. In den USA, Kanada und Argentinien seien innerhalb eines Jahres bereits auf mehr als zwölf Millionen Hektar gentechnisch verbesserte Nutzpflanzen angebaut worden – vor allem Soja, Mais und Raps. Dadurch habe man bereits mehrere Millionen Liter an chemischen Pflanzenschutzmitteln eingespart. Eine solche positive Leistung einer neuen Technologie sollte von den am Umweltschutz interessierten Teilen der Bevölkerung mit

Begeisterung aufgenommen werden, meint Brabeck. Das sei aber leider (noch) nicht der Fall.

»Als globales Unternehmen handelt Nestlé in globaler Verantwortung. Zusammen mit den anderen führenden Unternehmen der Industrie wird sich die Gruppe weiterhin bemühen, mit Hilfe einer offenen und klaren Kommunikationspolitik den Konsumenten von den umfassenden Vorteilen dieser neuen Technologie zu überzeugen«, versichert Brabeck.

Markennamen und wirksame Kommunikation mit dem Konsumenten sind laut Brabeck der vierte wichtige Schlüssel für Wachstum innerhalb der Branche. Die Nestlé-Gruppe investiert allein in die Medien Milliardenbeträge; die gesamten Marketingkosten belaufen sich auf mehr als 15 Prozent der Umsätze – Grund genug, die Aufmerksamkeit der obersten Unternehmensleitung auf sich zu ziehen. Die Verantwortung für die konkrete Umsetzung liegt dabei selbstverständlich in den Märkten.

Kommunikationsziele von strategischer Bedeutung sind für Brabeck auch Image, Glaubwürdigkeit und Integrität des Unternehmens. Mit der Entwicklung der internationalen Medien sei deren Bedeutung namentlich für Markenartikelanbieter größer geworden, und die globale Dimension werde dabei immer wichtiger. Nicht Hochglanzbroschüren, sondern langfristig konsistente und gelebte Werte und Prinzipien, die Glaubwürdigkeit von Personen und Positionen in der Sache würden Nestlé in der Wahrnehmung des Konsumenten und der allgemeinen Öffentlichkeit sicher verankern und damit den Wert und die Wettbewerbsfähigkeit des Unternehmens und dessen Leistungen auf allen Ebenen dauerhaft erhöhen.

Regional Nutzen stiften zahlt sich aus

»Unser Prinzip ist, sicherzustellen, dass die Investitionen, die wir tätigen, auch dem Land, in dem wir investieren, zugute kommen«, so Brabeck. Zunächst sollten lokale Lieferanten und die lokale Wirtschaft insgesamt am geschaffenen Wert partizipieren. Lokale

Aktivitäten übertrügen Wissen und Können auf die Zulieferer, etwa Bauern, die die Fabriken mit Milch oder Kaffee beliefern, oder Firmen, die Verpackungsmaterialien herstellen. Nestlé baue auf langfristige Partnerschaft und werde nicht kurzfristig opportunistisch die Preise für Rohmaterial drücken, auch wenn man sich mittel- und langfristig natürlich den Marktgegebenheiten anpassen müsse, um wettbewerbsfähig zu bleiben.

Viele Zeitungen in der Dritten Welt haben auf die Vorteile von ausländischen Direktinvestitionen für die jeweilige Wirtschaft hingewiesen, eingeschlossen die Werktätigen, Zulieferer, Regierungen (bzw. deren Steuereinnahmen) und die Bevölkerung im allgemeinen. Mehr und mehr Länder öffnen sich dem Rest der Welt, deregulieren, modernisieren und globalisieren ihre Wirtschaft und deren Einrichtungen, räumen Hindernisse aus dem Weg und haben größeren Anteil an der Wertschöpfung auf globaler Ebene. Derzeit stellen sich die so genannten Entwicklungsländer immer häufiger als freidenkender und »globaler« heraus als die Industrieländer, zum Beispiel hinsichtlich der Telekommunikation oder einheitlicher internationaler Buchführungsnormen.

Brabeck ist der Überzeugung, dass sowohl der Wettbewerb als auch der uneingeschränkte Zusammenschluss lokalen und internationalen Kapitals mehr Nutzen für ein Land bringt als die erzwungenen Beteiligungen örtlicher Stellen aufgrund von Regierungsbestimmungen in der Vergangenheit.

Derzeit stelle man in einigen Kreisen der alten Industriestaaten und auch in den aufstrebenden Ländern die Frage: Schaffen die globalen Unternehmen Wertzuwachs auf permanenter Basis oder verlagern sie lediglich die Produktion von einem Ort zum anderen, von einem Kontinent zum anderen? Globale Unternehmen – besonders weltweite Nahrungsmittelunternehmen wie Nestlé – tragen nach Ansicht von Brabeck mehr als je zuvor zur Wertschöpfung bei, insbesondere durch ihre weltweiten Netze, die voll von Ideen, Markennamen, Garantien und Humankapital seien, durch ihre direkte und indirekte Verbindung mit Institutionen, Unternehmen und lokalen Regierungsstellen, ihre Integration in die örtliche Wirtschaft und ihre Verbindungen zum Netz globaler Wirtschaftsbeziehungen, das täglich dichter und ausgedehnter werde.

Krisensichere Aktien

Nestlé hat keinen Großaktionär, der möglicherweise spezielle Sonderinteressen verfolgen könnte oder in die Unternehmensführung aktiv eingreift. Das stärkt natürlich auch die Person an der Spitze und verleiht ihr besondere Macht. Die 40 352 000 Aktien im Nennwert von je zehn sfr liegen breit gestreut in den Händen von mehr als 200 000 Aktionären. Die Satzung von Nestlé schreibt vor, dass keine einzelne oder juristische Person mehr als drei Prozent der Stimmrechte ausüben darf; es ist auch kein Aktionär bekannt, der mehr als drei Prozent des Kapitals hält. Allerdings sind über die Hälfte der Nestlé-Aktien heute im Besitz von so genannten institutionellen Investoren wie Pensionskassen, Fonds und Versicherungen. Auch immer mehr Nestlé-Mitarbeiter erwerben Aktien ihrer Firma.

Nestlé-Aktien sind Namensaktien, das heißt, die Aktie ist auf den Namen des Aktionärs ausgestellt, der zusammen mit der Adresse im Aktienbuch eingetragen wird. In Deutschland sind Inhaberaktien die übliche Form, weil sie einfacher zu handeln sind. Während Inhaberpapiere durch Einigung und Übergabe einfach verkauft werden können, muss bei Namensaktien jeder Aktionärswechsel ins Aktienbuch eingetragen werden, und die Umschreibung kann zwei bis drei Wochen dauern. Namensaktien haben für das Unternehmen aber den Vorteil, dass es seine Aktionäre namentlich kennt und somit auch mit ihnen in Kontakt treten kann. Diesen Vorteil für die Investor Relations-Arbeit haben inzwischen auch immer mehr deutsche Unternehmen erkannt.

Bei Nestlé gab es Namensaktien bereits seit 1956. Sie bildeten zwei Drittel des Aktienkapitals, das andere Drittel waren Inhaberaktien. Damals hatte man in den Statuten festgelegt, dass nur Schweizer Bürger oder Schweizer Institutionen diese Namensaktien erwerben durften; dadurch wollte man den schweizerischen Charakter des Unternehmens garantieren. Das eine Drittel Inhaberaktien durfte jedermann erwerben. Inhaberaktien und Namensaktien hatten beide den gleichen Nennwert. Da der Markt für Namensaktien jedoch nur auf einen bestimmten Kreis beschränkt war, lag der Kurs für diese Aktien nur ungefähr bei der Hälfte des Kurses für Inhaberaktien.

Als Helmut Maucher das Unternehmen führte, setzte er durch, dass auch Ausländer Nestlé-Namensaktien kaufen dürfen. Im November 1988 beschloss der Verwaltungsrat eine entsprechende Satzungsänderung, die an den Schweizer Börsen großes Aufsehen erregte.

Maucher war davon überzeugt, dass ein Unternehmen, das seine Produkte in alle Welt verkauft, auch jedermann die Möglichkeit geben muss, die Aktien des Unternehmens zu erwerben. Allerdings war er sich ebenso sehr bewusst, wie heikel diese Umwandlungsaktion sein würde. Sie musste überraschend erfolgen, ohne dass vorher die kleinste Andeutung an die Öffentlichkeit drang. Deshalb bereitete er alles mit seinem damaligen Generaldirektor Finanzen und mit einigen wenigen Mitarbeitern vor, deren Namen genau erfasst waren. Noch heute ist er stolz darauf, dass es zu keinem Informationsleck kam. Der Verwaltungsrat wurde erst in der allerletzten Phase eingeweiht und stimmte einhellig der Maßnahme zu.

Als Folge der öffentlichen Erklärung, dass jedermann Namensaktien erwerben könnte, stieg der Kurs der Namensaktien innerhalb einer Stunde von 4000 auf ca. 6000 sfr an, während der Kurs der Inhaberaktie von 9000 auf 6500 sfr sank. Das hatte Maucher erwartet, aber er hatte keine andere Wahl. Nestlé versuchte den Aktionären zu erklären, dass der Gesamtkurs bald wieder steigen und die Lage somit bereinigen würde. Das ist dann auch der Fall gewesen. Das Unternehmen führte schon bald darauf einen Aktiensplit im Verhältnis von eins zu zehn durch, und die Aktie, die dann 700 sfr wert war, stieg schon bald wieder auf über 1000 sfr. Heute liegt sie bei knapp 3500 sfr. Wer damals also einen Verlust von 2000 sfr pro alter Inhaberaktie hinnahm, hat bis heute einen Wertzuwachs von 23 500 sfr. Das dürfte die meisten Aktionäre inzwischen getröstet haben.

Auch heute noch liegt der Großteil der Nestlé-Aktien in Europa. 53 Prozent der Aktionäre sind Schweizer, 13 Prozent Franzosen, acht Prozent Deutsche und sechs Prozent Briten. Nur zwölf Prozent der Aktien befinden sich in den USA und weitere acht Prozent in anderen außereuropäischen Ländern. Gehandelt wird die Nestlé-Aktie heute an den Börsen von Genf, Zürich, Wien, Amsterdam, Brüssel, Frankfurt, London, Paris und Tokio.

Bei einem Kurs von knapp 3500 sfr für eine Aktie im Nennwert von zehn sfr ist die Nestlé-Aktie für viele Kleinanleger einfach zu teuer. Brabeck würde eine weitere Stückelung auf einen Nennwert von einem Schweizer Franken begrüßen, um die Nestlé-Aktie für breitere Bevölkerungsschichten zugänglich zu machen. Doch nach dem Schweizer Aktiengesetz ist ein Mindestnennwert von zehn sfr vorgeschrieben.

Chancen und Risiken der breiten Aktienstreuung

Eine breite Streuung des Aktienkapitals hat den herausragenden Vorteil, dass die Unternehmensleitung ihre Entscheidungen unabhängig treffen kann. Wenn ein Großteil des Kapitals von Aktiengesellschaften bei einem Großaktionär liegt, besteht immer die Gefahr, dass dieser sich in das Geschäft einmischt und seine eigenen Interessen gegen die des Unternehmens durchsetzt. Auf der anderen Seite besteht bei einer breiten Kapitalstreuung aber die andere Gefahr, dass irgend jemand versucht, die Mehrheit der Aktien unbeobachtet aufzukaufen und so das Unternehmen an sich zu reißen. Um einem solchen Fall vorzubeugen, hat Nestlé die bereits angesprochene Beschränkung der Stimmrechte auf Generalversammlungen auf drei Prozent eingeführt. Außerdem dürfte der Wert des Aktienkapitals inzwischen eine solche Größenordnung erreicht haben, dass sich wohl kaum noch jemand eine so genannte feindliche Übernahme von Nestlé leisten könnte.

Shareholder Value, das heißt bei Nestlé vor allem Wertzuwachs auf lange Sicht. In den grundlegenden Management- und Führungsprinzipien von Nestlé heißt es:

»Nestlé will im Interesse seiner Aktionäre Werte vermehren. Das Unternehmen zielt jedoch nicht auf eine kurzfristige Maximierung von Gewinn und Aktienwert auf Kosten einer erfolgreichen langfristigen Unternehmensentwicklung ab. Nestlé ist sich jedoch der Notwendigkeit bewusst, jedes Jahr einen ordentlichen Gewinn zu erzielen.«

Brabeck formuliert es so: »Niemand ist blind gegenüber den aktuellen Realitäten der anspruchsvollen Finanzmärkte, um die sich auch in gesteigertem Maße gekümmert wird. Dabei sollen im Interesse der privaten und institutionellen Aktionäre die kurzfristigen Anforderungen der Finanzmärkte mit den langfristigen Rentabilitäts- und Wachstumszielen in Einklang gebracht werden.«

Der Wirtschaft wird oft nachgesagt, sie sei unmenschlich geworden, weil alles zugunsten des kurzfristigen Profits geopfert würde. Dazu Brabeck: »Wie lange könnte eine Unternehmensleitung sich wohl den Luxus leisten, die Unzufriedenheit der Verbraucher, Lieferanten, Angestellten und Behörden zu ignorieren, nur um seinen Aktionären ein gutes Ergebnis zu präsentieren? Wenn es zutrifft, dass eine zunehmend globale Wirtschaft neue Strukturen und ein tieferes Bewusstsein kommerzieller und industrieller Leistung erfordert, dann ist es nicht minder zutreffend, dass auf lange Sicht – und das ist die Nestlé-Sicht – nur die Unternehmen, denen die Gratwanderung zwischen den verschiedenen Bedürfnissen gelingt, in der Lage sein werden, ihr Ziel zu erreichen.«

Auch für Helmut Maucher sind die falschen Beurteilungen langfristiger Investitionen eine Fehlerquelle.

»Da fehlt es heute am meisten. Das liegt einerseits an den modernen Karriereopportunisten, die inzwischen auf vielen Managementstühlen hocken, und andererseits an den Financial Pressures. Da tummeln sich Leute, von denen viele erst 25 Jahre alt sind und die noch nie eine Fabrik von innen gesehen haben, die Bilanzanalysen machen und die uns tolle Ratschläge geben, was wir alles tun sollen. Ich höre mir jeden an, aber wenn der Blödsinn quatscht, dann werde ich ihm sagen, dass es Blödsinn ist.

Viele dieser Kerle spielen am liebsten Jo-Jo mit uns, denn jeder muss am Jahresende zeigen, dass die Performance seiner Papiere um ein paar Prozentbruchteile besser war als die seines Kollegen. Das verführt zu diesen kurzfristigen Maximierungen und Optimierungen innerhalb des Kapitalmarktes. Dagegen werden die industriellen Prozesse und die damit verbundenen Investitionsentscheidungen eher länger. Deshalb müssen wir standhalten, aber das können einige Unternehmen nicht mehr. Manche haben auch den Finanzleuten zu viel Macht überlassen, die natürlich völlig in den Händen dieser Investment-Typen sind. Davon geht eine echte Gefahr für die Unternehmen aus und auch eine Gefahr für den Kapitalismus, also für viel weiter gehende Dinge. Dagegen wehre ich mich. Wenn man längerfristig denkt und nicht diese kurzfristigen Maximierungen anstrebt, versöhnt man auch in viel stärkerem Maße manche Konflikte.

Wenn man längerfristig denkt, denkt man auch mehr an das Image des Unternehmens. Ich denke dabei an Ethik, an Umwelt, an Forschungsinvestitionen, an Perspektiven, die die Mitarbeiter motivieren, an langfristige Personalentwicklung. Alles das ist mit seinen langfristigen Folgewirkungen für die Zukunft des Unternehmens entscheidend, aber all diese Punkte bringen nichts in den nächsten drei Monaten.

Heute ist zum Teil die Tendenz da, dass manche Unternehmensvorstände kurzfristig die Gewinne maximieren und langfristig fast das Unternehmen kaputt machen. Solche Leute habe ich auch verschiedentlich bekämpft. Inzwischen gibt es schon wieder langfristige Investoren, gute Leute, die den Sinn langfristiger Investitionen einsehen und ihre Unternehmen auch wieder langfristig begleiten.

Manche Unternehmen tätigen ja auch keine Akquisitionen mehr, zumindest keine großen, weil sie sagen, das verwässert kurzfristig den Gewinn und senkt den Aktienkurs. Dafür beziehen sie dann nämlich von den Finanzanalysten Prügel. Sie sind nicht bereit, das zu ertragen, obwohl sie langfristig das Richtige getan hätten.«

In der derzeitigen Diskussion zum »Shareholder Value« werde manchmal vergessen, dass zufriedene und treue Kunden langfristig die stabilste Basis für den Wert eines Unternehmens sind, meint Brabeck. »In der Food-Sparte sind gut kommunizierte Marken Mittel und Wert an sich; für ein Unternehmen wie Nestlé sind sie wertvoller als Gebäude und Maschinen.«

Dass Nestlés Bemühen um eine langfristige Wertsteigerung erfolgreich ist, belegen folgende Zahlen: Der Wert der an der Börse notierten Nestlé-Aktien ist in der Zeit von 1987 bis 1997 von 24 Mrd. auf 55 Mrd. sfr gestiegen. Ende 1999 erreichte der Börsenwert bereits 117 Mrd. sfr. Das bedeutet also fast eine Verfünffachung vom Jahre 1987 bis heute. Und seit 1990 ist die Dividende von 19,8 auf 43,0 sfr je Aktie angehoben worden.

Gute Noten aus Finanzkreisen

Aktien von Nahrungsmittelherstellern gelten in der Regel als krisensicher. Gegessen und getrunken wird immer und überall auf der Welt, und die Bevölkerungszahl nimmt stetig zu. Trotzdem wurden die Aktien dieser Branche im Jahre 1999 an den Börsen eher vernachlässigt. Während zum Beispiel der gesamte Aktienindex an der Wall Street im Jahresverlauf um rund 23 Prozent anstieg, fiel der Dow Jones-Branchenindex für Nahrungsmittel und Getränke um etwa 14 Prozent zurück. Die großen Nahrungsmittelproduzenten konnten das Kursniveau ihrer Aktien vom Beginn des Jahres 1999 nicht bis zum Jahresende halten – einzige Ausnahme war Nestlé. Ende Dezember lag der Kurs der Nestlé-Aktie mit 2917 sfr um vier Prozent über dem Wert vom Jahresbeginn, während Danone einen Rückgang von sieben Prozent verzeichnete, Sara Lee um 21,5 Prozent, H.J. Heinz um 30 Prozent, Unilever um 24,5 Prozent und Philip Morris gar um 55 Prozent.

Zu den Gründen für die Vernachlässigung der Aktien der großen Nahrungsmittelhersteller bei den Investoren gehörten die seit Jahren andauernde Konsumschwäche in Europa, der Verdrängungsprozess im Einzelhandel, auf den die Lebensmittelproduzenten angewiesen sind, und schließlich die Wirtschaftskrisen in Asien, Lateinamerika und Russland. Außerdem herrschte an den Börsen der Trend, sich lieber in High-Tech-Werten, vor allem aus dem Informationstechnologie-Bereich, zu engagieren, wo man hoffte, schneller Geld zu verdienen.

Inzwischen setzen immer mehr Bankhäuser die Aktien der Nahrungsmittelhersteller wieder auf ihre Empfehlungslisten. Sie gehen davon aus, dass noch beträchtliches Kurspotenzial besteht, einerseits weil der Anlegertrend wieder zu den konservativen Werten hingeht und andererseits weil sich auch auch das wirtschaftliche Umfeld gebessert hat. Die Weltwirtschaft entwickelt sich positiv, auch in Südostasien zeigen sich Signale der Erholung.

Von dieser weltwirtschaftlichen Erholung werden vor allem die Aktien der Nahrungsmittelhersteller profitieren, deren größtes Wachstumspotenzial in den Schwellenländern liegt, darin sind sich die Analysten einig. Denn dort lassen sich die höchsten Zuwächse erzielen, und Nestlé ist gerade dort im Vergleich zu den Wettbewerbern besonders weit vorangeschritten: Der Konzern macht bereits rund ein Drittel des Umsatzes in diesen sich entwikkelnden Ländern. Auch hat sich Nestlé während der Asienkrise nicht – wie andere – aus kurzfristigen Überlegungen heraus aus dieser Region zurückgezogen, sondern die Zeit genutzt, die Marktanteile auszubauen. Aus diesen Gründen steht Nestlé bei den Empfehlungen von Analysten immer viel weiter vorn als die Konkurrenten der Branche. Positiv wird auch beurteilt, dass Nestlé den notwendigen Restrukturierungsprozess des Konzerns bereits weit vorangebracht hat und dieser inzwischen Früchte trägt. Das belegen die jüngsten Zahlen des Geschäftsjahrs 1999. Die Wettbewerber beginnen zum großen Teil erst jetzt mit ihrer Restrukturierung.

Menschen statt Systeme

Für Maucher stand von Anfang an der Mensch als Mitdenker und Mitarbeiter im Vordergrund. Auch heute sagt er noch: »Eine Fähigkeit ist für mich immer wieder wichtig, die Personalführung, also die Entwicklung von Leuten, die Motivation von Leuten, diese Dinge, denen immer wieder, auch aus Zeitgründen, nicht die nötige Aufmerksamkeit gewidmet wird. Obwohl es jedem einleuchten muss, dass dies das Wichtigste ist, denn alles wird ja über Menschen gemacht. Wenn Sie die richtigen Leute haben, dann machen die auch die richtigen Sachen, so einfach ist das.«

Die starke Fokussierung auf den Menschen, den Mitarbeiter und die Führungskraft hält Maucher für eine ganz entscheidende, wenn nicht die entscheidende Komponente des langfristigen Erfolges. Sie steht ganz oben in seinen Führungsprinzipien. Um den jüngeren Mitarbeitern eine Orientierung an die Hand zu geben, hatte Maucher während eines Urlaubs »Die grundlegenden Management- und Führungsprizipien von Nestlé« zu Papier gebracht. Die Broschüre wurde im Jahre 1997, als Maucher den CEO-Posten an Brabeck abgab, veröffentlicht und weltweit in allen Nestlé-Niederlassungen verteilt.[2]

Natürlich weiß auch Maucher um die Notwendigkeit und den Wert von Systemen und Methoden in einer komplexen Organisation. Aber diese Systeme sollen bei Nestlé Führungs- und Operationshilfen bleiben und dürfen nicht Selbstzweck werden. Viel wichtiger sind die Schulung und Weiterentwicklung der Mitarbeiter und die Beziehungen zu ihnen. Die persönliche und Arbeitsatmosphäre, ein direkter und persönlicher Führungsstil, die Glaubwürdigkeit

2 Die Management- und Führungsprinzipien werden im Anhang in ihrem vollständigen Wortlaut wiedergegeben. Inzwischen wird bei Nestlé für die Leistungsbewertung, insbesondere bei Führungskräften, der Grad der Umsetzung dieser Grundsätze mit einbezogen.

der Führungskräfte, der Umgang miteinander, auch über Ländergrenzen und Betriebseinheiten hinweg, alle diese Dinge haben bei Nestlé einen hohen Stellenwert, werden gepflegt und sind im Bewusstsein, insbesondere der Führungskräfte, fest verankert.

Was das heißt, erfährt man oft eher beiläufig. So freute sich eine Sekretärin, die eigentlich nur selten mit Helmut Maucher Kontakt hatte, dass er nicht nur ihren Namen wusste, sondern sich auch noch nach dem Gesundheitszustand ihres Mannes erkundigte, der eine Zeit lang schwer krank gewesen war. Sie hätte nie damit gerechnet, dass der oberste Chef solche Details überhaupt wahrnimmt oder sich gar merkt. Wie eng die Nestlé-Mitarbeiter miteinander verbunden sind, erkennt man auch, wenn sich zwei von ihnen zum ersten Mal begegnen. Sie haben über Dritte schon voneinander gehört, und sie haben mit großer Sicherheit gemeinsame Freunde oder Bekannte bzw. Kollegen, die sich vor ihnen oder nach ihnen in der gleichen Niederlassung befanden oder Unterlagen erstellt haben, mit denen sie nun weiterarbeiten. Oft existieren auch engste Arbeitskontakte rund um den Globus, ohne dass man sich je von Angesicht zu Angesicht gegenüberstand.

Wenn Maucher sagt, dass Führungskräfte sich ständig bemühen sollten, bessere Voraussetzungen für mehr Vertrauen zu schaffen und ihren Leuten einen gewissen Vertrauensvorschuss zu geben, beruft er sich gerne auf das bekannte Goethe-Wort: »Wer die Menschen behandelt, wie sie sind, macht sie schlechter – wer die Menschen aber behandelt, wie sie sein könnten, macht sie besser.« Natürlich verlangt er auch, dass die Mitarbeiter mit dieser Freiheit vernünftig umgehen. Dazu bedarf es einer klaren Vorstellung davon, was das Unternehmen im Allgemeinen will und anstrebt. Auf diese Weise stellte Maucher sicher, dass die Führungskräfte mit dezentraler Verantwortung dem starken Dezentralisierungsgrad von Nestlé auch gewachsen sind.

In einem 1999 protokollierten Gespräch erläuterte Maucher, wie stark sich das Tempo auch bei personellen Entscheidungen gewandelt hat:

»Kürzlich habe ich noch zu Peter Brabeck gesagt, dass ich akzeptiere, wenn er sich entschließt, in dieser neuen, viel rascheren Veränderungen unterworfenen Zeit auch Führungspositionen konsequenter umzubesetzen, sobald es notwendig ist. Früher konnte man zwei, drei Jahre warten, denn die Welt lief langsamer, und Entscheidungen wurden von uns, mich eingerechnet, eher zu spät getroffen. Obwohl ich in einigen Fällen früh gesagt habe, Kinder, das geht nicht, ändert das, hatte ich Verständnis dafür, dass man wartete. Das ist menschlich sehr anständig und sehr zu schätzen, wenn man aus Loyalität einen lieb gewordenen Kollegen nicht gleich ablösen will. Er macht das heute entschiedener als ich, und das muss er, weil jetzt die Zeitläufe andere sind.

Jeder Chef muss heute mehr als früher jeden Tag neu überlegen: Wie steuere ich das Schiff, wie muss ich nicht nur den Kurs, sondern auch die Mannschaft und die Bauart anpassen, was ist obsolet geworden? Das ist unvermeidlich. Diese Veränderungen rechtzeitig konsequent vorzunehmen, ohne die menschliche Seite zu verlieren, das sind die schwierigen Gratwanderungen. Gewisse Grundelemente der Unternehmenskultur, auch Führungsprinzipien, werden wahrscheinlich bleiben, andere müssen sich wandeln, entsprechend den Erfordernissen und dem Zeitgeist.«

Wie sehr sich dieser Wandel beschleunigt, zeigt das Beispiel von Hans G. Güldenberg. Nach weniger als drei Jahren an der Spitze von Nestlé Deutschland musste er den Platz räumen, weil er nicht genügend Rendite erwirtschaftet hatte. Auch sollen Verfehlungen im Umgang mit Mitarbeitern eine Rolle gespielt haben. Güldenberg wurde zur Nestlé-Tochter, die für Russland, Weißrussland und Kasachstan zuständig ist, versetzt. Hans Güldenberg war erst Anfang 1997 zum Nestlé-Konzern gekommen. Seine berufliche Laufbahn hatte er 1969 bei der deutschen Unilever als Product- und Sales-Manager begonnen und war 1988 als Vorsitzender der deutschen Geschäftsleitung zum Marktforschungsinstitut A.C. Nielsen gewechselt. Von dort kam er zu Nestlé. Was ihm wahrscheinlich von Anfang an gefehlt hat, war der »typische Stallgeruch«.

Zum Nestlé-Führungsstil gehört auch die bewusst internationale Zusammensetzung des Managements, und zwar nicht nur in der Schweiz, sondern in möglichst vielen Märkten, bei gleichzeitiger starker Forcierung und Entwicklung von lokalen Führungskräften.

In der Zentrale in Vevey in der Schweiz arbeiten heute 1600 Menschen aus mehr als 60 Nationen miteinander; die sieben Generaldirektoren kommen aus sechs Nationen und davon nur zwei aus der Schweiz.

Bei der Auswahl der Führungskräfte spielt für Nestlé neben Intelligenz, Ausbildung und Erfahrung die allgemeine Persönlichkeit eine wichtige Rolle. Dabei geht es um Charakter, Verantwortungsgefühl und moralische Qualitäten, aber auch um Mut, Nerven und Gelassenheit, Lernfähigkeit, Sensibilität für Neues, Vorstellungsvermögen für die Zukunft. Dazu gehört ein waches Interesse für alles, was auf der Welt vorgeht, und eine ständige Neugier bei Gesprächen, Kontakten und Reisen. Wichtig sind außerdem Kommunikations- und Motivationsfähigkeit nach innen und außen, Fähigkeit zur Schaffung eines innovativen Klimas, Denken in Zusammenhängen sowie Glaubwürdigkeit. Zur Führungsqualität gehören auch Internationalität und Bereitschaft zur Veränderung.

Nestlé legt Wert darauf, dass sowohl lokale Kräfte entwickelt werden und Verantwortung übernehmen als auch internationale Führungskräfte im jeweiligen Managementteam vertreten sind. Dadurch wird mehr Erfahrung und mehr Vielfalt in einer Direktion angesiedelt, was für das Geschäft nur gut sein kann.

Job-rotation hält Helmut Maucher in einem gewissen Umfang für notwendig, um die Führungskräfte auszubilden und zu entwikkeln und in die Managementteams wieder frische Ideen einzubringen. Andererseits sollten seiner Ansicht nach die Bedeutung der Kontinuität in der Führung sowie der Wert von Erfahrung und Kenntnissen, die man bei einer bestimmten Aufgabe erst sukzessive erhält, nicht unterschätzt werden. Ein wichtiger Aspekt ist für ihn die langfristige Sicherung der Führung durch ständige Einstellung und Entwicklung von Trainees besonders in den größeren

Märkten, die dann nach zehn bis fünfzehn Jahren für Führungsaufgaben zur Verfügung stehen.

Maucher hat immer großen Wert darauf gelegt, den Personalaspekten auch im Rahmen von Firmenübernahmen Rechnung zu tragen. Eine Eingliederung ist seiner Erfahrung nach am erfolgreichsten, wenn Denken und Handeln der fusionierenden Unternehmen verwandt sind. Der Erfolg hänge aber auch von der Bereitwilligkeit ab, mit der die wichtigsten Führungskräfte des übernommenen Unternehmens diese Tatsache akzeptieren. Maucher suchte deshalb nach Möglichkeit Zustimmung zu erreichen; feindlichen Übernahmen, das heißt Firmenkäufen, die von den Verantwortlichen des Unternehmens abgelehnt werden und erst nach langwierigen Auseinandersetzungen zustande kommen, stand er grundsätzlich negativ gegenüber.

Ausbildung als Chance

Nestlé hat der Ausbildung immer große Bedeutung beigemessen, und Maucher hat diese Anstrengungen verstärkt. Jeder Mitarbeiter soll die Chance haben, seine natürlichen Begabungen, seinen Wunsch zu lernen, aber auch seine Entschlossenheit unter Beweis zu stellen, um eine seinem Einsatz und seinen Kenntnissen entsprechende Stellung zu erlangen. So kann jeder Mitarbeiter, gleich welcher Nationalität, nach den höchsten Aufgaben streben, sofern er über die notwendigen Fähigkeiten und Erfahrungen verfügt.

Maucher hat gesehen, dass es nicht mehr genügt, den Mitarbeitern Gelegenheit zur Erweiterung ihres beruflichen Hintergrunds durch eine individuelle, sporadische und häufig improvisierte Ausbildung zu geben. Diese muss in kontinuierlicher, gemeinschaftlicher und systematischer Weise erfolgen – eine Aufgabe, die von ihrer Wichtigkeit her Forschung und Entwicklung in nichts nachsteht. Die ständigen Fortschritte in der Wissenschaft, die technologische Entwicklung und die Veränderungen der Weltwirtschaft ebenso wie die gewandelten Strukturen des Unternehmens, dessen Tätigkeitsbereiche im Rahmen seines raschen Wachstums immer mehr aufgegliedert werden, erfordern eine Aus- und Weiterbildung nach einheitlichem Gesamtplan.

Unterschieden wird dabei – sowohl am Hauptsitz in Vevey als auch bei den Niederlassungen in der Schweiz wie im Ausland – zwischen der Ausbildung neuer Mitarbeiter und den Fortbildungskursen für den Führungsnachwuchs. Neueingestellte nehmen an Einführungskursen teil, die genau auf sie zugeschnitten sind. Nach dieser einführenden Information beginnen zahlreiche neue Mitarbeiter ein- bis zweijährige Praktika. Mitarbeiterinnen und Mitarbeiter, deren Ausbildungsstand allgemein verbessert werden soll, besuchen Weiterbildungskurse. Erprobte Angestellte wiederum können ebenfalls Weiterbildungsprogramme absolvieren, um zusätzliche Kenntnisse zu erwerben, beispielsweise in Mitarbeiterführung oder Betriebsleitung. Daneben gibt es Möglichkeiten, das Gelernte in Wiederholungskursen aufzufrischen, die den inzwischen eingetretenen Fortschritten Rechnung tragen.

Niemals mit dem zufrieden sein, was man weiß, unablässig zu lernen, ist einer der Grundsätze, die Maucher für seine Mitarbeiter vorgab. 1989 hat Helmut Maucher beschlossen, das bereits seit 1963 bestehende Nestlé-Ausbildungszentrum mit Investitionen von über 30 Mio sfr auszubauen. Inzwischen absolvieren jährlich bis zu 2000 Nestlé-Manager aus aller Welt ein- oder zweiwöchige Kurse und Seminare im »Centre international de Rive-Reine« in La Tour-de-Peilz bei Vevey. Es ist das Vorbild für die Arbeit in den Ausbildungszentren der einzelnen Märkte und sorgt für die gewünschte Einheitlichkeit der Schulung.

Es kam Maucher darauf an, die besten Mitarbeiter Nestlés zu fördern. Diese Strategie hatte für ihn Priorität. Doch es ging für ihn nicht nur darum, die Mitarbeiterinnen und Mitarbeiter beruflich voranzubringen, sie sollten auch die Unternehmenskultur Nestlés, die dem Haus eigene Lebens- und Denkweise, den besonderen Stil aufnehmen. In Vevey können mehr als nur Marketing- oder Verfahrenstechniken gelernt werden; hier lernt der Führungsnachwuchs aus aller Welt auch die Führungsmannschaft der Zentrale kennen, da Direktoren und Spezialisten Seminare leiten, Vorträge halten, persönliche Kontakte knüpfen und auch bei Veranstaltungen außerhalb der eigentlichen Ausbildungszeit erscheinen. Die Kursteilnehmer können sich so ein konkretes Bild vom Hauptsitz der Nestlé-Gruppe, ihrer Führungsorgane und der Aufgaben machen, die diese wahrnehmen müssen. Last but not least begegnen sich hier Nestlé-Mitarbeiter aus aller Welt und können ihre Erfahrungen während der Ausbildung austauschen.

Neben dieser kollektiven Schulung hat natürlich die individuelle Ausbildung nicht an Bedeutung verloren. Die praktische Schulung unter der Verantwortung des direkten Vorgesetzten behielt für Maucher ihren Wert, genauso wie systematische Praktika, Vertretungen, Sonderaufgaben sowie Versetzungen.

Die Führungskräfte eines internationalen Unternehmens müssen jederzeit vom Hauptsitz in die Märkte wechseln können und umgekehrt. Natürlich lässt sich das Führungspersonal nicht von einem auf den anderen Tag neu schaffen; doch man kann durch kluge Wahl geeignete Mitarbeiter mit Führungsqualitäten fördern und ihnen behilflich sein, die grundlegenden theoretischen Kenntnisse zu erwerben.

Für Maucher war es immer besonders wichtig, die Wachablösung auf den Schlüsselpositionen der Gruppe gründlich vorzubereiten. Dazu ist es erforderlich, rechtzeitig die notwendigen Entscheidungen hinsichtlich Auswahl und Ausbildung zu treffen. Er bemühte sich, im Rahmen des Möglichen, Führungspositionen eher durch interne als externe Rekrutierung zu besetzen. Das trägt zu einer gewissen Einheit und darüber hinaus zu einer frühzeitigen Auswahl bei.

Bereits 1957 hat Nestlé in Zusammenarbeit mit der Universität Lausanne das Institut für Unternehmensführung (Institut pour l'Étude des Méthodes de Direction de l'Entreprise; IMEDE) gegründet. Das Institut, das grundsätzlich ein abgeschlossenes Hochschulstudium und beträchtliche praktische Erfahrung für die Zulassung voraussetzt, steht allen Kandidaten offen, ungeachtet ihrer Nationalität oder beruflichen Herkunft aus Industrie, Handel, Finanzwirtschaft oder Verwaltung. Maucher hat immer Wert darauf gelegt, dass Nestlé-Mitarbeiter an den IMEDE-Kursen teilnehmen, weil sie so Kollegen aus anderen Branchen kennen lernen und auch fachlich über den Tellerrand hinaus blicken.

Im Jahre 1989 wurde das IMEDE mit dem von der Alcan Aluminium of Canada geschaffenen International Management Institute (IMI) in Genf fusioniert. Das so entstandene Institute for Management Development (IMD) in Lausanne gehört inzwischen neben dem Institut Européen d'Administration des Affaires (INSEAD) in Fontainebleau bei Paris zu den bedeutendsten Ausbildungsstätten für Manager in Europa. Zusammen mit einem Dutzend anderer Unternehmen kann Nestlé seinen Managern hier eine Ausbildung auf internationalem Niveau bieten.

Im Gespräch sagte Brabeck zu mir: »Eines der Hauptziele unseres internationalen Trainingszentrums ist auf der einen Seite natürlich das kontinuierliche Lernen, was ja heute sehr, sehr wichtig ist. Was Sie heute auf der Universität gelernt haben, ist in sechs Jahren vollkommen outdated, wie man so schön sagt. Noch wichtiger ist für uns in diesem internationalen Trainingszentrum, dass die Leute aus der ganzen Welt einmal das Topmanagement von Vevey persönlich kennen lernen, dass sie mit der Nestlé-Kultur und dem Nestlé-Stil vertraut werden. Dafür unternehmen wir hier große Anstrengungen. In diesem Sinne versuche ich, und im Großen und Ganzen gelingt es mir auch, eigentlich bei jedem Seminar persönlich präsent zu sein und mit unseren Angestellten zu sprechen und zu diskutieren.«

Nach Ansicht von Brabeck wird sich der Wettbewerbsdruck künftig eher noch verstärken. Daher sei es wichtig, dass nahezu jeder Mitarbeiter des Unternehmens über eine gesunde Portion Geschäftssinn verfügt. Ausbildung und Erfahrung seien die Grundpfeiler für Kompetenzen, Fähigkeiten und vor allem persönliche Prinzipien – letztere als entscheidendes Auswahlkriterium. In einer Wissensgesellschaft, in der sich das Gesamtwissen der Menschheit etwa alle fünf Jahre verdoppelt, sei es nicht mehr wichtig, was man in der Vergangenheit gelernt hat, sondern inwieweit man bereit ist, auch in Zukunft weiterhin zu lernen.

»Nestlé ist bereit, die Herausforderung anzunehmen. Ich denke, wir sind gut vorbereitet, weil wir durch unser tägliches Geschäftsumfeld längst an Veränderungen gewöhnt sind«, sagte Brabeck. Bei Nestlé gebe es keine heiligen Kühe. Das gelte nicht nur für Produkte und Marken, sondern auch für das Personal. Auch in diesem Bereich müsse man sich von lieb gewordenen Gewohnheiten trennen und Dinge, die selbstverständlich waren, in Frage stellen. Das werde gewiss schwieriger sein und mehr Zeit in Anspruch nehmen, als eine Marke oder eine Fabrik zu verkaufen, weil es hierbei um Menschen geht. Aber gerade weil das so ist, müsse man sich schon jetzt auf die notwendigen Veränderungen vorbereiten.

Alle Aspekte des Personalwesens seien davon betroffen, von der Anwerbung neuer Leute über Beförderung und Vergütung bis hin zur Arbeitsorganisation und den hierarchischen Ebenen. Mehr Flexibilität soll ungeduldigen jungen Menschen ermöglichen, viel schneller voranzukommen, und zwar nicht nur vertikal, sondern auch horizontal, zu anderen Funktionen, sowohl im Mutterunternehmen als auch im Ausland. Mehr Flexibilität ermöglicht auch eine bessere Abstimmung persönlicher Präferenzen und Möglichkeiten mit den Bedürfnissen des Unternehmens. Dadurch verbessere sich auch die Situation, um mehr Frauen für Führungspositionen bei Nestlé zu gewinnen.

Dies ist ein besonders empfindlicher Punkt des Unternehmens; denn trotz mehrerer Versuche ist es bisher nicht gelungen, Frauen für die absoluten Spitzenpositionen aufzubauen. Das mag mit daran liegen, dass man es des öfteren mit Seiteneinsteigerinnen versucht hat und die internen, der Karriere dienenden Verhaltensregeln eines kollegialen Leistungswettbewerbs sich bei Nestlé doch so stark von denen in anderen Unternehmen unterscheiden, dass sich externe Mitarbeiter nur schwer darauf einstellen können.

Mit einer Ausnahme haben alle Mitglieder des General Management ihr gesamtes Berufsleben bei Nestlé verbracht, die meisten waren Market Heads in ihren jeweiligen Heimatländern, bevor sie nach Vevey gekommen sind. Diese Art von Kontinuität ist durchaus typisch für Nestlé, und sie ist keineswegs nur auf die oberste Führungsschicht begrenzt. Eine Langzeitbeschäftigung oder sogar lebenslange Beschäftigung ist bei Nestlé noch immer die Regel. Brabeck ist sich jedoch sehr wohl darüber im Klaren, dass die Tradition unter den Nestlé-Mitarbeitern, dem Unternehmen vom Beginn ihrer Lehrzeit oder als Hochschulabgänger bis zum Ruhestand treu zu bleiben, in zwanzig Jahren eher die Ausnahme sein wird. »Wir leben in einer sich schnell verändernden Welt, und selbst ein Unternehmen mit einer so starken und traditionsbewussten Unternehmenskultur wie Nestlé wird sich dem auf Dauer nicht entziehen können.«

Zunehmend werde die Handlungsgeschwindigkeit zum Maßstab der Effizienz. Das treffe nicht nur auf Produkte, sondern auch auf Menschen zu. In einer solchen Umwelt werde es allmählich schwierig, von Anfang an immer das Richtige zu tun. Das »just-in-time«-Prinzip, das man bereits von der Zulieferkette her kennt, wird in Zukunft auch die Suche nach neuen Arbeitskräften beeinflussen: ganz bestimmte Fähigkeiten und Kompetenzen werden zu ganz bestimmten Zeitpunkten benötigt. Der Arbeitsmarkt wird dementsprechend flexibler. Das erfordert permanente Anpassungsbereitschaft und -fähigkeit, und dies nicht nur vom einzelnen Mitarbeiter, sondern vom gesamten Unternehmen.

Die traditionellen Muster für Beschäftigung und Hierarchie werden sich nach Überzeugung von Brabeck ändern. Der Unterschied zwischen abhängiger Beschäftigung und Selbstständigkeit werde allmählich insofern verblassen, als viele Fachleute während ihres Berufslebens von einem Arbeitgeber zum nächsten wechseln werden, einmal als Angestellte, das andere Mal als Auftragnehmer. Eine flexible Vergütung werde in diesem Zusammenhang eine größere Rolle spielen und auch deutlich leichter akzeptiert werden.

»Die kleineren Arbeitgeber entwickeln sich in diesem Kampf um Talente langsam aber sicher zu Konkurrenten für die größeren Unternehmen. Im Moment hat Nestlé tagtäglich mehr brauchbare Bewerber, als wir jemals engagieren könnten. Das wird aber nicht zwangsläufig so bleiben, und wir werden in Zukunft darum kämpfen müssen, die Besten von ihnen für uns zu gewinnen; denn die Kandidaten von morgen werden anspruchsvoller sein als die von heute. Junge Absolventen, die frisch in den Arbeitsmarkt eintreten, sind nicht mehr an vertikale Strukturen gewöhnt, sie wollen in einem offenen Umfeld arbeiten. Solche Bedingungen lassen sich oft leichter in kleinen als in großen Unternehmen antreffen.«

Schlanke Strukturen sind laut Brabeck nicht nur unter Kostengesichtspunkten unentbehrlich; sie ermöglichen auch, ein Ambiente zu schaffen, das unternehmerisch denkende Leute anlockt. Junge und talentierte Fachleute werden immer knapper, während gleichzeitig die Arbeiterschaft immer älter wird. Die besten und erfolgreichsten der jungen und mittelalten Kandidaten für sich zu gewinnen und sie auf lange Sicht im Unternehmen zu halten, entwickelt sich zu einer immer schwierigeren Aufgabe, insbesondere da attraktive Vergütungspakete ihnen einen gewissen individuellen Wohlstand bringen, der ihnen wiederum die zusätzliche Freiheit für Veränderungen auf ihrem Karriereweg gibt. Arbeitgeber müssen eine dauerhafte Attraktivität sowie ein erstklassiges Image von sich als Arbeitgeber entwickeln und vermitteln.

Auch die traditionellen Hierarchiemuster verändern sich: Es reicht nicht mehr aus, nur der Boss zu sein, um Autorität zu verkörpern. Führungspersönlichkeiten werden aufgrund ihrer Erfahrung und Fähigkeit anerkannt, eine Vielzahl von Kompetenzen und Meinungen aufeinander abzustimmen und Ziele zu stecken, für die sich alle Beteiligten bedingungslos einsetzen. Das bedeutet nicht, dass fortan das Team die Entscheidungen trifft, sondern dass eine neue Art der Führung entsteht.

Angesichts der Vielzahl an Institutionen, die aus dem Boden schießen und in allen Berufsfeldern eine gehobene Ausbildung anbieten, entwickeln sich akademische Grade zur »commodity«

und individuelle Qualitäten gewinnen an Bedeutung. Arbeitgeber benötigen bestimmte Fähigkeiten für bestimmte Zeiträume. Diese speziellen Fähigkeiten und Kompetenzen verbessern die Geschwindigkeit und Präzision. Folglich beruht die Langlebigkeit der Berufstätigkeit in Zukunft auf der permanenten Auffrischung und Aktualisierung dieser Fähigkeiten und Kompetenzen.

Einfache Strukturen sorgen für Transparenz

Nestlé ist als Konzern in zwei Achsen organisiert, welche sich gegenseitig durchdringen, die regionale und die funktionale Achse.

Auf der regionalen Achse finden sich zur Zeit drei so genannte Zonen, in die Nestlé die Welt aufgeteilt hat. Diese Aufteilung folgt keinem ehernen Gesetz, sondern eher praktischen Erwägungen. Die Zonen sind EUR (Europa), AMS (der gesamte amerikanische Kontinent) und AOA (Asien, Ozeanien und Afrika). Geführt werden die Zonen von den Generaldirektoren Robert Raeber für Europa, Carlos E. Represas für Amerika, Kanada und Lateinamerika und Michael W.O. Garrett für Asien, Ozeanien und Afrika.

Im Verantwortungsbereich der funktionalen Achse mit den beiden wesentlichen Elementen »Strategische Geschäftseinheiten/Marketing« und »Technik/Produktion/Forschung und Entwicklung« liegen nicht nur alle wesentlichen produktstrategischen Planungen und Entscheidungen, sondern auch die effektive Unterstützung der zu den Zonen gehörenden nationalen Gesellschaften bei allen Umsetzungsfragen, ob es nun die Herstellung, die Verpackung oder die Vermarktung betrifft. Nestlé gewährleistet so den internationalen Informationsaustausch über alle nationale Grenzen hinweg, aber auch über die Grenzen der einzelnen Produkte oder Produktlinien hinaus. Außerdem befinden sich auf dieser funktionalen Achse noch Finanzen und Controlling sowie Human Resources und Corporate Affairs.

Die so genannten Strategischen Geschäftseinheiten (Strategic

Business Units, SBUs) auf der funktionalen Achse sind: Milch- und Milchprodukte, Kaffee/Getränke, Schokolade/Konfekt/Kekse, Eiskrem, Food, Petcare und FoodServices. Die Strategische Geschäftseinheit Nutrition hat Peter Brabeck-Letmathe zur Chefsache erklärt; sie ist ihm direkt zugeordnet, ebenso wie das Wassergeschäft, das unabhängig von den anderen Nestlé-Einheiten als Perrier Vittel S.A. von Paris aus geführt wird. Ebenfalls eine Ausnahme bildet der Bereich Pharma und Kosmetika.

Forschung und Entwicklung werden zentral gemanagt und sind dem Bereich Technik und Produktion unter der Führung von Rupert Gasser zugeordnet. Dieser Bereich gliedert sich wiederum in Quality Management, Engineering/Packaging, Industrial Performance/Factory Systems, Environment/Regulatory Affairs, Agriculture, Intellectuel Asset Management und Technical Personnel Coordination sowie im Forschungsbereich in das Nestlé Research Center und die Product Technology Centers mit den Research and Development Centers. Eine Sonderstellung hat die ebenfalls dazu gehörende Nestlé Nespresso S.A.

Die strategischen Geschäftseinheiten bilden das Verbindungsglied zwischen den operationalen Einheiten und den Märkten. Während die den Zonenchefs unterstellten Mitarbeiter jeweils Fachleute für die nationalen oder regionalen Märkte sind, finden sich in den strategischen Geschäftseinheiten die Fachleute für bestimmte Produkte und in dem Bereich Technik die Spezialisten für bestimmte Verfahren. Im Zusammenspiel ergeben sich daraus erhebliche Synergien, weit über den geographischen Tellerrand hinaus. Jeder aus dem Nestlé-Imperium kann jeweils die geeigneten Fachleute weltweit hinzuziehen, wenn es gilt, Probleme zu lösen oder Neues zu entwickeln.

Über Jahre hinweg waren die Manager von Nestlé überall hauptsächlich Generalisten. Das hatte zur Folge, dass sie bei regionalen Wettbewerbern, was Fachfragen anbelangt, gegenüber den Spezialisten hätten im Nachteil sein können. Deshalb entschloss man sich im Nestlé-Konzern, neben diesen Generalisten auch Spezialisten heranzuziehen und gründete die Strategischen Geschäftseinheiten.

Fritz Wieshofer ist einer der Spezialisten. Er hat schon immer im Food-Bereich gearbeitet. Zu seinen derzeitigen Aufgaben als Leiter des Strategischen Geschäftsbereichs Food gehört es, generelle Consumer Trends zu identifizieren und in Strategievorschläge für das General Management umzusetzen. Es ist sehr wichtig, zu sagen, was man tun sollte, aber fast noch wichtiger ist es, zu sagen, was man bleiben lassen sollte, erklärt er. Man muss aus Fehlern und Irrtümern in anderen Bereichen lernen und darf sie nicht wiederholen.

Die Aufgabe des Leiters einer strategischen Geschäftseinheit ist es auch, in enger Zusammenarbeit mit den Märkten darauf zu achten, dass die beschlossenen Maßnahmen entsprechend durchgeführt werden. Wieshofers Motto lautet »make it happen/verwirkliche Deine Ideen«. Um Ideen zu realisieren, bedarf es immer wieder der Anleitung und Unterstützung. Dabei ist es wichtig, dass man nicht den eigentlichen Markenkern aus den Augen verliert und eine Marke in gewisser Weise verwässert.

Nestlés Dreiteilung der Welt

Betrachtet man die Verteilung der gesamten Umsätze von Nestlé, entfallen 84 Prozent auf den Nahrungsmittelbereich und 16 Prozent auf »Andere Aktivitäten«, wozu der Bereich pharmazeutische Produkte, aber auch das Wassergeschäft und CPW, das Joint Venture mit General Mills im Bereich Frühstückszerealien, gezählt werden. Nach Zonen aufgeteilt ist bei Nestlé nur der Nahrungsmittelbereich. Europa liefert 36,3 Prozent des gesamten Konzernumsatzes, Nord- und Südamerika 29,5 Prozent und Asien, Ozeanien und Afrika 18,2 Prozent; die verbleibenden 16 anderen Aktivitäten entfallen zu unterschiedlichen Prozentsätzen auf alle Teile der Welt.

Bei den Gewinnen sieht die Verteilung schon anders aus: Das europäische Nahrungsmittelgeschäft trägt vergleichsweise wenig zum Konzerngewinn bei – nur 28,6, der amerikanische Kontinent 30,0 Prozent und die Zone Asien, Ozeanien und Afrika 23,4 Prozent. Es gibt also deutliche Unterschiede in der Rentabilität der

Geschäfte. Am schlechtesten ist die Umsatzrendite (das Verhältnis von Umsatz zu Gewinn) in Europa und am besten in der Zone Asien, Ozeanien und Afrika. Dabei gibt es natürlich innerhalb der Zonen wieder deutliche Unterschiede zwischen den verschiedenen nationalen Märkten.

Vom Umsatzvolumen her gesehen, und zwar inklusive der anderen Aktivitäten, sind für Nestlé die dreizehn wichtigsten Einzelmärkte:

1. Vereinigte Staaten mit 16,5 Mrd. sfr,
2. Frankreich mit 7,3 Mrd. sfr,
3. Deutschland mit 6,9 Mrd. sfr,
4. Großbritannien mit 4,9 Mrd. sfr,
5. Italien mit 4,0 Mrd. sfr,
6. Japan mit 3,4 Mrd. sfr,
7. Brasilien mit 2,8 Mrd. sfr,
8. Mexiko mit 2,6 Mrd. sfr,
9. Spanien mit 2,4 Mrd. sfr,
10. Australien mit 1,8 Mrd. sfr,
11. Kanada mit 1,6 Mrd. sfr,
12. Philippinen mit 1,5 Mrd. sfr und schließlich
13. Schweiz mit 1,2 Mrd. sfr.

Die Zuwachsraten in diesen einzelnen Ländern sind selbstverständlich sehr unterschiedlich und hängen auch stark von der Entwicklung der lokalen Währungen ab. 1999 lagen sie – in sfr gerechnet – zwischen plus 23,7 Prozent in Mexiko und minus 35,2 Prozent in Brasilien. In lokaler Währung entsprach das in Mexiko einem Plus von 22,1 Prozent und in Brasilien einem Minus von nur 2,4 Prozent.

Das alte Europa ist ein bisschen müde

Mit einem Nahrungsmittelumsatz von 27,1 Mrd. sfr in absoluten Zahlen und einem Beitrag von 2,7 Mrd. sfr zum Betriebsgewinn des Konzerns spielt das kleine Europa immer noch eine große Rolle im Nestlé-Konzern. Immerhin hat man schon in den ersten Jahrzehnten dieses Jahrhunderts angefangen, in den meisten europäischen Ländern zu produzieren und zu verkaufen. Heute betreibt der Konzern 156 Fabriken im europäischen Raum.

In Europa sind die Zuwachsraten aus ganz bestimmten Gründen geringer als in anderen Märkten. Wie Robert Raeber, Generaldirektor für die Zone Europa, erklärt, liegt das zum Teil daran, dass Nestlé dort mit seinen Produkten am längsten am Markt ist und deshalb in gewisser Weise der Neuheiteneffekt fehlt, der die Leute neugierig macht und den Produkten einen besonderen Wert verleiht.

Die Nestlé-Produktpalette für ein großes europäisches Land umfasst rund 4000 Produkte, von denen jedoch nur etwa 40 bis 50 – mehr oder weniger identisch – in ganz Europa verkauft werden. Zu den Marken und Produkten, die in ganz Europa und sogar auf der ganzen Welt gleich sind, gehören unter anderem KitKat und Lion, Perrier und San Pellegrino. Aber die meisten Nahrungsmittelprodukte sind von Land zu Land unterschiedlich, etwa beim Kaffee. Die Vorlieben der Verbraucher, was Mischung, Röstart etc. betrifft, gehen in Europa besonders weit auseinander. Aus diesem Grund passt man Nescafé in den verschiedenen Ländern an, behält aber gleichzeitig immer eine starke allgemeine Marke.

Firmenchef Peter Brabeck erwartet nicht, dass sich das ändern wird, selbst dann nicht, wenn der gemeinsame Markt durch eine gemeinsame Währung einen zusätzlichen Impuls erhält.

»Nahrungsmittelprodukte und Verbrauchervorlieben lassen sich durch Regionalisierung und Globalisierung nicht künstlich miteinander in Einklang bringen, ganz im Gegenteil, es existiert heute eine viel größere Differenzierung und Segmentierung in der Nachfrage als noch vor etwa zehn oder zwanzig Jahren.«

»Das alte Europa ist ein bisschen müde in Bezug auf den Konsum von Nahrungsmitteln und Getränken geworden, denn für die Konsumenten dort ist Nahrung kein zentrales Anliegen mehr«, sagt Raeber. »Der Europäer an sich ist inzwischen überernährt. Hier zählt nicht mehr die Quantität, sondern Wachstum ist nur noch im qualitativen Bereich möglich und durch schnelle Anpassung an die sich ständig wechselnden Konsumgewohnheiten.«

Was der Konsument in Europa will, ist ein Zusatznutzen der Nahrung und mehr Service. Hinzu kommt die Entwicklung hin zu immer kleineren Familien. Heute bestehen bereits mehr als 50 Prozent der europäischen Haushalte nur noch aus einer Person. Deshalb haben sich die Konsumgewohnheiten dramatisch verändert. Der Außer-Haus-Konsum nimmt stark zu und macht bereits 30 und zum Teil sogar mehr als 30 Prozent des Nestlé-Umsatzes in einzelnen europäischen Staaten aus. Das bedeutet auch, dass der Vertrieb immer weniger über den Lebensmittelhandel erfolgt, sondern immer mehr über Betriebsrestaurants und die verschiedenen Verkaufsstellen für Snacks.

Eine Folge der sinkenden Haushaltsgröße ist auch, dass die Packungen anders dimensioniert werden müssen. Statt Vier-Teller-Packungen sind heute Zwei- und Ein-Teller-Packungen gefragt.

Premiumstandort Europa

»Die Europäische Gemeinschaft mit ihrem einheitlichen Markt ist für Unternehmen wie Nestlé von großem Vorteil«, lautet Raebers Analyse. »Da der Warenfluss gewährleistet ist, kann standortunabhängig produziert werden.

Im Prinzip haben wir einen freien Warenfluss, aber es gibt zum Beispiel die Möglichkeit, aufgrund von gesundheitlichen Bedenken Importe abzuweisen. In diesem Bereich haben die Länder der Europäischen Gemeinschaft noch eine gewisse Autorität behalten, etwa wenn es um das Reinheitsgebot für Bier geht. Oft werden diese gesundheitlichen Argumente auch nur vorgeschoben, um andere Interessen zu kaschieren. Als zum Beispiel Coca-Cola in Belgien in der Krise steckte, nutzten das alle Märkte, um sich gegen belgische Produkte abzuschotten. Und während des BSE-Skandals weigerten sich Saudi-Arabien und andere Märkte im Mittleren Osten, Milchpulver abzunehmen.«

Zum Thema »Gemeinsamer Markt« bringt Brabeck gern das Beispiel des Cassis du Dijon. Crème de Cassis ist ein Likör, der aus schwarzen Johannisbeeren zubereitet wird. Im 16. Jahrhundert begannen Mönche in der Nähe von Dijon, dieses Getränk als Medizin gegen »Schlangenbisse und Elend« herzustellen. Heute trinken die Menschen es eher aus Genuss. Cassis de Dijon hat einen Alkoholgehalt von 15 bis 20 Prozent, und genau aus diesem Grund wurde es zu einem großen europäischen Problem. In den siebziger Jahren wollte ein Einzelhändler den Likör in Deutschland verkaufen. Doch der Bundesmonopolverwaltung für Branntwein missfiel diese Idee. In ihren Bestimmungen war Likör mit einem Alkoholgehalt von mindestens 25 Prozent definiert. Sie verweigerten die Zustimmung für die Einfuhr von Cassis de Dijon, weil das Produkt ihrer Meinung nach nicht dem Gesetz entsprach und somit den Verbraucher verwirren könnte.

Der Fall wurde schließlich vor den Europäischen Gerichtshof gebracht und 1979 mit einer Grundsatzentscheidung abgeschlossen. Die besagte, dass europäische Verbraucher in ihrem eigenen Land jedes Nahrungsmittelprodukt aus einem anderen Land der Europäischen Gemeinschaft kaufen können, vorausgesetzt, dass dieses Produkt entsprechend den gesetzlichen Bestimmungen des Herkunftslandes hergestellt und vermarktet worden ist. Das Prinzip der gegenseitigen Anerkennung war geboren. »Diese Entscheidung war wahrscheinlich, wenigstens für die Nahrungsmittel- und Getränkeindustrie, das wichtigste Ereignis beim Aufbau des gemeinsamen Marktes«, meint Brabeck.

Die Einführung des Euro wird nach Ansicht von Raeber erhebliche Vorteile bringen, weil Produktionsstandorte frei gewählt werden können und Währungsgesichtspunkte keine Rolle mehr spielen; es bleibt lediglich die Umrechnung Euro zum englischen Pfund.

Der Euro müsse im richtigen Kontext gesehen werden, betont

Brabeck. Dieser Kontext bestehe aus einer langen Aneinanderreihung von Schritten in einem Prozess zum Abbau von Handelsbarrieren zwischen den Mitgliedstaaten der Gemeinschaft. In diesem Prozess, von dem der Euro ein Teil geworden sei, gehe es um einen besseren Marktzugang und vor allem um mehr Wettbewerb.

Die Einsparungen von Transaktionskosten durch den Euro halten sich für Nestlé nach Einschätzung von Brabeck eher in Grenzen. Schließlich gebe es Kreditkarten und innerhalb großer internationaler Unternehmen eine Vernetzung zur Vermeidung unnötiger Transaktionen; auch habe man die Möglichkeit, mit Banken über wettbewerbsfähige Gebühren zu verhandeln. Aber Wirtschaftlichkeit ergibt sich seiner Ansicht nach auch aus vielen kleineren Einsparungen an hundert verschiedenen Fronten. Aus diesem Grund führte Nestlé vom 1. Januar 2000 an sämtliche Güter-, Dienstleistungs- und Finanztransaktionen innerhalb Europas in Euro aus.

Da mit Einführung des Euro das Währungsrisiko innerhalb der Europäischen Union wegfällt, ist Nestlé in der Lage, die Lieferstrukturen und -beziehungen besser zu überprüfen und zu modifizieren, sagt Brabeck. Durch den stärkeren Wettbewerb könne man die Kosten reduzieren, ein Vorteil, den man letztendlich mit den Verbrauchern und Kunden teile, da Nestlé gleichzeitig durch den immer stärker konzentrierten, regionalisierten oder sogar globalisierten Handel unter zunehmendem Wettbewerbsdruck stehe. So seien in seinem Heimatland Österreich die Verbraucherpreise bei den Lebensmitteln um mehr als zehn Prozent gesunken, seit Österreich der Europäischen Gemeinschaft beigetreten ist.

Ohne den Währungsaustausch zwischen den europäischen Märkten würden sich die Produktionsstruktur, die Wahl von Industriestandorten und sogar Akquisitionsprojekte verändern. Vieles davon sei bereits geschehen: Nestlé habe schon sehr früh angefangen, sich an einen gemeinsamen Europäischen Markt anzupassen, und dank der zunehmenden Spezialisierung der einzelnen Produktionszentren habe man bereits erhebliche Economies of Scale erzielen können.

Brabeck geht davon aus, dass es auf dem Europäischen Markt mehr Wettbewerb geben wird, für Nestlé, für die Lieferanten, aber auch für die Länder als Investitionsstandorte. »Wettbewerb ist der beste Antrieb für eine stärkere Konkurrenzfähigkeit von Europa als Ganzes, und diese Standortkonkurrenz könnte sich langfristig gesehen als der größte Vorteil aller positiven Entwicklungen herausstellen, die der Euro auslösen wird«, sagt er.

Osteuropa bietet gute Wachstumschancen

Nestlé hat vom Fall der Mauer in Deutschland profitiert und ist in den frühen neunziger Jahren schnell in die sich neu öffnenden Märkte Russland, Ukraine und Weißrussland eingestiegen, erst in Zusammenarbeit mit Agenturen, dann mit eigenen Fabriken. Heute hat Nestlé in Osteuropa 28 Werke und sieht dort weiter starkes Wachstum, das im Moment allerdings durch die begrenzte Kaufkraft limitiert wird. Allerdings gibt es da erhebliche Unterschiede. Während die Kaufkraft in Russland noch sehr gering ist, gleicht sie sich in Polen, Ungarn, der Slowakei, Rumänien und dem ehemaligen Jugoslawien mehr und mehr dem westeuropäischen Standard an. Ein wesentlicher Vorteil der osteuropäischen Märkte ist laut Raeber, dass Nestlé als Hersteller dort die gleichen Händler als Partner findet, mit denen das Unternehmen auch im Westen zusammenarbeitet.

Deutschland, ein ganz harter Markt

Das Gravitationsfeld von Europa hat sich nach Osten verschoben; damit ist Deutschland mehr ins Zentrum gerückt. »Deutschland ist ein ganz harter Markt«, sagt Robert Raeber. Die Foodumsätze sinken; denn hier hat man die niedrigsten Verkaufspreise für Lebensmittel in ganz Europa. In Deutschland läuft der Wettbewerb des Handels fast ausschließlich über den Preis. Allerdings müssen die Deutschen für diesen Preisvorteil auch Nachteile in Kauf nehmen. Nirgendwo in Europa sind die Supermärkte so schlecht gepflegt wie in Deutschland. Hier ist Minimalismus Trumpf. Das gilt sowohl für die Regalpflege als auch für die Kundeninformationen sowie für den Verkaufsvorgang selbst.

Deutschland ist auch das einzige Land in Europa, das die Mehrzahl der Produkte mit 99 Pfennig-Preisen auszeichnet. Wirtschaftlich sind diese Preise weder für den Verbraucher noch für den Handel; denn sie ziehen einen erheblichen administrativen Rattenschwanz nach sich. Die Millionen von Pfennigen, die täglich in und aus den Kassen herauswandern, müssen alle irgendwann gezählt und verwaltet werden. Glatte Preise, die mit einer Null enden, sind viel wirtschaftlicher.

Da die Deutschen auf Sonderangebote fixiert sind, ist die durchschnittliche Zahl der besuchten Geschäfte in Deutschland wesentlich höher als zum Beispiel in Frankreich. In Deutschland verfährt man gern einen Liter Benzin für den Preis von zwei DM, um in einem anderen Geschäft zwei Pfennig billiger einkaufen zu können.

30 Prozent des Handelsumsatzes werden in Deutschland von Discountgeschäften gemacht. Diese Discount-Welle ist in Frankreich nie angekommen. Dort hat sich der Anteil der Discounter am gesamten Handel bei fünf bis sechs, maximal zehn Prozent eingependelt. Offensichtlich wollen auch die Kunden in Großbritannien und Italien nicht über Paletten und Kartons stolpern, nur um ein Schnäppchen zu erjagen. Von der Metro abgesehen spielen die deutschen Händler nur in der zweiten Liga des Handels mit.

Asien, Ozeanien und Afrika sind Wachstumsmärkte

In der Zone Asien, Ozeanien und Afrika hat Nestlé 1999 mit Nahrungsmitteln rund 13,6 Mrd. sfr Umsatz gemacht und daraus einen Betriebsgewinn von knapp zwei Mrd. sfr erzielt. Im Gespräch erläuterte mir Brabeck die Entwicklung der vergangenen Jahre und die Zukunftschancen, die er für diese in hohem Maße inhomogene Region sieht.

Japan ist wirtschaftlich gesehen so groß wie ganze Kontinente und ein entsprechend wichtiger Markt. Nestlé hat dort eine sehr spezielle Position; die erste Fabrik in Japan wurde bereits 1936 errichtet. Laut Brabeck hat man dort ein sehr erfolgreiches Geschäft aufgebaut und ist jetzt in einer Phase, in der mehr und mehr diversifiziert wird. Diese Diversifizierung führe mehr in das Tiernahrungsmittel- und in das Wassergeschäft sowie in das Geschäft mit Schokolade und Süßwaren.

Die ASEAN-Länder werden nach Einschätzung von Brabeck in den nächsten Jahren vor allem auf der Volumenseite überdurchschnittliche Zuwachszahlen bringen. Er nimmt an, dass Nestlé im Durchschnitt dort Volumenzuwächse zwischen acht und zehn Prozent erzielen wird. Der Konzern betreibe diesen Raum vor allem von der Produktion her sehr regional, was ihm erlaube, die Märkte effizient zu beliefern.

Auch in China ist Nestlé schon seit langem tätig und hat dort inzwischen 18 Fabriken. Mittlerweile ist das China-Geschäft laut Brabeck profitabel, aber die ersten Jahre seien sehr harte Investitionsjahre gewesen. Heute erziele man zweistellige Zuwachszahlen.

Indien, also der gesamte indische Subkontinent, gehört nach den Worten Brabecks noch zu den schwierigeren Märkten, obwohl Nestlé auch dort ein gutes Wachstum erziele und das Wachstumspotenzial wahrscheinlich noch nicht voll ausgeschöpft habe. Das Problem in Indien sieht Brabeck im politischen Umfeld. In Indien sei die Grundeinstellung gegenüber den ausländischen Investoren zwiespältig. Irgendwo tief im Inneren gebe es doch noch große Vorbehalte, und diese schwankende Haltung erlaube keinen vergleichbaren großen Einsatz wie beispielsweise in China, wo die Regierung sich eindeutig hinter die Nestlé-Investitionen gestellt und auch immer wieder geholfen habe, selbst wenn Schwierigkeiten und Hindernisse auftraten.

Amerika: Jahrzehntelange Arbeit macht sich bezahlt

Auf dem amerikanischen Kontinent erzielte Nestlé im Jahre 1999 einen Nahrungsmittelumsatz von gut 22 Mrd. sfr, als Betriebsgewinn wurden 2,8 Mrd. sfr eingefahren. Über das Geschäft dort berichtete mir der verantwortliche Generaldirektor, Carlos E. Represas.

Bereits 1880 exportierte Nestlé seine Produkte sowohl nach Nord- als auch nach Südamerika. 1920 wurde in Brasilien die erste Fabrik gebaut, danach folgten weitere in Argentinien, Mexiko und Chile. Anfang der fünfziger Jahre war Nestlé in ganz Südamerika mit Produktionsstandorten präsent. Heute ist Nestlé in Südamerika das führende Nahrungsmittelunternehmen.

Als Nestlé in den zwanziger Jahren in Südamerika mit der Produktion von Kondensmilch begann, arbeitete man mit vielen kleinen Zulieferern zusammen. Nestlé leistete ihnen technische Unterstützung, um die Milchproduktion zu steigern. Heute sind viele dieser Lieferanten bereits in der dritten Generation. Nestlé wurde so auf ganz natürliche Weise zu einem glaubhaften und zuverlässigen Partner, betont Represas. Nestlé ging dabei immer wieder auf die gleiche Weise vor. Gemeinsame Interessen verbanden das Unternehmen mit der Entwicklung von lokalen Zulieferern, ja von ganzen Städten, Gemeinden und Ländern. In Argentinien werde Nestlé wie ein Mitglied der Familie betrachtet, und das sei wichtig in einer Region, in der gute Kontakte zu allen gesellschaftlichen Gruppen von entscheidender Bedeutung sind.

Auch in den USA basierte der Erfolg von Nestlé auf den grundlegenden Ideen und langfristiger Arbeit. Kontinuierliche Verbesserungen trugen dazu bei, dass Nestlé heute nach Philip Morris der zweitgrößte Nahrungskonzern in den Vereinigten Staaten ist.

Im Unterschied zu Philip Morris gehörte Nestlé in den vergangenen drei Jahren zu den am meisten geschätzten Nahrungsmittelunternehmen der USA. Das hat eine Erhebung des Magazins *Fortune* ergeben. Philip Morris wurde in der Liste von *Fortune* noch nicht einmal erwähnt. Nestlé hat in der Umfrage in allen Bereichen die besten Ergebnisse erzielt. Das betrifft sowohl die Management- als auch die Produktqualität, die Innovationskraft, den Investment Value, die Financial Soundness, generelle Fähigkeiten, soziale Verantwortung und den schonenden Umgang mit Ressourcen.

Wenn man der führende Nahrungsmittelhersteller in der Welt sein möchte, müsse man auch zu den führenden Unternehmen in den USA gehören, so Represas. Und er sagte, was ich immer wieder von den verschiedensten Nestlé-Managern gehört habe: »Es sind die Menschen, die den Unterschied machen. Sie müssen in ihren Handlungen immer den weltweiten Entwicklungen entsprechen.«

Nestlé ist ein Schweizer Unternehmen, aber heute spielt der Heimatmarkt mit 1,5 Prozent des gesamten Umsatzes nur noch eine marginale Rolle. Weil der Schweizer Markt relativ klein ist, muss ein Schweizer Unternehmen, wenn es wachsen will, von vornherein über die Grenzen des Landes hinaus gehen. Diese Tatsache hat nach Ansicht von Represas mit dazu beigetragen, dass Nestlé ein globales Unternehmen mit einem multinationalen Management geworden ist. Wie gut ein Unternehmen sich auf globale Bedürfnisse einstellen kann, erkenne man am besten daran, wie viele verschiedene Nationalitäten im Topmanagement vereint sind.

Seit dem 1. April 2000 sind in den USA alle Spitzenpositionen mit so genannten Expatriates besetzt. Das sind Nestlé-Mitarbeiter, die in verschiedenen Teilen der Welt gearbeitet haben. Die Manager anderer amerikanischer Unternehmen hätten meist die Vereinigten Staaten nie verlassen, und überhaupt hätten andere Unternehmen keine Führungskräfte mit einem so breiten Horizont.

Der Produkterfolg läuft, wie Represas erklärt, grundsätzlich in allen Ländern, aber insbesonders in den Vereinigten Staaten in zwei verschiedene Richtungen. Einerseits kommen Produkte und Marken aus dem US-Markt heraus auf den Weltmarkt und verbuchen weltweit Erfolge, andererseits erobern nicht amerikanische Produkte und Marken den amerikanischen Markt. Der Kaffeeweißer Coffee-mate beispielsweise hat seinen Ursprung im US-Markt und wird inzwischen weltweit angeboten. Auch die Schokolade Nestlé Crunch ist ein typisch amerikanisches Produkt. Stouffer's, in den USA die No. 1 für Tiefkühlprodukte mit einem Markenumsatz von 1,7 Mrd. Dollar, macht seine größten Erfolge mit Skillet Sensations, einem Fertiggericht, das auf einer Technologie basiert, die aus Europa stammt.

Die USA sind weltweit der größte einheitliche Markt und laut

Represas auch der innovativste. Man müsse immer die sich dort bietenden Gelegenheiten ins Auge fassen, bevor man den Rest der Welt beobachtet. In den USA könne man derzeit drei Trends ausmachen. Erstens, Convenience-Produkte werden immer wichtiger. Zweitens geht der Trend, gerade bei jungen Verbrauchern, zu mehr nutritionalen Produkten mit einer »good-for-you«-Dimension und dahin, Wasser zu trinken. Wasser habe in den USA ein fantastisches Wachstum. Drittens, statt Diäten einzuhalten, wie es in den vergangenen Jahren üblich war, achtet man heute mehr und mehr auf ausgewogenes Essen.

Dezentrale Organisation

»In der Schweiz haben wir neben unserem Schweizer operativen Sitz unsere internationale Zentrale und den Sitz der Holding, aber wir betrachten uns deshalb noch lange nicht als den Nabel der Welt«, so Maucher. Eine solche Einstellung schafft nicht nur mehr operative Stärke und Flexibilität und führt zu Maßnahmen und Entscheidungen, die besser auf die spezifische Situation eines Landes abgestimmt sind. Mit einer solchen Politik erreicht man gleichzeitig mehr Motivation und mehr Identifikation mit dem Geschäft bei den Führungskräften und Mitarbeitern. Dezentralisierung erfordert natürlich mehr Konsequenz bei der Besetzung der Kader, viel Investition in Managemententwicklung und Führungskräfte, die nicht nur gut sind, sondern zu denen man auch Vertrauen haben kann.

Maucher hat eine möglichst einfache Personal-Organisationsstruktur aufgebaut; er ist strikt gegen Bürokratie und Überorganisation, sondern für möglichst wenig Führungsstufen und breite Kontrollspannen und gegen die Übertreibung der an sich notwendigen hierarchischen Struktur. Dies alles soll zusammen mit der persönlich orientierten Politik gegenüber Führungskräften und Mitarbeitern dazu dienen, die Flexibilität und die Arbeitsfreude zu erhalten.

Entsprechend den Managementprinzipien Mauchers ist der Nestlé-Konzern äußerst dezentral organisiert. Entscheidungen werden primär auf jener Ebene getroffen, auf der sie durchzusetzen sind, das heißt in den jeweiligen Betriebsstätten. Nestlé belässt die betriebliche und besonders die Marketing-Verantwortung so weit wie möglich auf der Ebene des jeweiligen Marktes, ohne nachteilige Auswirkungen auf die Effizienz der Verwaltung auf regionaler oder globaler Ebene. Innerhalb eines feststehenden strategischen Rahmens sind die lokalen Betriebsstätten autonom, wodurch ihnen die notwendige Flexibilität gewährt wird, um sich örtlichen Marktverhältnissen anzupassen.

Zu den wichtigsten Aufgaben, die im internationalen Hauptsitz, »Zentrum« genannt, wahrgenommenen werden, gehören:

- wichtige strategische Entscheidungen sowie die grundsätzliche Politik;
- grundsätzliche finanzielle Belange, einschließlich Entscheidungen über wichtige Investitionen und deren Finanzierung;
- Richtlinien bezüglich Markennamen;
- Erstellung und Verwaltung des Qualitätssicherungssystems für die Produkte;
- Entwicklung des internationalen Führungspersonals;
- Koordinierung zwischen den einzelnen Märkten, auch auf den Sektoren Produktion, Import und Export;
- Bereitstellung von Experten sowie von spezifischem und grundlegendem Know-how und Erfahrungen hinsichtlich der Produkte und Abläufe an alle Tochtergesellschaften in der ganzen Welt mittels eines hochentwickelten Netzes für technische Unterstützung sowie
- Forschung beziehungsweise Koordinierung der zum Teil dezentralisierten Forschungseinrichtungen weltweit.

Das Unternehmen als Netzwerk

Im Gegensatz zur allgemeinen Auffassung werde Globalisierung nicht nur am Anstieg von Handel und Investitionen gemessen, sagte Brabeck in einer Rede vor der venezulanischen Industrie- und Handelskammer. Zu den Hauptelementen der Globalisierung gehörten in Wahrheit dichtere und engere internationale Verbindungen von zunehmend unterschiedlicher Art.

Um das weltweite Netz von Kontakten und Kommunikation weiter zu verbessern, müsste zu den wichtigsten Kommunikationsverbindungen, wie den interkontinentalen Telefonkabeln und Satellitenverbindungen, ein feinmaschiges lokales System hinzufügt werden, wie in den städtischen und ländlichen Gebieten von Europa und den USA, wobei jedes System an die weltweiten Systeme angeschlossen ist. Diese Kapillarsysteme breiten sich mit außergewöhnlich hoher Geschwindigkeit aus. Aus der Mathematik weiß man, dass in einem geschlossenen Kommunikationsnetz dieser Art das Zentrum seine hierarchische Bedeutung oder zumindest seine exklusive Vorrangsstellung verliert. So ist es auch in Unternehmen, die als Netzwerk organisiert sind.

Innerhalb von Nestlé und anderen weltweiten Organisationen fließen Informationen nicht mehr ausschließlich vom Zentrum zur Peripherie; stattdessen lässt sich die zunehmende Entstehung offener Verbindungen zwischen Märkten, Völkern, Erfahrungen usw. beobachten.

Diese neuen Elemente – lokale Differenzierung und weltweite Verbindungen – sowie andere, im engen Zusammenhang mit der Globalisierung stehende Faktoren bestimmen in einem großen Ausmaß die Ziele und die Struktur des Unternehmens. Bei Nestlé habe man aus diesen allgemeinen Ideen bereits praktische Rückschlüsse gezogen, die vielleicht noch etwas theoretisch klängen, so Brabeck. Nestlé habe die Rolle des Zentrums und der Märkte in Bezug auf den Bereich, in dem beide derzeit Wertzuwachs erzielen können, neu definiert.

Wertzuwachs wird bei Nestlé auf zwei Arten erzielt. Erstens durch die völlige Ausnutzung der Ressourcen, die der Gruppe bereits zur Verfügung stehen. Zweitens durch Mobilisierung neuer Ressourcen mittels Investitionen, Umstrukturierung und Innovation.

Mit Ressourcen sind hier nicht knappe Rohstoffe oder die Umwelt gemeint, sondern hauptsächlich die Nestlé zur Verfügung stehenden produktions- und vertriebstechnischen Instrumente, Einrichtungen und Anlagen. Das beginnt beispielsweise in der Produktion mit der Herstellung von Variationen bei Fertigteigmischungen, in der Werbung bei der Verknüpfung von Nudeln der Marke Buitoni mit den Soßen der Marke Maggi und beim Vertrieb, indem Nestlé dort, wo Schokoriegel verkauft werden, auch noch Eis und Nescafé aus der Dose platziert. Neue Ressourcen entstehen in Europa auch nach dem Fall der Währungsgrenzen durch die Zusammenlegung von Betriebsstätten oder durch Veränderungen der Produktpalette, etwa durch den Verzicht auf tiefgekühlten Fisch oder die Einführung völlig neuer Produkte wie LC1.

Mittlerweile ist laut Brabeck die globale Präsenz selbst ein starker Antrieb für die Schaffung von Wertzuwachs innerhalb von Nestlé. Der Konzern besitzt Fabriken in mehr als 70 Ländern und Vertriebsstätten in beinahe jedem Land der Welt. Diese Einrichtungen bilden das Fundament für ein globales Netz von Menschen, Wissen, Erfahrungen und Beziehungen zu Zulieferern und Kunden. Der gesamte, durch die Gruppe geschaffene Wertzuwachs für Konsumenten, Personal und Aktionäre ist aufgrund dieses globalen Netzfaktors größer als die Summe der einzelnen Landeswerte.

Nestlé habe zu der Steigerung dieses Netzwerkeffektes kürzlich durch die Einrichtung eines Intranets beigetragen, das den horizontalen Informationsfluss zwischen den Mitarbeitern der Organisation garantiert.

»Wenn ich über Netze und Verbindungen spreche, meine ich nicht unbedingt die damit verbundene komplexe Technologie, sondern in der Hauptsache die wechselseitige Verbindung von Geist und Ideen. Das Hauptgewicht liegt auf der Wichtigkeit menschlicher Beiträge. Die wertvollste Ressource des Unternehmens stellen die durch Kommunikationsnetze miteinander verbundenen Menschen dar. Das Unternehmen erstellt das Umfeld, damit sie zu seinen grundlegenden Zielen wirkungsvoll beitragen könnten. Aus diesem Grund werden ihnen auch alle notwendigen Investitionen zugeführt.«

Marktführerschaft entsteht nicht von allein

Die Erfahrung hat Nestlé gezeigt, dass man den größten Wertzuwachs auf jenen Märkten verzeichnet, auf denen das Unternehmen bei den eindeutig zu definierenden Produktkategorien an erster Stelle liegt, wie zum Beispiel bei löslichem Kaffee und Mineralwasser. Aus diesem Grund beschränken sich die mittel- und langfristigen Ziele nicht darauf, nur das weltweit führende Nahrungsmittelunternehmen zu sein; Nestlé möchte die Führungsposition – oder zumindest einen guten zweiten Platz – auf allen Märkten und in allen Segmenten, in denen das Unternehmen tätig ist, einnehmen.

Nestlé will dabei seine Geschäfte auf eine Weise abwickeln, die mindestens so zufriedenstellend ist wie die der schärfsten Mitbewerber, und die Arbeitsabläufe und Produkte ständig verbessern, als Voraussetzung dafür, dass die Kunden weiterhin treu bleiben und bereit sind, einen angemessenen Preis für Nestlé-Produkte zu bezahlen. »Auf diese Weise leisten wir einen erfolgreichen Beitrag zur Wirtschaft allgemein sowie zur Zufriedenheit der Konsumenten und der Aktionäre«, so der Nestlé-Chef.

Nach Brabecks Überzeugung ist der vorrangige Begünstigte der globalen Aktivitäten von Nestlé der Konsument, der sich dem Vorteil einer wachsenden Anzahl von Produkten von hoher Qualität zu angemessenen Preisen gegenüber sieht. Jeder der wirtschaftlichen Akteure bemühe sich um die Zufriedenheit der Kunden, um sich ihre Treue zu sichern.

Konsumentenorientierung bedeutet für Brabeck nicht, darauf zu warten, bis die Verbraucher mitteilen, was sie wünschen. Mit ideenreichen neuen Angeboten müsse das Unternehmen selbst aktiv werden. Das Bewusstsein einer gesunden Ernährung, die steigende Lebenserwartung und das Altern, verwöhnte Einzelkinder nun auch in Ländern wie China oder steigende Kosten des Gesundheitswesens sieht Brabeck als Herausforderungen und gleichzeitig Geschäftsmöglichkeiten. Sie sind der Grund, warum er eine eigene Division »Nutrition« – Ernährung auf wissenschaftlicher Basis, aber mit gutem Geschmack – eingerichtet hat, die ihm direkt untersteht.

Der Wert eines Produktes messe sich an den Bedürfnissen und Prioritäten des Konsumenten – an Dingen wie Frische, Geschmack, Convenience, Gesundheit. Diese Prioritäten ändern sich; sie sind häufig inkohärent und sogar widersprüchlich. »Um es ganz deutlich zu sagen, der wahre Gewinner eines stärkeren Wettbewerbs ist nicht die Industrie, sondern der Verbraucher«, betont Brabeck. Der Verbraucher zahle niedrigere Preise und bekomme mehr für sein Geld, bessere Qualität, größere Auswahlmöglichkeiten. Das müsse jedoch nicht zwangsläufig auch homogene Preise bedeuten. Preisunterschiede in Europa sind nicht a priori ein Zeichen für ein Versagen des Marktes, wie manche Theoretiker behaupten. Ganz im Gegenteil, dienen sie in den meisten Fällen dem Markt dazu, auf sich verändernde Bedürfnisse und Strukturen zu reagieren.

So zahlt der Verbraucher zum Beispiel innerhalb einer Stadt für ein Eis unterschiedlich hohe Preise, je nachdem, ob er das Eis in einem Supermarkt auf der grünen Wiese oder kurz vor Mitternacht an einer Tankstelle in Citylage kauft. Trotz des starken Wettbewerbs haben sich die Preisunterschiede für ein und dasselbe Produkt über die Jahre hinweg vergrößert. Der Verbraucher ist jedoch bereit, diese Preisunterschiede zu akzeptieren, weil er das unterschiedliche Maß an Dienstleistung und Bequemlichkeit anerkennt. Ähnliche Phänomene lassen sich in ganz Europa beobachten.

Unterschiedliche Essgewohnheiten nehmen ebenfalls Einfluss auf die Preise. Zwei Beispiele: Die Holländer verzehren neunmal so viel Naturjoghurt wie die Iren. Daraus ergibt sich, dass der Preis für Naturjoghurt in Holland erheblich niedriger ist als in Irland.

Und da der Verbrauch von Olivenöl in Spanien sehr hoch ist, ist der Verkaufspreis entsprechend niedriger als in Deutschland, wo Olivenöl bis vor einigen Jahren nahezu unbekannt war und das Produkt noch immer als Spezialität gilt, für die der Verbraucher einen höheren Preis zu zahlen bereit ist.

Qualität und Kernkompetenz

Ein ganz wesentlicher Aspekt im Nestlé-Konzern ist das Qualitätsmanagement (Total Quality Management, TQM). Die Sicherheit der Lebensmittel in mikrobiologischer und toxischer Hinsicht und die von den Konsumenten wahrgenommene Qualität stehen an erster Stelle. Dazu ist es notwendig, die gesamte Wertschöpfungskette lückenlos verfolgen zu können. Die Qualität der Nestlé-Produkte muss so hoch sein, dass sie im Blindtestvergleich mit Produkten der Mitbewerber im jeweiligen Markt von den Konsumenten vor Ort signifikant bevorzugt werden. Ist das der Fall, muss natürlich auch die Frage, weshalb das Nestlé-Produkt bevorzugt wird, objektiv beantwortet werden, um daraus Rückschlüsse für weitere Entwicklungen ziehen zu können.

Um die Nestlé-Produktionsphilosophie transparenter zu machen, greift der zuständige General Manager Rupert Gasser gern zum Beispiel des Outsourcings, also der Auslagerung von Funktionen. Sie kann für ihn niemals das Fundament von Wirtschaftlichkeit bilden, sondern nur eine Konsequenz von Wirtschaftlichkeit sein. Deshalb steht immer wieder die Frage im Vordergrund, welches die Kernbereiche sind, die vom Unternehmen selbst kontrolliert werden müssen, und welche ausgelagert werden können.

Zum Beispiel ist die grundsätzliche Aufbereitung von Kakao eine Tätigkeit im Produktionsprozess, die weder zur Differenzierung des Produkts noch zur Wertschöpfung beiträgt. Diese Funktion kann auch von Zulieferern übernommen werden. Auch im Energiebereich gibt es zahlreiche Funktionen, die nicht von den Nestlé-Produktionseinheiten selbst wahrzunehmen sind, beispielsweise die Dampferzeugung in Industriekomplexen.

Zur Kernkompetenz gehören also alle Tätigkeiten, die zu einer Differenzierung und Steigerung der Wertschöpfung beitragen. Bei der Herstellung von Tomatenpaste ist beides verhältnismäßig gering; denn für den Verbraucher gibt es bei diesem Produkt, erfüllt es bestimmte Qualitätsanforderungen, keine großen Unterscheidungsmöglichkeiten. Anders verhält es sich aber zum Beispiel bei löslichem Kaffee. Die Kompetenz, Nescafé herzustellen, bekommt man, wie Rupert Gasser sagt, nicht umsonst. Es gehören eine Portion Lernen und das Entwickeln von Fähigkeiten und Fertigkeiten dazu, um hier ein erstklassiges Produkt herstellen zu können.

Um sich weder zu verzetteln noch einmal gewonnenes Terrain wieder preiszugeben, ist es von erheblicher Bedeutung, auf Dauer die Kernkompetenzen richtig zu definieren. Darüber hinaus ist es für die Wirtschaftlichkeit der Produktion wichtig, dass die Anlagen und ihre Kapazitäten so bemessen sind, dass sie den jeweiligen Markt bedienen können, aber keine Überkapazitäten produzieren.

Man darf nicht erwarten, dass der Hersteller von Anlagen, beispielsweise industriellen Trocknern für Nahrungsmittel, etwas von Nestlé-Produkten versteht. Aber er wird ein spezielles Wissen im Hinblick auf seine Anlagen besitzen, das in einer Zusammenarbeit erschlossen werden kann. Und in dieser Zusammenarbeit entstehen dann die für Nestlé geeigneten Fertigungseinheiten.

Verpackung und Produkt müssen einander stets entsprechen. Deshalb tauchen gerade im Hinblick auf die Verpackungen immer wieder die Fragen nach der Kernkompetenz auf. Beim Tierfutter oder auch beim Wasser ist der eigentliche Produktwert verhältnismäßig gering; dennoch (oder gerade deswegen) darf die Verpakkung nicht vernachlässigt werden. Dosenverpackungen etwa müssen qualitativ hochwertig sein, sonst schaden sie dem Produkt. Deshalb hat Nestlé früher fast alle Dosen selbst hergestellt, sich aber nach und nach zuverlässige Lieferanten gesucht oder aufgebaut, die die entsprechende Qualität liefern können. Heute werden nur noch in Übersee Dosen in eigener Fertigung produziert. In

Brasilien befindet sich etwa eine der größten Dosenproduktionen der Welt.

Zu allererst hat die Verpackung die Aufgabe, die Produkteigenschaften zu schützen und zu erhalten. Deshalb werden die kleinen Flaschen für LC1 GO zum Beispiel auch aus besonders dickem Material hergestellt, um sicherzugehen, dass die notwendige Menge der wirksamen und versprochenen Mikroorganismen im Joghurtdrink selbst auf jeden Fall erhalten bleibt.

Durch die Kombination der unterschiedlichen Technologien, die der Konzern in seinen verschiedenen Produktionsstätten anwendet, werden immer wieder neue Möglichkeiten bei der Herstellung von Nahrungsmitteln entdeckt. Und noch ist keine dieser Technologien ausgereizt. Auch heute noch existieren sehr viele Verbesserungsmöglichkeiten, wie etwa die Entwicklung der Pulverisierung gezeigt hat. So ist keineswegs jedes pulverisierte Nahrungsmittel mit allen anderen vergleichbar. Die Pulverisierung dient in erster Linie der Haltbarmachung, und dafür bedarf es jeweils der Beherrschung des speziellen Trocknungsprozesses, was manchmal sehr lange Zeit in Anspruch nehmen kann.

Die kontinuierliche Gefriertrocknung etwa wurde bereits in den dreißiger Jahren entwickelt, kam aber erst Anfang der sechziger Jahre in der Produktion zum Einsatz. Zu dieser Entwicklung hat Nestlé einen großen Beitrag geleistet. Dabei wird die Ähnlichkeit mit dem natürlichen Produkt zunehmend größer, und gleichzeitig werden energetisch günstige Prozesse entwickelt. Nescafé etwa schmeckt heute ganz anders als in seinen Anfangszeiten.

Nestlés globales Marken-Netzwerk – starke Marken für individuelle Kundenwünsche

Die gesamte heute existierende Nestlé-Markenwelt wurde von Helmut Maucher und Peter Brabeck gemeinsam neu entwickelt.

»Ich habe mit ihm praktisch das ganze Branding aufgebaut, das wir heute haben«, erläuterte mir Helmut Maucher. »Vom Nestlé

Corporate Image, über die Markenfamilien, von denen einige stärker mit Nestlé liiert sind und andere nicht so stark, also die ganze Markenhierarchie, die Kernbotschaften und das Grunddesign.«

Dass die Pflege der Marken bei Nestlé Chefsache ist, daran ließ Maucher nie einen Zweifel. Das Nestlé Corporate Design hatte er in den ersten zwei Tagen, nachdem er nach Vevey gekommen war, reaktiviert.

»Wie kann man so etwas weggeben, wenn man Nestlé heißt und wenn man weiß, dass man ein multinationales Unternehmen mit emotionalen und wärmeren Elementen versehen muss. Wir hatten das Glück, dass unser Gründer Nestlé hieß, und der hat dieses wunderbare Markenzeichen mit den Vögeln erfunden. Heute ist das Nestlé-Zeichen auf jeder Packung, aber es war ein Prozess von fünfzehn Jahren, das richtig in das Bewusstsein der Leute rein zu kriegen.«

Innerhalb des Konzerns gibt es bestimmte Marken und Produkte, die vom Image her näher bei Nestlé liegen, etwa Schokolade, Milch und Nutrition, die man deshalb Nestlé Alete oder Nestlé Beba genannt hat. Dann gibt es andere Marken mit einer größeren Selbstständigkeit.

»Ein typisches Beispiel ist Maggi, eine in sich starke Marke, wo das Nestlé-Nest nur als zusätzliches Logo angebracht ist, mit einem ergänzenden Wert. Aber jedes Markenprodukt hat hinten den Nestlé-Piepmatz als Qualitätssymbol drauf, so dass den Kunden mehr und mehr ins Bewusstsein rückt, auch das ist eine dieser tollen Marken von Nestlé.«

Der Zugang zu Marken könne nicht ausschließlich über rationales Denken erfolgen. Peter Brabeck und er hätten gemeinsam ein Gefühl für die Marken entwickelt und darauf die ganze Markenwelt von Nestlé aufgebaut. »Und zwar so, dass sie fünfzig, hundert Jahre so stehen kann und damit die kumulative Wirkung hat, dass die Marken immer stärker in dieser Form verfestigt und mit Nestlé in Beziehung gebracht werden.«

Eine große Diskussion habe es zu der Frage gegeben, ob man den Namen Nestlé auch auf das Petfood setzen solle oder nicht.

Diese Diskussion komme alle zwei Jahre einmal hoch, und es gebe einen Haufen Leute, die sagten, man solle es tun. Er habe damals entschieden, nein, man werde die Marke Friskies nutzen, die es schon gab, als Dachmarke für Petfood – und nicht Nestlé. Aber selbst für ihn habe es bei dieser Entscheidung vielleicht 52 zu 48 gestanden.

»Diese Gefühlssachen und diese klare Markenpolitik sind etwas ganz Wichtiges für ein Markenartikelunternehmen, und das habe ich mit Brabeck in den letzten Jahren, bevor er in seinen jetzigen Job kam, entwickelt. Er war mein Chefideologe.«

Dass Peter Brabeck das bis heute geblieben ist, merkt man sofort. Im Gespräch sagte er mir: »Für mich sind Marken Lebewesen. Das ist etwas, was lebendig ist. Das heißt also, wie jedes andere Lebewesen muss ich diese Marken pflegen, ich muss sie ernähren, ich muss die Marken entwickeln, ich muss ihnen genügend Substanz geben.«

Eine Marke sei ein Bündel von funktionellen und emotionellen Eigenschaften. Wenn man nur die funktionellen Eigenschaften in Betracht ziehe, dann habe man ein Produkt, aber noch keine Ideen, keine Ideale und keinen Sinn. Deshalb müsse man ein Gleichgewicht finden, damit die funktionellen und die emotionellen Eigenschaften sich komplementieren und eine Marke bilden, die für den Konsumenten wirklich relevant ist.

Jede Marke bedürfe auch immer wieder der Aktualisierung. Für Brabeck besteht die Kunst des Marketings darin, dass man eine Marke im Hinblick auf das sich ändernde Konsumentenverhalten und auf die Konsumentenerwartungen immer wieder so aktualisiert, dass für den Konsumenten die Marke immer gleich bleibt. Genauer gesagt: Das Verhältnis zwischen ihm und der Marke sollte immer gleich bleiben.

»Nescafé ist immer Nescafé, eben weil Nescafé nicht mehr Nescafé ist. Das ist die Kunst der Markenführung«, fasst Brabeck zusammen.

»Wenn wir das wirklich perfekt machen, dann stirbt die Marke nicht, sie bleibt immer aktuell. Sie wird uns alle überleben. Die

Marke Nescafé ist jetzt 60 Jahre alt, die Marke Nestlé ist 134 Jahre alt, und ich glaube, sie ist immer noch so aktiv und immer noch so aktuell, wie sie früher war. Diejenigen, die dafür in der Vergangenheit verantwortlich waren, sind weg, aber die Marke kann weiterleben.«

Eines der großen Probleme sieht Brabeck darin, dass Unternehmen sich auf kurzfristige Gewinnmaximierung einstellen und deshalb der Marke nicht mehr genügend Substanz lassen, sondern sie aussaugen. Plötzlich sähen sie sich dann einer sterbenden Marke gegenüber, die nichts mehr wert ist. Man müsse eben auch genügend in die Marke investieren, um sie am Leben zu erhalten.

Die Senkung der Herstellungskosten eines durchschnittlichen Nestlé-Produkts um drei Prozentpunkte in der Zeit von 1995 bis 1999 ermöglichte es Nestlé, den Aufwand für Vertrieb und Marketing auf fast ein Viertel des Umsatzes zu erhöhen. Das war notwendig, denn nach Ansicht von Peter Brabeck wird im Internetzeitalter die Marke und damit auch Werbung für Marken immer wichtiger.

Marken brauchen Schnelligkeit und Langfristigkeit

Viele Unternehmen investieren aber nicht nur unzureichend in ihre Marken, sie verwechseln zum Teil auch die Bedeutung von Langfristigkeit und von Schnelligkeit im Marketing. Helmut Maucher kennt diese Fehler:

»Wenn es neue Technologien gibt, wenn sich Geschmacksgewohnheiten ändern, muss man darauf schnell reagieren. Eiskrem ist ein Produkt, bei dem man jedes Jahr möglichst viele Neuheiten anbieten muss. Das heißt, die Kunden wünschen sich Abwechslung. Sie wollen öfter etwas Neues haben. Es gibt ständig neue Trends und neue Fads (Launen, kurzfristige Vorlieben), mal ist es der süßere Geschmack und dann ist Pink beim Eis die Modefarbe. Diesen Dingen muss man ganz rasch nachgehen und sie dauernd verfolgen. Im Hinblick auf Konsumtrends oder auch auf technologische Möglichkeiten muss man ganz vorn sein und alles vergessen, was gestern war. Aber das hat nichts mit einer langfristigen Unternehmenspolitik zu tun.«

Die langfristige Politik ist laut Maucher immer dann vonnöten, wenn man Marken aufbaut. »Die Marke ist immer dieselbe, auch wenn ich ein neues Funprodukt in Eiskrem bringe. Auch wenn wir ganz neue Geschmacksrichtungen mit Nescafé bedienen, die Marke bleibt dieselbe.«

Man müsse auch zwischen Trends und Fads unterscheiden. Es gebe Entwicklungen, die man einfach an sich vorüberziehen lassen könne. »Das tut manchmal weh, aber man wartet dann, bis die Schmerzen wieder nachlassen. Wir können, auf Deutsch gesagt, nicht auf jeden Mist einsteigen. Aber bei generellen Bewegungen und technologischen Entwicklungen, Konsumentenbewegungen, Lifestylebewegungen, da müssen wir sofort rein.«

Die Marke selbst sei etwas Längerfristiges, so Maucher weiter. Man könne gelegentlich leichte Modernisierungen im Erscheinungsbild vornehmen, wenn sich zum Beispiel in Geschmacksfragen etwas verändert, dürfe aber um Gottes willen nicht den Markenkern antasten. Maggi habe seine Farben und den Maggi-Schriftzug seit hundert Jahren, und man werde nichts verändern.

»Vielleicht kommt mal der Rahmen weg oder wir passen uns gewissen modernen Geschmacksgewohnheiten oder Designattitüden an, das ist dann immer ein Abwägen, was behält man, was bewahrt man, wo versucht man einem neuen Geschmackstrend oder einem neuen Stil Rechnung zu tragen. Da muss man bei jeder Marke sehr vorsichtig sein; denn Marke bedeutet Kontinuität. Ein Beispiel für gute Markenführung ist meiner Ansicht nach Coca-Cola. Das war ja auch so eine ganz tolle Erfindung, die offensichtlich spontan vielen Leuten geschmeckt hat. Aber das Unternehmen hat auch ein hervorragendes Marketing gemacht. Man hat dort vor allen Dingen begriffen, dass Marketing nicht nur darin besteht, irgendwelche blöden Sprüche über's Fernsehen zu verbreiten, sondern dass die Distribution und die Verfügbarkeit eine zentrale Rolle spielen. Man muss am Point of Consumption sein, an jedem Schwimmbad und jedem Kiosk, überall gibt es Coca-Cola zum Spontankonsum. Bei Nestlé bin ich oft gefragt worden: ›Warum gehen Sie nicht ins Softdrinkgeschäft?‹ Meine Antwort lautete, entweder man kauft Coca-Cola oder man lässt die Finger davon, so einfach ist das.«

Den früheren Platz des Chefideologen Brabeck hat heute der Amerikaner Frank Cella eingenommen. Er arbeitet bereits seit 37 Jahren für Nestlé und hat eine für Nestlé fast typische Karriere gemacht. Seine ersten Kunden, die er als Verkäufer belieferte, waren kleine Geschäfte, denen er seine Produkte direkt aus dem Auto heraus verkaufte. Mit dem Erfolg wuchsen die Kompetenzen, und er übernahm die Zuständigkeit für Handelsketten. Ende der sechziger Jahre führte er in Amerika die Marketingschlacht bei der Einführung des gefriergetrockneten Kaffees unter der Marke Tasters' Choice. Anschließend ging er für Nestlé nach Kanada, wo es bald zu seinen Aufgaben gehörte, die neu erworbenen Unternehmen in die Nestlé-Welt zu integrieren. Die gleiche Aufgabe hatte er Ende der achtziger Jahre bei seiner Rückkehr in die Vereinigten Staaten, als es darum ging, aus Carnation ein echtes Nestlé-Unternehmen zu machen. Nach einer weiteren Zeit in Kanada kam Cella Ende 1999 nach Vevey in die Nestlé-Zentrale, um die Nachfolge von Philippe Véron in der Generaldirektion anzutreten.

Natürlich ist auch er bekennender Maucher-Fan. Auch für ihn ist die Erkenntnis das Wichtigste, dass eine einzige Person einen Riesenunterschied machen kann, unter der Voraussetzung, dass sie ihre Überzeugung oder Botschaft lebt und nicht nur darüber redet. Genauso handelt auch er.

Marketing bedeutet für Frank Cella, dass man überall die Chance hat, Nestlé-Produkte zu kaufen und dass sie überall und jederzeit für den Verbraucher präsent sind. Ein gutes Beispiel für Marketing ist für ihn der People-TV-Spot für Nescafé oder auch die Einführung von Tasters' Choice. Nestlé-Produkte soll der Konsument schließlich jeden Tag kaufen und nicht nur alle fünf Jahre, wie zum Beispiel ein Auto. Dementsprechend muss das Marketing sehr viel konsequenter und stetiger sein.

Marketing bedeutet auch, dem Verbraucher ein bestimmtes Gefühl zu verkaufen, ein Erlebnis, sagt Frank Cella. In Zusammenarbeit mit McDonald's hat man zum Beispiel in Frankfurt ein Café Nescafé eingerichtet. Damit folgt man einem Trend, der bereits von der Kette Starbuck und seinen Coffee Houses, in denen verschiedene Kaffeespezialitäten angeboten werden, vorgezeichnet ist. Das Produkt ist viel mehr als Kaffee. Die Menschen wollen nicht nur Kaffee trinken, sondern sie wünschen sich ein Erlebnis, und sie möchten, ohne Schuldgefühle zu haben, eine Pause einlegen können. Dafür sind sie auch bereit, mehr zu zahlen, 3,50 Dollar für einen Becher Kaffee. Das gleiche gilt auch für Eiskrem. Die Konsumenten kaufen nicht nur das Produkt und die Marke, sondern ein ganzes Erlebnis drum herum.

Die Genussdimension von Essen und Trinken beschränkt sich nicht auf teuren Wein, sondern fängt bereits bei einem Riegel Schokolade oder einer Tasse Nescafé an. Mit Essen und Trinken verbundene Erinnerungen gehören zu den zahlreichen emotionellen Aspekten, die mit zur Bevorzugung einer Marke oder eines Produktes führen können. Ein gut geschnürtes Bündel funktioneller und emotioneller Werte macht die Produktmarke stark, fördert das Konsumenteninteresse. Das Ziel sind zufriedene Kunden, denn das führt zu Kundentreue – einem der sichersten Werte einer Unternehmung.

Peter Brabeck registriert heute noch andere erhebliche Veränderungen gegenüber der Vergangenheit. Der Wandel der gesamten Medienlandschaft habe natürlich auch die Werbung gewandelt, sagte er mir. Man brauche nur zurückzudenken an die fünfziger, sechziger und siebziger Jahre, als es im Prinzip in jedem europäischen Land nicht mehr als einen Fernsehkanal gab. Zwei Fernsehkanäle, das sei dann schon ein großer Durchbruch gewesen. Diese Kanäle hätten natürlich in den Händen der Regierungen gelegen, und das größte Problem zu dieser Zeit sei gewesen, wer das Recht hatte, wie viele Spots ins Fernsehen zu bekommen; denn damit habe man im Prinzip auf einen Schlag einen Großteil des Publikums erreicht.

Heute sehe das ganz anders aus mit Hunderten von Fernseh- und Radiokanälen und den Hunderten von verschiedenen Magazinen, alle hoch segmentiert.

Gerade die Printmedien spezialisierten sich immer mehr, und am Ende brauche man allein schon eine halbe Stunde, um auszusuchen, welches Magazin man nimmt. Der nächste Schritt sei das Internet-Magazin, da dringe man bis zur kleinsten Nische vor. »In diesem Umfeld eine effiziente Medienpolitik zu betreiben, wird schon schwierig und ist bei weitem schwieriger, als es eben früher war.«

Früher habe man ein Kommunikationsmodell gehabt mit einem Sender und dann Millionen von Empfängern. Das heutige Kommunikationsmodell erlaube die direkte, interaktive Kommunikation, die an sich viel wirksamer sei. Aber mit sechs Milliarden Menschen interaktiv one-to-one zu kommunizieren, sei auch nicht so einfach.

»Wir sind heute in der Kommunikation effizienter, denn wir schießen natürlich viel feiner«, meint Brabeck. »Früher haben wir mit Schrotkugeln in die Luft geschossen, heute ist das nicht mehr der Fall. Marketing wird eine noch anspruchsvollere Aufgabe an sich werden, wird mehr und mehr eine Kunst und immer weniger ein Set von ein paar quantitativen Werkzeugen, die man einfach so lernen kann.«

Für die weltweiten Märkte hat Nestlé mit fünf großen Werbeagenturen Rahmenverträge geschlossen, den speziellen japanischen Markt betreut hingegen die Agentur Dentsu. Dentsu ähnelt Nestlé in gewisser Weise. Die Agentur wurde bereits im Jahre 1901 gegründet und hatte 1999 rund 5800 Mitarbeiter. Innerhalb Japans ist sie in allen wichtigen Städten vertreten, ihre internationale Präsenz ist mit Ausnahme von Partneragenturen auf den asiatischen Raum und ein Moskauer Büro beschränkt. Internationalen Agenturen fällt es nach wie vor schwer, mit ihrer Werbung den japanischen Stil zu treffen und in das japanische Mediensystem Eingang zu finden. Deshalb hat Dentsu innerhalb Japans und für seine japanischen Kunden auch im asiatischen Raum eine ziemlich unangefochtene Stellung inne.

Ebenfalls eine Agentur mit langer Tradition ist die französische Publicis S.A. Sie wurde 1926 in Paris gegründet und war die erste Agentur, die in Frankreich Radiowerbung machte und eine öffentliche Meinungsumfrage als Marktforschungsinstrument einsetzte. Heute hat Publicis weltweit über 10 000 Mitarbeiter und ist in 76 Ländern der Erde an über 130 Standorten vertreten. Nestlé arbeitet mit Publicis seit 1952 zusammen und ist damit einer der ältesten Kunden der Agentur. Als Nestlé Aligned Agency betreut die Agentur international für Nestlé derzeit ein Etatvolumen von über 300 Mio. US-Dollar, verteilt auf über 40 Länder.

In Deutschland ist Publicis für die verschiedensten Marken des Konzerns verantwortlich, unter anderem Maggi, Nescafé, Bärenmarke, Alete, Beba, Bübchen, Herta, Caro, Vittel, Contrex und verschiedene Marken der Blauen Quellen wie Fürst Bismarck, Harzer Grauhof und Neuselters. Am bekanntesten dürfte in Deutschland die Werbung für Nescafé Cappucino sein mit dem freundlichen Angelo, der immer sagt »isch habe überhaupt kein Auto«.

Eine andere Agentur, die für Nestlé immerhin auch schon seit 1955 tätig ist, kommt aus London, die McCann-Erickson Worldwide. Sie ist mit 15 900 Mitarbeitern in 127 Ländern vertreten. Zu den Kunden von McCann zählt seit 1978 auch L'Oréal, seit dem Jahr 2000 allerdings auch die Union Deutsche Lebensmittelwerke, ein Wettbewerber von Nestlé.

Als erste Werbeagentur der Welt darf sich sicherlich J. Walter Thompson bezeichnen. Immerhin geht die Gründung auf das Jahr 1864 zurück. 1868 fing der damals zwanzigjährige James Walter Thompson als Buchhalter in der Agentur in New York an, die er im Jahre 1877 für 500 US-Dollar kaufte. Noch einmal 800 Dollar musste er für das Mobiliar bezahlen. Schon im Jahre 1899 eröffnete J. Walter Thompson seine erste internationale Niederlassung in London.

Auch hier lässt sich im Unternehmergeist eine gewisse Verwandtschaft mit Nestlé nicht leugnen. Bereits im Jahre 1918 begann die Agentur für Kunden aus dem Foodbereich zu arbeiten, nämlich für Libby's und Kraft. 1986 eröffnete die Agentur das erste Büro in China. Nestlé wird in Großbritannien seit 1930 betreut, und eine der neuesten Kampagnen dort ist die Anzeige für das neue KitKat mit Orangenaroma.

Die Nahrungsriesen verändern sich

Die großen Konzerne setzen zwar bisher weltweit die Maßstäbe, wenn es um Produktinnovationen, Produktsicherheit, Markenpräsenz und Distribution geht, auf den meisten nationalen Märkten spielen sie in der Gesamtheit des Lebensmittelangebots neben den überaus zahlreichen mittleren und kleineren Konkurrenten, die ihre Produkte regional oder auch nur lokal anbieten, jedoch keine herausragende Rolle.

Ende der neunziger Jahre gab es zum Beispiel in Deutschland 4700 Unternehmen, die zur Lebensmittelindustrie zählten. Sie beschäftigten rund 465 000 Mitarbeiter, wobei 62 Prozent der Betriebe eine Größe zwischen 20 und 100 Beschäftigten hatten. Der Gesamtumsatz lag zwischen 220 und 230 Milliarden DM. Dabei erzielten die zehn größten Unternehmen lediglich elf Prozent des Branchenumsatzes. Das liegt hauptsächlich daran, dass sich der gesamte Lebensmittelbereich an den zur Zeit noch äußerst konservativen Verhaltensweisen der deutschen Kunden orientiert.

Nach wie vor werden hauptsächlich einzelne Nahrungskomponenten, Gemüse, Obst, Fleisch, Wurst und Fisch, frisch, gefroren oder in Konserven, sowie einfache Fertigprodukte wie zum Beispiel Backofen-Frites oder Fischstäbchen gekauft, die zu Hause aufgewärmt, zubereitet und zu ganzen Mahlzeiten kombiniert werden müssen. Solche Produkte haben natürlich nur eine geringe Wertschöpfungstiefe und bieten entsprechend geringe Gewinne.

Das Interesse der großen Hersteller richtet sich daher auf komplexere Produkte, zum Beispiel auf komplette tiefgefrorene Menüs, aber auch auf Snacks und andere Fertigprodukte, die mehr

Know-how bei der Herstellung erfordern und daher auch mehr Gewinn bieten. Wie groß der Wettbewerb und der Ideenreichtum ist, um aus Nahrung Geld zu machen, zeigt die Anuga. Auf »der globalen Leitmesse der Ernährungsindustrie«, wie sie sich 1999 selbst betitelte, stellten 6559 Anbieter aus rund 100 Ländern ihre Produkte für die rund 190 000 Einkäufer aus, die aus 150 verschiedenen Ländern kamen.

Um die gewinnträchtigeren Produkte verkaufen zu können, müsste sich allerdings das Verbraucherverhalten so verändern, wie es bereits in Nordamerika oder Japan der Fall ist. Daran arbeiten alle großen Konzerne um so verbissener, je stärker die Konzentration wird und der Wettbewerb untereinander zunimmt.

Im Vergleich zur Industrie ist die Konzentration im Lebensmitteleinzelhandel bereits wesentlich weiter fortgeschritten. In Deutschland erbrachten die zehn größten Handelsunternehmen im Jahre 1998 immerhin 84 Prozent des Branchenumsatzes.

Vergleicht man Handel und Industrie, erkennt man das noch vorhandene Konzentrationspotenzial. Gerade in den Monaten vor der Fertigstellung des Buches hat sich die Konkurrenz unter den Großen der Branche verschärft. Sie lieferten sich regelrechte Übernahmeschlachten um mittlere und kleinere Wettbewerber mit starken Marken; denn die sind wichtig, um vom Verbraucher wahrgenommen zu werden. Dabei ging es in erster Linie um die Positionierung auf Platz zwei der Rangliste und die Annäherung an den Branchenführer Nestlé. Zunächst hat Unilever den Konkurrenten Bestfoods übernommen und ist damit von Platz drei auf Platz zwei vorgerückt, dann hat Philip Morris den Übernahmekampf um Nabisco gewonnen und sich damit Platz zwei wieder zurückerobert.

Philip Morris – mehr als nur Zigaretten

Der US-Konzern Philip Morris ist vor allem bekannt als weltgrößter Zigarettenhersteller mit Marken wie Marlboro, Benson & Hedges oder Chesterfield. Das Tabakgeschäft machte 1999 mit 47 Mrd. Dollar noch rund 60 Prozent des Konzernumsatzes von 78 Mrd.

Dollar aus – und auch nach der Nabisco-Übernahme war es noch mehr als die Hälfte. 34 Prozent kamen aus dem Nahrungsmittelbereich. Daneben ist Philip Morris in den Bereichen alkoholische und nichtalkoholische Getränke tätig. Die Nahrungsmittelsparte ist in der Kraft Foods zusammengefasst. Sie hat im Jahre 1999 rund 27 Mrd. Dollar Umsatz erwirtschaftet und lag damit – nach Nestlé – auf Rang 2 der weltweit größten Nahrungsmittelhersteller.

Mit dem Erwerb von Nabisco kommen zu dem Umsatz im Nahrungsmittelbereich nun noch 8,3 Mrd. hinzu, was den Abstand zu Nestlé deutlich verringert.

Philip Morris hat seine Wurzeln im Tabakgeschäft, stieg 1957 in das Papiergeschäft ein und mit der Übernahme der US-Brauerei Miller Brewing Company Ende der sechziger Jahre in das Brauereigeschäft. Heute ist Miller die zweitgrößte Brauerei der USA. Erst im Jahre 1985 begann der Einstieg in das Lebensmittelgeschäft; in den Folgejahren wurden Firmen aus verschiedenen Lebensmittelsegmenten übernommen. Die größten Akquisitionen waren 1988 der Erwerb von Kraft und 1990 der Kauf der Schweizer Kaffee- und Schokoladengruppe Jacobs Suchard für 3,8 Mrd. Dollar.

Zur Lebensmittelsparte von Philip Morris gehören neben den Jacobs Suchard-Produkten der Marken Jacobs, Suchard, Milka und Toblerone Käse der Marke Philadelphia, Mayonnaise und Saucen der Marke Kraft, Miracel Whip und Miracoli-Pasta. Angesichts sinkender Umsätze im Zigarettengeschäft und zahlreicher »Raucherklagen«, die die Entwicklung des Aktienkurses belasten und sich negativ auf die Ertragslage auswirken können, hat sich die Nahrungsmittelsparte zur Perle des Konzerns entwickelt. Ihre Umsatzrendite liegt immerhin bei über 15 Prozent.

Um der Nahrungsmittelsparte eine einheitliche Identität und ein eigenes Image zu schaffen, wurden im Juni 2000 weltweit alle Gesellschaften in Kraft Foods umbenannt, ohne einen strukturellen Umbau vorzunehmen. Bis dahin firmierte nur die Zentrale unter diesem Namen. In der Branche geht man davon aus, dass dies als Reaktion auf die erfolgreiche Markenstrategie von Nestlé und Danone geschehen ist. Bernhard Huber, Kraft-Chef für

Deutschland und Österreich, hat gesagt, dies sei der Startschuss für eine neue Etappe auf dem Weg an die Spitze der Branche.

Man hat offensichtlich inzwischen auch bei Kraft erkannt, dass ein einheitliches Firmenimage, eine eigene Kultur den Produkten mehr Glaubwürdigkeit erteilt. Außerdem sagte Huber im Mai 2000, Kraft müsse ein »glokales« Unternehmen sein, also sich global ausrichten und auf lokale Kulturen Rücksicht nehmen. Eine Erkenntnis, die bei Nestlé bereits jahrezehntelang in die Praxis umgesetzt wird.

Philip Morris hat den monatelang währenden Übernahmekampf um Nabisco gewonnen. Es standen sowohl die Muttergesellschaft Nabisco Group Holdings zum Verkauf als auch ihre 80-prozentige Tochter Nabisco Holdings, die das Lebensmittelgeschäft umfasst. Das Tabakgeschäft von R. J. Reynolds mit den Marken Camel und Winston wurde bereits vorher von Nabisco abgetrennt. Als erster hatte der Investor Carl Icahn für Nabisco geboten, der bereits 9,5 Prozent an der Muttergesellschaft hält; hinzu kamen noch zwölf andere Konzerne, von denen die meisten aber nur die Lebensmittelsparte von Nabisco kaufen wollten.

Auch Philip Morris hatte nur Interesse an der Lebensmitteltochter, musste nun aber beide Unternehmen erwerben und erbte damit auch das Risiko für mögliche Schadensersatzklagen der ehemaligen Tabaksparte. Der Konzern war wohl unter besonderen Druck geraten, nachdem er im Nahrungsmittelbereich vom Wettbewerber Unilever mit dem Kauf von Bestfoods überrundet worden war. Der Gesamtkaufpreis lag bei 14,9 Mrd. Dollar. Philip Morris will die Nabisco-Mutter nun für 9,8 Mrd. Dollar an die R. J. Reynolds Tobacco, die ehemalige Tabaksparte des Nabisco-Konzerns, weiterveräußern.

Nabisco Holdings ist in den USA Marktführer bei Keksen und Crackern mit den Marken Oreo, Ritz, Chips Ahoy!. Zur Produktpalette gehören daneben Planters Nüsse, Bonbons der Marke Life Savers und A1 Steaksaucen. Mehr als 70 Prozent des Umsatzes von insgesamt 8,3 Mrd. Dollar werden bisher in den USA erzielt, und der Vorstandschef James Kilts hat gesagt, das Geschäft solle vor allem in Asien verstärkt werden. Das Europageschäft – bisher hatte Nabisco nur eine Gesellschaft in Spanien – soll durch ein Joint Venture mit United Biscuits, dem Marktführer bei Keksen und Gebäck in Europa, ausgebaut werden.

Einen Teil der Lebensmittelaktivitäten der fusionierten Gruppe will Philip Morris an die Börse bringen. Nach Einschätzung von Branchenkennern bringt der Kauf von Nabisco Philip Morris nicht nur auf den zweiten Platz der Branchenspitze zurück. Ein weiterer wichtiger Punkt sei, dass Kraft gemeinsam mit dem Snack-Geschäft von Nabisco noch stärker an dem Trend zu Außer-Haus-Mahlzeiten partizipieren könne.

Ein Konzern wie Philip Morris, der sowohl Tabak- als auch Alkoholprodukte im Programm hat, wird das Thema Wellness niemals so glaubwürdig vertreten können wie Nestlé, das sich bereits vor 20 Jahren wieder von seinen Weinkellereien getrennt hat. In Europa scheint Kraft in der Werbung verstärkt auf sein amerikanisches Image zu setzen und auch amerikanische Geschmacksrichtungen zu propagieren, weil dies dem aktuellen jugendlichen Lebensstil entspricht. Natürlich bedient auch Nestlé solche Geschmacksrichtungen, allerdings mit einer stark national orientierten Qualitätsbotschaft. Der Kampf der beiden Riesen findet nicht in den abgehobenen Sphären der Konzernzentralen statt, sondern im Supermarkt, mit den Kunden als Schiedsrichter.

Unilever, der erwachende Riese

Der niederländisch-britische Konzern Unilever hat ursprünglich Margarine und Seife produziert. Er ist 1929 aus dem Zusammenschluss von Margarine Unie und Lever Brothers hervorgegangen. Heute gehört er zu den international führenden Konsumgüterproduzenten mit den beiden Kerngeschäftsfeldern Lebensmittel sowie Wasch- und Reinigungsmittel, Körperpflege- und Kosmetikprodukte. Dazu gehören im Waschmittelbereich Marken wie Omo, Sunil und Persil in Großbritannien. Persil ist eigentlich eine Marke von Henkel, in Großbritannien hält aber Unilever die Markenrechte. Hinzu kommen Dove-Seife, Pepsodent-Zahnpasta, Rexona, Calvin-Klein-Parfüms, Elizabeth-Arden-Kosmetik und Domestos.

Um sich auf diese Kerngeschäftsfelder zu konzentrieren, hat man sich von den Bereichen Verpackungen und Spezialchemikalien getrennt. Unilever gilt noch immer als Waschmittelkonzern, obwohl der Nahrungsbereich bereits etwas mehr als die Hälfte des Gesamtumsatzes ausmacht. Zur Produktpalette dieses Bereiches gehören Margarinen der Marken Rama, Flora, und Lätta, die verschiedenen Du darfst-Produkte, Ragu-Saucen, Speiseöl und Milkana-Käse, Brotprodukte, Eiskrem der Marken Langnese und Magnum, Getränke der Marke Lipton sowie Tiefkühlkost der Marke Iglu.

Der Konzern galt lange Zeit unter Branchenkennern als zu fett, zu träge und zu langsam. Er leistete sich zu viele Marken mit zu wenig globaler Präsenz. Im Jahre 1999 verbuchte Unilever im Lebensmittelbereich Umsatzrückgänge von 4,3 Prozent. Der neue Vorstandschef Antony Burgmans entschloss sich zu drastischen Maßnahmen. Anfang des Jahres 2000 kündigte er an, die Zahl der Produktmarken von 1600 auf 400 zu reduzieren, denn schließlich würden rund 1000 Marken lediglich acht Prozent zum Umsatz beisteuern. Weiter plant er in den nächsten Jahren 100 von weltweit 350 Fabriken zu schließen sowie 25 000 Arbeitsplätze abzubauen.

Eine solche Maßnahme würde der Nestlé-Konzernchef Peter Brabeck-Letmathe als eine persönliche Niederlage bewerten, meldete die *Frankfurter Allgemeine Zeitung* am 16.3.2000. Er würde lieber an einer täglichen Verbesserung des Geschäfts arbeiten. Damit werde man auch der öffentlichen Verantwortung eines Unternehmers besser gerecht.

In Zukunft sollen ertragsstarke Marken wie Magnum Eis, Lipton Tee, Calvin Klein Parfüms und Dove Seife in den Mittelpunkt der Geschäftsaktivitäten rücken, kündigte Burgmans an. Außerdem will der neue Konzernchef einen neuen Unternehmensbereich mit der Bezeichnung »Vitality« aufbauen, in dem es um gesunde Ernährung geht. Zu den neuen Produkten soll zum Beispiel eine cholesterinarme Margarine gehören. Es liegt die Vermutung nahe, dass sich Burgmans mit der Planung dieses neuen Unternehmensbereichs an der strategischen Geschäftseinheit Nutrition orientiert hat, die es bei Nestlé bereits seit 1997 gibt.

Das eingeleitete Restrukturierungsprogramm von Unilever soll drei bis fünf Jahre dauern und zur Steigerung der Ertragskraft führen. Außerdem würden Akquisitionen künftig eine wichtige Rolle spielen, sagte Burgmans. Einige hat er bereits verwirklicht und dabei das Augenmerk vor allem auf den US-amerikanischen Markt gelegt. In der ersten Hälfte des Jahres 2000 kaufte er für 326 Mrd. Dollar die amerikanische Eiskrem-Kette Ben & Jerry's und für 2,3 Mrd. Dollar den US-Diätprodukte-Hersteller Slimfast.

Slimfast setzte 1999 611 Mio. Dollar um und weist eine Wachstumsrate von rund 20 Prozent auf. Allerdings wurden bisher nur sechs Prozent des Umsatzes außerhalb der Vereinigten Staaten erzielt. Mit Hilfe von Ben & Jerry's baut Unilever seine Position als weltweit führender Hersteller von Eiskrem des oberen Preissegments aus. Bisher hat sich das Geschäft von Ben & Jerrys ausschließlich auf die Vereinigten Staaten beschränkt; dort wurden 237 Mio. Dollar Umsatz erzielt. Unilever will die Marke Ben & Jerry's nun weltweit positionieren.

Im Juni 2000 wurde bekannt, dass Unilever den US-Soßenhersteller Bestfoods für 20,3 Mrd. Dollar übernimmt. Zu Bestfoods gehören die Marken Knorr, Pfanni, Mazola, Mondamin, Grossmann und Ubena, Skippy Erdnussbutter und Hellmanns' Mayonnaise sowie Dextro Energen. Dabei stehen vor allem Knorr und Pfanni in scharfer Konkurrenz zu den Maggi-Produkten und Hellmanns' zu Thomy. Die Fusion von Unilever und Bestfoods ergibt einen Konzern mit einem Gesamtumsatz von 52,3 Mrd. Dollar und einem Gewinn von 6,2 Mrd. Dollar. Im Nahrungsmittelbereich kommen beide zusammen auf einen Umsatz von 29,07 Mrd. Dollar (20,47 Mrd. Dollar von Unilever, 8,6 Mrd. Dollar von Bestfoods). Damit hatte der neue Konzern Kraft Foods kurzfristig vom zweiten Platz der Nahrungsmittelhersteller verdrängt.

Vor allem das Nordamerikageschäft wird durch die Akquisitionen gestärkt. Unilever erwirtschaftete dort im Jahre 1999 inklusive der Körperpflege- und Haushaltsprodukte einen Umsatz von nur 2,3 Mrd. Dollar, Nestlé dagegen über zehn Mrd. Dollar. Durch Bestfoods kommen 1,9 Mrd. Dollar hinzu. Bestfoods setzt außerdem 3,6 Mrd. Dollar in Europa um, 0,37 Mrd. Dollar in Asien und 1,1 Mrd. Dollar in Lateinamerika.

Bei kulinarischen Produkten, Brotaufstrichen, Tee, Eiskrem und Tiefkühlkost verstärkt Unilever weltweit seine Position. Dabei handelt es sich überwiegend um Produkte mit relativ hoher Wertschöpfung und entsprechenden Renditen, die darüber hinaus dem Trend zu mehr Convenience entsprechen. Unilever-Chef Antony Burgmans plant, einige Suppen- und Soßenmarken abzustoßen; im Gegenzug soll Bestfoods die führende Rolle beim Ausbau des Marktanteils übernehmen.

Ein wichtiger Punkt bei der Übernahme von Bestfoods ist nach Ansicht von Branchenkennern, dass Unilever mit den Bestfoods-Produkten seine Präsenz in Schwellenländern verbessern kann, wo die höchsten Wachstumsraten zu erzielen sind. Unilever hat bisher nur 20 Prozent seines Nahrungsmittelumsatzes in diesen Ländern erzielt, da viele Produkte des Unternehmens für diese Länder nicht geeignet sind, weil sie stets gekühlt gehalten werden müssen, etwa die Margarinen oder die Tiefkühlkost. Die Suppen und Öle von Bestfoods haben da bessere Chancen.

Unilever zahlt für Bestfoods 20,3 Mrd. Dollar, was einige Analysten als einen zu hohen Kaufpreis ansehen. Erschwerend kommt hinzu, dass Unilever auch Schulden in Höhe von vier Mrd. Dollar übernimmt. Im Mai 2000 hatte Unilever zunächst 18,3 Mrd. Dollar geboten, was der Bestfoods-Chef Charles Shoemate jedoch als unzureichend ablehnte. Er begann sich daraufhin selbst nach potenziellen Übernahmekandidaten umzusehen. Shoemate soll dabei Gespräche mit Campbell Soup, Diageo und H. J. Heinz geführt haben.

Die Vermutung drängt sich auf, dies sei nur geschehen, um Unilever zu einem höheren Angebot zu bewegen. Für die Aktionäre jedenfalls wurden durch das wochenlange Verhandlungspoker

73 statt der ursprünglich 66 Dollar je Aktie herausgeholt. Wenige Tage vor der Einigung mit Unilever hatte es in Branchenkreisen noch geheißen, Bestfoods wolle Campbell Soup für 15 Mrd. Dollar übernehmen. Dieses Angebot sei dann ganz kurzfristig zurückgezogen worden, um das Zusammengehen beider Konzerne nicht zu erschweren.

Unilever will durch den Zusammenschluss mit Bestfoods 750 Mio. Dollar pro Jahr einsparen. Mitarbeiter und Gewerkschaften fürchten, dass die Umstrukturierung zu einem noch massiveren Arbeitsplatzabbau führt als zuvor angekündigt. Insgesamt beschäftigt Unilever weltweit 255 000 Personen, davon 12 500 in Deutschland. Bestfoods hat 44 000 Mitarbeiter, davon 3400 in Europa. Von den 3100 Mitarbeitern in Deutschland sind 2100 am Stammsitz in Heilbronn beschäftigt.

Da Unilever, wie bereits erwähnt, nicht als Lebensmittel- sondern als Waschmittelkonzern gilt, kann er nicht, wie Nestlé, generelle Imagekomponenten auf die einzelnen Marken übertragen.

Danone – ein scharfer Konkurrent vor allem im Europa-Geschäft

Der französische Konzern Danone ist nach Nestlé und Unilever die Nr. 3 auf dem westeuropäischen Lebensmittelmarkt und erzielt dort auch 77 Prozent seines Umsatzes. Die drei Kernbereiche sind Milchprodukte, die 49 Prozent zum Gesamtumsatz beitragen, mit beträchtlichem Abstand folgen Backwaren mit 22 Prozent und Mineralwasser mit 16 Prozent. Margenarme Geschäftsbereiche wie die Brauereien Kanterbräu und Kronenbourg, der Einzelhandel, das in der Birkel Sonnenbassermann Nahrungsmittel GmbH zusammengefasste Teigwarengeschäft und der Sektor Glasverpakkung wurden inzwischen abgestoßen.

Zum Kerngeschäft zählen die Marken Danone (Dany Sahne, Obstgarten, Fruchtzwerge), Actimel, Galbani, Evian, Volvic sowie im Keksbereich Lu und De Beukelaer.

Danone ist 1973 aus der Fusion von Gervais Danone und dem Glashersteller BSN hervorgegangen, der Anfang der siebziger Jahre mit dem Erwerb des Mineralwasserherstellers Evian und der Brauerei Kronenbourg in das Getränkegeschäft eingestiegen war. Danone wurde damit der größte Nahrungsmittel- und Getränkekonzern Frankreichs. Die Gewinne aus dem Glasgeschäft dienten in erster Linie zur Finanzierung des Nahrungsmittelgeschäfts. In den achtziger Jahren folgten Übernahmen einiger lokaler Hersteller, unter anderem aus den Bereichen Süßwaren, Soßen und Gewürze.

Auch Danone hatte Interesse an der Übernahme der Nabisco-Lebensmitteltochter angemeldet und ein gemeinsames Gebot mit der britischen Cadbury Schweppes abgegeben. Der Keksbereich hätte gut zum Kerngeschäft gepasst und außerdem den Konzern auf dem Weg zur Internationalisierung des Geschäftes vorangebracht. Denn bisher stammen noch 36 Prozent des Konzernumsatzes aus Frankreich und knapp 40 Prozent aus anderen Staaten der Europäischen Union.

Im Bereich der gekühlten Produkte ist Danone in Europa der schärfste Wettbewerber von Nestlé. Viele Supermarktketten entscheiden sich schwerpunktmäßig für eines der beiden großen Sortimente, da es zu fast jedem Produkt des einen ein Pendant vom anderen gibt. Abgerundet werden die Angebote des Handels dann durch Produkte lokaler oder regionaler Anbieter.

Auch Sara Lee plant Konzentration auf Wachstumsfelder

Der amerikanische Konsumgüterkonzern Sara Lee ist vor allem als weltgrößter Textilhersteller bekannt. Zu seiner Produktpalette zählen aber auch Kaffee unter der Marke Douwe Egberts, Tee der Marke Pickwick, Aoste-Schinken, Natreen-Süßstoff, Duschdas und Büstenhalter der Marke Wonderbra. Als der neue Firmenchef Steve McMillan Mitte 2000 sein Amt antrat, kündigte auch er eine Konzentration des Konzerns auf einige wenige besonders wachstumsträchtige Geschäftsbereiche an. Dies sind für ihn Nahrungsmittel und Getränke, Unterwäsche sowie Haushaltsprodukte.

McMillan will sich von vier Unternehmen trennen und damit von den mehr als 20 Mrd. Dollar Gesamtumsatz etwa 4,2 Mrd.

Dollar abgeben. Auf seiner Verkaufsliste stehen Courtaulds, der größte britische Unterwäschehersteller, und der Sportartikelproduzent Champion. An die Börse bringen will der Konzernchef den Lederwarenhersteller Coach und den Nahrungsmittellieferdienst PYA/Monarch. Diese Bereiche weisen keine so hohe Umsatzrendite auf wie zum Beispiel das Kaffee- oder Teegeschäft. Das Kaffeegeschäft hat McMillan bereits durch den Erwerb des größten brasilianischen Kaffeeunternehmens Uniao verstärkt.

Die Großen werden immer größer

Branchenkenner erwarteten nach Beendigung der Übernahmeschlachten um Bestfoods und Nabisco eine neue Fusions- und Übernahmewelle in der Nahrungsmittelindustrie. Dabei werden vor allem Campbell Soup, H. J. Heinz, der Frühstückszerealienproduzent General Mills, der mit Nestlé seit 1989 kooperiert, und der Gatorade-Hersteller Quaker Oats als potenzielle Übernahmekandidaten eingeschätzt. Und auf der Liste der potenziellen Käufer findet sich selbstverständlich immer wieder auch Nestlé.

Die jüngste Meldung von Mitte Juli 2000 bestätigt diese Erwartungen. Der designierte Chef des US-Konzerns Diageo, Paul Walsh, hat angekündigt, sich von der Fast food-Kette Burger King und von Pillsbury, dem Nahrungsmittelbereich des Konzerns, zu trennen, um sich ganz auf das Spirituosen- und Biergeschäft zu konzentrieren. Pillsbury soll an General Mills verkauft werden, wobei Diageo zunächst noch einen Anteil von 32,6 Prozent an dem neu fusionierten Unternehmen behalten, sich aber nach und nach daraus zurückziehen will. Das wäre also die dritte Mega-Fusion in der Nahrungsmittelindustrie innerhalb von zwei Monaten. Gemeinsam mit Pillsbury wird General Mills dann auf Platz fünf der Weltrangliste vorrücken. Zu den Pillsbury-Produkten gehören die Häagen-Dazs-Eiskrem und Fertigteige.

Interessant ist, dass Nestlé sowohl mit General Mills im Bereich Frühstückszeralien kooperiert als auch mit Pillsbury beim Eis. Nestlé und Pillsbury hatten im Jahre 1999 das Joint Venture Ice Cream Partners USA gegründet, das sowohl Nestlé-Eis als auch

Häagen-Dazs in den USA vertreibt. Schon spekuliert man in der Branche, Nestlé könne an der neuen Kombination Interesse haben.

Die jüngsten Fusionen würden Nestlé dazu zwingen, jetzt auch nach größeren Akquisitionen Ausschau zu halten, um den geschrumpften Abstand zum Branchenzweiten wiederherzustellen, vermutet man. Peter Brabeck hat zwar immer betont, dass der Konzern aus eigener Kraft wachsen soll, schloss aber interessante Akquisitionen auch nie aus.

Betrachtet man Nestlé und das Umfeld seiner direkten Wettbewerber, dann wird deutlich, dass trotz aller Größe keiner von ihnen unkontrolliert oder gar unbeobachtet schalten und walten kann. Der Kampf um Marktanteile spiegelt sich in Bruchteilen von Prozenten, der Kampf um Preise findet im Pfennigbereich statt. Das Verbraucherverhalten ist keine statische Größe, Produktideen werden vom Wettbewerb innerhalb von Monaten oder auch nur Wochen übernommen, und der Handel spielt sein Spiel nach eigenen Regeln. Die Erfolgspunkte werden im Markt gesammelt, aber die Ursachen sind unternehmensinterner Natur. Es sind die geschriebenen und ungeschriebenen Regeln der einzelnen Unternehmen, die die Führungskräfte und Mitarbeiter verbinden und ihre Leistungen letzten Endes bestimmen.

Wer jetzt nach Vergehen Nestlés gegen nationales oder internationales Recht fragt, nach Prozessen, nach öffentlichen Verfahren zu Produktmängeln, wie in den USA zum Thema Firestone-Reifen, wird nicht fündig werden. Auch nicht unter dem Stichwort Gentechnik. Nur die Aktionsgruppen Babynahrung sehen das anders. Mit der Wiederholung alter Vorwürfe und dem Bestreben, neue aufzutun, wirken sie manchmal wie Partisanenkämpfer im Dschungel, die vom Ende des Krieges noch nicht erfahren haben und das Schlachtfeld nicht verlassen wollen. Jede andere Diskussion, in die Nestlé heute eingebunden ist, und auch jeder Schlagabtausch mit Kritikern bezieht sich nicht auf unternehmensspezifische Fragen, sondern auf grundsätzliche wirtschafts- und gesellschaftspolitische Themen. Oft ist es die Forderung nach der Änderung geltenden Rechts und nach neuen Gesetzen, die am Beispiel von Nestlé-Produkten festgemacht wird; das hat jedoch nichts mit der Macht des Unternehmens zu tun. Die Macht von Nestlé speist sich nicht aus dunklen Kanälen, sondern aus den für jeden sichtbaren Quellen des Marktes.

6 | Die Zukunft der Nahrung

Nestlé ist deshalb so erfolgreich, weil durch die Globalisierung auch der Geschmack weltweit »gleichgeschaltet« wird.

Das Nestlé-Forschungszentrum in Vers-chez-les-Blanc am Rande von Lausanne ist so wie eigentlich alle Nestlé-Einrichtungen, funktional. Verschiedene Gebäude verteilen sich im Gelände, und wäre da nicht ein ebenso dezenter wie hoch aufmerksamer Sicherheitsdienst mit modernster Technik, würde man sich eher in einer gut gepflegten, aber unbedeutenden Hochschule wähnen als im Weltzentrum der Lebensmittelforschung. Das Büro der Leiterin Andrea Pfeifer liegt im Verwaltungsgebäude zwischen allen anderen Büros, nur erkenntlich am Namensschild an der Tür. Die Pharmazeutin und Molekularbiologin ist gebürtige Münchnerin, hat eine Zeit lang in den USA gearbeitet und kam dann zu Nestlé. Bevor sie die Gesamtleitung des Forschungszentrums übernahm, führte sie den Bereich Life Sciences und hat gemeinsam mit ihren Mitarbeitern die Grundlagen für die LC1 Produkte erforscht.

Frau Pfeifer kennt alle Argumente, die gegen industrielle Nahrungsmittel ins Feld geführt werden. Die Fragen nach Farbstoffen, Aromen oder Konservierungsmitteln sind ihr mehr als geläufig. »Das mit den Aromen fragt mich auch mein kleiner Neffe. Die lernen so was schon in der Grundschule. Dabei entsteht Geschmack ganz anders, wie wir inzwischen wissen«, erklärt sie geduldig. Das Wissen über die Nahrung und ihre Bestandteile sowie über deren Funktionsweise im Körper habe sich in den vergangenen Jahren zum Teil grundlegend gewandelt, aber dieses Wissen wurde weder von den Fachleuten noch von der Öffentlichkeit so zur Kenntnis genommen, wie es wünschenswert und notwendig wäre, meint Frau Pfeifer. Sie hätte schon Kollegen im Fernsehen erlebt, die überhaupt nicht wussten, wovon sie sprachen, staunt sie. Das gesamte Verständnis der körpereigenen Abläufe und die Bedeutung der verschiedenen Nahrungsbestandteile im Laufe eines Lebens habe so stark zugenommen, dass man daraus heute bereits erste konkrete Konsequenzen für die Ernährung ziehen könne. Der eigentliche Wissensschub mit den daraus resultierenden Veränderungen stehe aber erst noch bevor.

Hinsichtlich der Zukunft der Nahrung muss man, so Andrea Pfeifer, mit vier Bestimmungsgrößen rechnen:

- den Konsequenzen aus dem zunehmenden Wissen der Forschung,
- den Veränderungen im Konsumverhalten der Menschen in den hoch entwickelten Ländern,
- den Veränderungen in der Ernährung bei den Menschen in den weniger entwickelten Ländern, und
- der Tatsache, dass Nahrung auch zukünftig ein konservatives Produkt sein wird, das aus einer beschränkten Zahl natürlicher Quellen stammt und nur in bestimmten Formen verzehrt wird.

Ohne Forschung keine Zukunft

Auch bei Forschung und Entwicklung (F&E) nimmt Nestlé in der Nahrungsmittelbranche eine globale Spitzenstellung ein. Kein anderes Nahrungsmittelunternehmen setzt für F&E derart große personelle und finanzielle Ressourcen ein: Das weltweite F&E-Netzwerk von Nestlé umfasst derzeit 17 Forschungsstätten auf vier Kontinenten. Eine international zusammengesetzte Belegschaft von 3500 Personen erforscht und entwickelt innovative Produkte und arbeitet an der Erneuerung und Verbesserung bestehender

Erzeugnisse. Jahr für Jahr investiert Nestlé ca. 800 Millionen Schweizer Franken in die Forschung und Entwicklung.

Ziel dieser Anstrengungen ist, die führende Position Nestlés an der Innovationsfront im Nahrungsmittelsektor zu erhalten und zu stärken. Einerseits steigen die Bedürfnisse und Wünsche der Konsumenten in der ganzen Welt nach Essvergnügen, Convenience, Wohlbefinden und Gesundheit ständig an, andererseits hat sich der Wettbewerb in der Nahrungsmittelindustrie im Zuge der Globalisierung immer weiter verschärft. Deshalb ist der F&E-Bereich eng in die globale Unternehmenspolitik eingebunden und als zentraler Teil der Tätigkeit von Nestlé wesentlicher Bestandteil der Unternehmenskultur.

Der Erfolg von Nestlé beruht auf der Produktseite im Prinzip auf einer gewissen Anzahl einzigartiger Produkte, die im Laufe der Unternehmensgeschichte aus der Forschung und Entwicklung hervorgegangen sind und eine Art Kernkompetenz darstellen. Dabei geht das starke Engagement für Forschung und Entwicklung bei Nestlé schon auf den Ursprung des Unternehmens zurück. Bereits das »Nestlé-Kindermehl«, das erste Nährmittel für Säuglinge, das 1867 zur Firmengründung führte, war ein Forschungsprodukt.

Als sich Heinrich Nestlé 1875 aus dem Geschäft zurückzog, sorgte er dafür, dass die Firma seine Forschungen weiterführte und sich nicht auf seinen wissenschaftlichen Lorbeeren ausruhte. Damals stand nicht die Entwicklung neuer Produkte im Vordergrund, sondern die Lebensmittelsicherheit. Es wurde ein Chemiker eingestellt und mit der Ausarbeitung von analytischen Methoden zur Qualitätskontrolle der beiden wichtigsten Rohstoffe – Milch und Getreide – beauftragt. Mit der geographischen Ausdehnung des Unternehmens entstanden ähnliche Laboratorien in anderen Nestlé-Fabriken auf der ganzen Welt.

So bildete sich bereits vor hundert Jahren der Kern des heutigen internationalen F&E-Netzwerkes. Dieses Netz weitete sich im Lauf der Jahrzehnte aus, als Nestlé sich durch seine Akquisitionen neue Produktfelder erschloss. Es kamen Unternehmen zu Nestlé, die ihrerseits in ihrem spezifischen Sektor technologisch führend waren, wie die Schweizer Schokoladefirmen Peter, Cailler, Kohler sowie die Maggi-Gruppe. Deren bahnbrechende Innovationen waren 1875 Daniel Peters Milchschokolade und 1908 Julius Maggis Brühwürfel.

Nestlé gelang es 1938 aufgrund seiner Kenntnisse, vor allem auf dem Gebiet der Trockenmilch, sowie der Fähigkeiten und der Ausdauer eines Forschungsteams unter Leitung von Max Morgenthaler Nescafé herzustellen, den ersten löslichen Kaffee der Welt und eine der wichtigsten Erfindungen des Unternehmens überhaupt.

Spätere Unternehmenskäufe öffneten den Zugang zu weiteren Gebieten wie zum Beispiel Dosen- und Tiefkühlprodukten und Heimtiernahrung, oder sie vertieften das Wissen in bekannten Bereichen wie Teigwaren oder Schokolade. Die meisten der neu erworbenen Gesellschaften brachten ihre eigenen Forschungs- und Entwicklungs-Einheiten mit, so dass Nestlé zeitweise bis zu 25 F&E-Zentren besass. Eine derart große und komplexe Ansammlung von Aktivitäten bedurfte einer klaren Struktur, um weiter effizient zu sein. Bereits im Jahre 1950 wurde deshalb die in Vevey bestehende Forschung erweitert. Man zog mit einem neuen Zentrallabor in den Nachbarort La-Tour-de-Peilz. Rund dreißig Jahre hatte diese Lösung Bestand, dann erreichten das Wachstum der Nestlé-Gruppe sowie die technischen Fortschritte einen solchen Stand, dass wieder ein Neubau notwendig wurde. In Vers-chez-les-Blanc, am Rande von Lausanne, ließ Helmut Maucher das Nestlé-Forschungszentrum errichten, das 1987 eingeweiht wurde.

Forschung und Entwicklung sind also tief in der Firmengeschichte verankert, und sie sind die wesentlichen Bestandteile eines ständigen Innovations- und Renovationsprozesses der gesamten Nestlé-Gruppe. Innovation bedeutet dabei die Entwicklung neuartiger Produkte und Technologien. Als Renovation bezeichnet man die Verbesserung bestehender Produkte und/oder Verfahren.

Effiziente Forschung ist kein Selbstzweck

In den Jahren 1996 bis 1999 wurde das Nestlé F&E-System umstrukturiert, um noch besser auf neue Anforderungen reagieren zu können. Dazu gehörte sowohl die Verbesserung der Zusammenarbeit und der Kommunikation zwischen den einzelnen Zentren als auch die Anpassung an die Geschäftsstrategien der Gruppe. Ebenso wurde die Zusammenarbeit mit allen anderen am Innovations- und Renovationsprozess beteiligten Funktionen innerhalb des Unternehmens intensiviert; das sind neben den Märkten vor allem die Strategischen Geschäftseinheiten und die Spezialisten für Lebensmittelrecht, Umwelt, geistiges Eigentum und Patentwesen am Hauptsitz in Vevey. Das vorrangige Ziel war es, einen schnelleren Austausch von Know-how und Ideen zu erreichen.

Das F&E-System von Nestlé stützt sich auf vier Säulen: das Nestlé-Forschungszentrum, die acht Produkt-Technologie-Zentren, die Adaptionszentren und die Anwendungsgruppen.

Das Nestlé-Forschungszentrum (Nestlé Research Centre, NRC) bildet mit seiner Grundlagenforschung das wissenschaftliche Fundament für die gesamte Gruppe auf den Gebieten Nahrungsmittel und Life Sciences. Es trägt zum besseren Verständnis der relevanten Phänomene in allen mit Nahrungsmitteln verwandten Wissenszweigen und zum Erwerb des für sämtliche Geschäftsbereiche notwendigen Know-hows bei. Das Forschungszentrum vermittelt wissenschaftliche Kenntnisse, von Rohstoffen und Pflanzenwissenschaften über die Funktionen des menschlichen Gehirns und von Zusatz- und Aromastoffen bis zur Molekularbiologie, zur Ernährungswissenschaft und den biologischen Funktionen des menschlichen Körpers.

Die Abteilung Biowissenschaft sucht zum Beispiel nach neuen Erkenntnissen bei Fermentationsprozessen auf der Basis von Hefe, Bakterien und Enzymen, um den Geschmackswert und die Convenience eines Produktes zu erhöhen. Weiter forscht man nach neuen Produkten, die das Immunsystem stärken oder Lebensmittelallergien auf ein Minimum beschränken sollen. Die Mitarbeiter der Abteilung Nahrungsmittelwissenschaften ergründen die Mechanismen der Aroma- und Texturbildung und entwickeln Methoden, die bei der genauen sensorischen Analyse von Fertigprodukten und Prototypen innerhalb des ganzen Unternehmens Anwendung finden. Es geht also darum, möglichst objektive Methoden zu finden, das Geschmacksempfinden, das ein Produkt auslöst, zu definieren und zu standardisieren.

Die meisten Menschen nehmen an, dass der Geschmack, den sie empfinden, ausschließlich eine Frage der Aromastoffe ist, die auf die Nervenzellen in Mund und Nase treffen. Das ist, wie man heute weiß, ein Irrtum. Geschmack entsteht auch und besonders durch die Gefühle, die die Nahrung im Mund auslöst. Sahnig oder glitschig, knusprig oder matschig können je nach Lebensmittel sehr unterschiedliche Qualitätsempfindungen auslösen, abhängig natürlich auch von der mit dieser Nahrung verbundenen Erwartung. Aufgeweichte Frühstücksflocken schmecken ebenso wenig wie glitschige Schokolade. Zu feste Gemüsestückchen in einer Suppe werden eher als »ungegart« denn als »al dente« empfunden. Ist der Joghurt zu flüssig, schmeckt er denen nicht, die ihn lieber stichfest essen.

In der Abteilung Verfahrensforschung geht es Spezialisten darum, die technischen Aspekte der verschiedenen in der Produktion verwendeten Verfahren wie Extraktion, Extrusion, Sterilisation und Trocknen ständig zu verbessern oder Alternativen vorzuschlagen. Wenn von industrieller Nahrungsfertigung gesprochen wird, taucht bei vielen Menschen entweder sofort das Bild einer brodelnden Hexenküche auf oder klobige, den Menschen vergewaltigende Maschinen wie im Film »Moderne Zeiten« von Charly Chaplin. Beides ist falsch.

Industrielle Nahrungsfertigung bedeutet in allererster Linie, Geschmack zu schaffen – eine Hühnersuppe entsteht auch in einem Gourmet-Restaurant nicht dadurch, dass ein rohes Huhn in kaltem Wasser liegt –, Nahrung zu formen – wer Nudeln in Handarbeit selbst macht, weiß, was gemeint ist –, Keimfreiheit zu erzeugen – deshalb wird auch im Privathaushalt gekocht und gebraten, auch wenn dieser Grund manchmal schon in Vergessenheit geraten ist –, und zu konservieren – wobei die Trocknung gegenüber dem Einwecken oder gar Einfrieren die älteste Konservierungsmethode ist.

Gerade getrocknete Nahrungsmittel werden von den Kritikern immer wieder als »künstlich« attackiert. Dabei sind sie besonders umweltfreundlich; denn sie brauchen während ihrer Lagerung keine Kühlung und damit auch keine Energie. Sie können dann hergestellt werden, wenn die Rohstoffe reichlich vorhanden und damit billig sind, und sie lassen sich besser dosieren.

Natürlich finden die Abläufe der industriellen Nahrungsfertigung in großem Stil statt. Die »Töpfe« haben andere Dimensionen und sehen anders aus, aber die Abläufe sind grundsätzlich die gleichen wie in der Küche eines Privathaushaltes, allerdings nicht von heute, sondern fünfzig oder hundert Jahre zurück, als noch Vorratswirtschaft betrieben wurde.

Die Abteilung Ernährungswissenschaft des Nestlé-Forschungszentrums wacht nicht nur darüber, dass die Produkte den ernährungswissenschaftlichen Anforderungen entsprechen, sondern unterstützt vor allem die Strategische Geschäftseinheit Nutrition bei der Ausarbeitung neuer Produktkonzepte, die beispielsweise auf Verbesserung der Knochendichte, der Hautqualität, der Funktion des Verdauungssystems oder des Herz-Kreislauf-Systems ausgerichtet sind. Aber auch die schlichte Reduktion von Übergewicht gehört zu den Zielen.

Die acht Produkt-Technologie-Zentren (Product Technology Centres, PTCs) befassen sich mit der Innovation und Renovation von Produkten und Verfahren im Tätigkeitsbereich der jeweiligen Strategischen Geschäftseinheit. Auch wenn sich manche Tätigkeiten der PTCs überschneiden, hat doch jedes einzelne die ganz spezifische Aufgabe, wissenschaftliche Ideen und Erkenntnisse in industrielle Anwendungsmöglichkeiten umzusetzen. Die Geschwindigkeit, mit der ein Produkt auf den Markt gebracht werden kann, wird zu einem immer wichtigeren Faktor.

Die Produkt-Technologie-Zentren entwickeln dafür ein spezielles technologisches Know-how über Produkte, Herstellungsverfahren und neuartige Verpackungen für die einzelnen Geschäftssparten des Unternehmens. Das Herz jedes PTC ist der Pilotplant, eine Art Miniaturfabrik, in der Produktionsverfahren im Kleinmaßstab ablaufen. Er verfügt über alle notwendigen Maschinen und Anlagen, um für die jeweilige Produktegruppe Prototyp-Fabrikationslinien zu simulieren sowie bestehende Produktionslinien abzuändern oder neu zu gestalten. Der Pilotplant wird durch entsprechende Werkstätten unterstützt.

In Versuchsküchen und Degustationsräumem testen erfahrene Degustatoren täglich die sensorische Qualität neu entwickelter Produkte. Die PTCs verfügen auch über »Restaurants«, wo den »Kunden« aus den Strategischen Geschäftseinheiten oder den Märkten praxisnahe Testmahlzeiten serviert werden können.

In den meisten Zentren befindet sich auch eine Entwicklungsgruppe für Verpackungen, da parallel zu jedem neuen Produkt auch dessen Verpackung kreiert werden muss. Für den Konsumenten müssen Verpackungen attraktiv, bequem und handlich sein. Vom technischen Standpunkt her besteht deren Aufgabe zunächst darin, ein Produkt vor schädlichen Einflüssen von Licht, Luft und Feuchtigkeit sowie vor mikrobiologischem Befall zu schützen. Um eine gute Produktqualität zu garantieren, muss ein jeweils geeignetes Verpackungsmaterial gefunden werden.

Darüber hinaus verfügen diese Zentren über Laboratorien, die für alle Entwicklungsprojekte nicht nur eine integrierte wissenschaftliche Unterstützung bieten, sondern auch eine ganze Reihe von Tests durchführen, um sicherzustellen, dass die Roh- und Zusatzstoffe, Verpackungen und Produkte allen Qualitätsnormen sowie den regionalen und lokalen Anforderungen entsprechen.

Die dritte Säule des Nestlé-F&E-Systems besteht gegenwärtig aus den zwei Adaptationszentren, die sich in Singapur und in Abidjan (Elfenbeinküste) befinden. Die Arbeitsergebnisse der Adaptionszentren finden nicht nur in ihrer jeweilige Region Anwendung. So werden in Singapur asiatische Gerichte für die gesamte Welt entwickelt, während Abidjan große Erfahrung mit kulinarischen Trockenprodukten besitzt, die auf afrikanischen Rohmaterialien wie Hirse, Sorghum, Cowpeas und einheimischen kulinarischen Würzstoffen basieren. Beide Zentren arbeiten nach dem Prinzip »die Arbeit dort ausführen, wo die besten Voraussetzungen dafür bestehen«.

Die weltweite Zusammenarbeit mit führenden, international renommierten Forschungsinstituten und Universitäten, die in hoch spezialisierten Bereichen über besondere wissenschaftliche und technologische Kompetenzen verfügen, ist ein wichtiger ergänzender Teil der Gesamtaktivität des Nestlé-F&E-Systems. Diese Kooperationen werden sich in Zukunft noch verstärken, da etwa für moderne Produkte mit zusätzlichem Gesundheitsnutzen in vermehrtem Maße klinische Tests erforderlich sind, die eine Zusammenarbeit mit Spezialkliniken und allgemeinen Krankenhäusern erfordern. Diese Zusammenarbeit umfasst auch Hersteller von Maschinen und Geräten sowie Lieferanten von Roh- und Zusatzstoffen.

Auch für die Nestlé-Tochter Alcon Laboratories Inc. in Fort Worth, Texas, USA, hat Forschung und Entwicklung einen sehr hohen Stellenwert. Das William C. Conner Research Centre von Alcon in Fort Worth ist das modernste ophtalmologische Forschungszentrum der Welt; das Alcon Technology Centre in Irvine, Kalifornien, hat sich auf ophtalmologische Geräte spezialisiert. Insgesamt arbeiten heute über 1000 Wissenschaftler, Ingenieure und Mitarbeiter aus anderen Berufsgruppen an der weltweiten Forschung zur Entwicklung von Spitzenprodukten für die Vorbeugung, die Diagnostik und/oder Behandlung von Augenleiden durch Ophtalmologen. Für die nächsten fünf Jahre sind Investitionen von jährlich über 200 Millionen Dollar vorgesehen.

Die Spezialisten von Alcon sind nicht nur in den wissenschaftlichen und technischen Kerndisziplinen wie Medizin, Pharmazeutik, Mikrobiologie, Pharmakokinetik und Toxikologie tätig, sondern auch auf den Gebieten Immunologie, Molekularpharmakologie, Rezeptorbindungstechnologie, Polymer-Chemie, Biotechnologie und Gesundheitswesen. Um die Produkte der F&E schließlich auf den Markt zu bringen, verfügt Alcon über ein weltweites Netz von Spezialisten, die sich mit der Registrierung neuer Produkte und Lizenzfragen befassen. Jedes Jahr werden mehr als 200 Produkte weltweit in 170 Märkten angemeldet oder eingeführt.

Jede F&E-Leistung beruht auf der Innovation und/oder Renovation von Produkten. Herausragende Beispiele sind Nescafé, Maggi-Würze oder die verschiedenen Nestlé-Milchprodukte, die bei ihrer Einführung bahnbrechend waren und seither ständig verbessert wurden. Der Verbraucher soll klar erkennen können, dass jedes neue oder verbesserte Produkt einen deutlichen Vorteil oder einen zusätzlichen Nutzen bietet. Im Prinzip wird angestrebt, dass neue Verfahren und Produkte als Firmeneigentum unter Marken- und Patentschutz stehen.

Die über 130-jährige Erfahrung in der Herstellung von Kleinkindernahrung stellt für Nestlé eine solide Basis für weitere Errungenschaften in diesem Bereich dar. Ein Beispiel ist die vor nicht allzu langer Zeit entwickelte hypoallergene Säuglingsnahrung, die aufgrund einer spezifischen Änderung der Proteinstrukturen das Risiko von Allergien reduziert. Gleichzeitig ist der Nährstoffgehalt der neuen Produkte so weit wie möglich dem der Muttermilch angeglichen. Weltweit durchgeführte klinische Untersuchungen zeigten, dass die neuen Kinderernährungsmittel besser verdaulich sind und somit den Bedürfnissen der Kleinkinder bei Wachstum und Entwicklung wirksam entgegenkommen. Damit hat Nestlé einen bedeutenden Beitrag zur Entwicklung von Produkten mit naturähnlichen Funktionen geleistet.

Ausgangspunkt für die Entwicklung der LC1 Produkte war die Frage: Stimmt es, dass Joghurt gesund ist, und wenn ja, warum? Die Forscher von Nestlé wollten wissen, ob die Milchsäurebakterien des Joghurts mit den Darmbakterien in eine positive Wechselwirkung treten und das Immunsystem unterstützen. Sie mussten jedoch bald feststellen, dass 95 Prozent der Joghurtbakterien bereits im Magen zerstört werden. Also suchten sie mit Hilfe molekularbiologischer Methoden unter den rund 3500 im Nestlé-Forschungszentrum kultivierten Bakterienstämmen diejenigen heraus, die diese Barriere überwinden konnten. Grundlage für das zweite Selektionsverfahren war die Hypothese, dass die positive Wechselwirkung nur möglich ist, wenn die Joghurtbakterien an den Darmzotten gut anhaften und aufgrund ihrer quantitativen Überlegenheit das Andocken krankheitserregender Keime verhindern. Dabei wurde der Bakterienstamm Lactobacillus acidophilus 1, La1 genannt, identifiziert, der beide Kriterien erfüllte. Dies geschah bereits 1964. Es folgte eine Anzahl unabhängig durchgeführter F&E-Untersuchungen und klinischer Studien. Die ersten Studien 1983 versuchten herauszufinden, wie sich die Keime im Verdauungssystem verankern. 1988 und 1989 zeigten weitere Untersuchungen, dass sich La1 auf sehr wirksame Weise in den Verdauungsorganen ausbreitet und das Immunsystem stimuliert. Gleichzeitig ergaben Konzeptstudien, dass La1 zur Herstellung joghurtartiger Produkte verwendet werden kann.

Somit besaß die F&E von Nestlé bereits 1990 fundiertes wissenschaftliches und technisches Material, das den Ausgangspunkt für ein neuartiges Produkt mit erwiesener gesundheitsfördernder Wirkung bildete. Nachdem klinische Versuche in den Jahren 1991 und 1992 frühere Ergebnisse über die Stimulierung des Immunsystems bestätigt hatten und alle wichtigen Sicherheitsaspekte genau untersucht worden waren, wurde ein Herstellungsverfahren für ein Produkt namens LC1 entwickelt. Genau 30 Jahre nach der Entdeckung des Bakterienstamms La1 und nach vier Jahren Produktentwicklungszeit wurde dieses probiotische fermentierte Milchprodukt 1994 in Frankreich auf den Markt gebracht, mit dem Hinweis auf seine gesundheitsfördernden Eigenschaften: »Verstärkt die natürlichen Abwehrkräfte«. Inzwischen ist LC1 in vielen europäischen Ländern sowie in Australien, Brasilien und auf den Philippinen in den Regalen der Supermärkte zu finden.

LC1 ist eines der Ergebnisse der langjährigen F&E-Bemühungen von Nestlé, Nahrungsmitteln durch die Verwendung von Pre-

und Probiotika eine zusätzliche Dimension zur Förderung der Gesundheit und des Wohlbefindens zu geben, eine Dimension, die in der heutigen modernen Umwelt immer wichtiger wird. Künftig werden ähnlich geartete Produkte zur Unterstützung anderer Körperfunkionen hinzukommen, etwa des Verdauungs- und des Herz-Kreislauf-Systems sowie der Beschaffenheit der Haut und der Knochen, und dies nicht nur beim Menschen, sondern auch bei Haustieren.

Seit 1994 arbeitet die Forschung und Entwicklung von Nestlé an einer neuartigen und revolutionären Technologie zur Herstellung von Speiseeis. Heute ist es tatsächlich möglich, ein fettarmes Speiseeis mit der geschmeidigen Textur konventioneller Produkte herzustellen, welches das Beste aus zwei Welten verbindet, nämlich wenig Kalorien mit großem Essvergnügen.

Die Produktsparte Kaffee hat seit der Erfindung von Nescafé ständig innovative und renovative Entwicklungen erlebt, wobei die Optimierung von Aroma und Geschmack ein ständiges Ziel bleibt. Die neueste Errungenschaft ist eine besondere Extraktionstechnologie, die das natürliche Aroma eines frisch gemahlenen Röstkaffees einfängt und es dann, im Fertigprodukt Nescafé eingebaut, voll zur Wirkung bringt. Da das Aroma die speziellen Rohkaffeemischungen, die für die zahlreichen in der Welt verkauften Nescafé-Arten ausgewählt werden, widerspiegelt, ist diese Technik besonders wichtig, um die Verbrauchererwartungen zu erfüllen, die stark von regionalen und individuellen Präferenzen beeinflusst werden.

F&E-Technologen von Nestlé entwickelten ein neues rationelles Verfahren zur Herstellung von Schokolademasse, mit dem dieselbe hohe, heute zum Standard gewordene Qualität wie auf die konventionelle langsamere Weise erreicht werden kann. Dieses Verfahren bietet außerdem eine größere Flexibilität für die Anpassung an lokale und regionale Geschmacksrichtungen.

Als Nestlé 1988 Rowntree erwarb, war das führende Produkt die Schokolade-Waffel KitKat. Die Waffel wurde aus einem Spezialmehl hergestellt, das 1995 weniger als ein Prozent der Weltproduktion ausmachte und somit rar und teuer war. Die üblichen für Brot und Gebäck verwendeten Mehlsorten eigneten sich nicht, da die Waffeln leicht zerbrachen oder zerbröckelten. Nestlé-F&E änderte daraufhin das Herstellungsverfahren, so dass jetzt fast jede Mehlsorte verwendet und dennoch die gewünschte Qualität erreicht werden kann. Dies führte zu einer Senkung der Rohstoffkosten. Viel wichtiger jedoch war, dass KitKat – ursprünglich eine regionale Spezialität – nun in vielen Ländern mit lokal vorhandenen Mehlsorten hergestellt werden kann.

In den USA führte Nestlé mit großem Erfolg Skillet Sensations ein, eine neue Reihe von Tiefkühlprodukten, die in Beutel abgepackt und unter der Marke Stouffer's verkauft werden. Diese leicht zuzubereitenden Produkte – sie müssen vor dem Servieren nur erwärmt werden – sind eine weitere Leistung von Forschung und Entwicklung bei Nestlé und bieten eine große Auswahl an Geschmacksrichtungen für die Produktgruppen von Stouffer's.

Das Hauptziel des Tätigkeitsbereichs Food Services, der die gesamte Produktpalette von Getränken bis zu Fertiggerichten umfasst, ist es, die ganz spezifischen Bedürfnisse im Sektor der Außer-Haus-Verpflegung – Restaurants und Hotels, Fluglinien, private und staatliche Institutionen wie Schulen und Krankenhäuser – zu erfüllen. Bei seinen Entwicklungsarbeiten stützt sich das PTC New Milford in Connecticut, USA, auf die jeweiligen Produktfachkenntnisse innerhalb des F&E-Netzes, vor allem im Bereich der Ernährungswissenschaften. Die so entwickelten Produkte reichen von speziellen Zutaten bis zu Fertiggerichten in getrockneter, gekühlter oder tiefgekühlter Form. Das Zentrum entwickelt auch Verpackungen für besondere Bedürfnisse sowie geeignete Liefersysteme, um den Kunden höchste Convenience und Qualität zu offerieren.

Während die wenigen vorher erwähnten Beispiele nur Forschungsergebnisse beschreiben, die für den Verbraucher in Form neuer Produkte sichtbar werden, bleiben viele F&E-Leistungen für ihn nicht erkennbar. Einige Innovationen können zu verbesserten, kostensparenden Herstellungsverfahren führen, andere ermöglichen eine bessere Ausnützung der Rohstoffe oder bieten flexiblere Verwendungsmöglichkeiten für die Produktionslinien, wodurch die Auslastung der Fabriken erhöht wird. All dies führt wiederum zu einem verbesserten Einsatz der vorhandenen Mittel und somit zu Kostensenkungen, ohne jedoch die hohen Qualitätsstandards zu beeinträchtigen. Was der Verbraucher also in den Regalen stehen sieht, zeigt bei weitem nicht das gesamte Spektrum der F&E-Leistungen. Die sichtbaren und die unsichtbaren F&E-Ergebnisse sind jedoch für das Unternehmen in gleichem Maße wichtig, und letzten Endes auch für den Verbraucher.

Dank neuer Extraktions- und Trocknungsmethoden wurden beispielsweise die Herstellungsverfahren für Nescafé in den vergangenen 60 Jahren ständig weiter verbessert. Zu den neuen Trocknungstechnologien gehört die in den Nestlé-Laboratorien und Pilotanlagen entwickelte kontinuierliche Gefriertrocknung, eine der wesentlichsten Innovationen des 20. Jahrhunderts im Bereich der Lebensmitteltechnologie. Sie hat es ermöglicht, die führende Stellung von Nescafé in stark umworbenen und wettbewerbsintensiven Märkten zu erhalten.

Im Bereich der Pulvertechnologie für Milchprodukte arbeitet Nestlé mit Maschinenherstellern zusammen und vereint auf diese Art eigenes Know-how und wissenschaftliche Produktkenntnisse mit der technologischen und Ingenieur-Erfahrung dieser Firmen. So ist es gelungen, einzigartige, patentierte Produktionseinheiten zu entwickeln, durch die sich die Nestlé-Produkte deutlich von jenen der Konkurrenz unterscheiden und die darüber hinaus auch energiesparender sind. Die daraus entstehenden Vorteile kommen sowohl dem Verbraucher als auch der Umwelt zugute.

Auch in Zukunft bleibt Nahrung ein konservatives Produkt

Der Trendguru Gerd Gerken hat in seinem bereits 1995 erschienenen Buch »Trends Zweitausendundfünfzehn« die für ihn erkennbaren zehn Megatrends der modernen Ernährung aufgelistet:

1. Trend »Synthetic Food«: »Rein synthetisch hergestellte Lebensmittel werden sich immer mehr durchsetzen, da die Traditionen des Essens mit der Entwicklung immer neuer Essmethoden vergessen werden.« Dieser Trend hat sich bisher nicht eingestellt. So genannte Astronautennahrung gibt es zwar, und sie wird auch von Expeditionsteilnehmern oder Extremsportlern genutzt, ihr fehlt jedoch der Genuss als entscheidender Aspekt, außerdem ist sie noch zu teuer, um als Trendprodukt konsumiert zu werden.

2. Trend »Narzissmus-Food«: »Eine Exotikwelle nach der anderen wird kommen, sie werden zu Moden werden, die jeweils ein paar Jahre dauern.« Dieser Trend hat sich bestätigt. Art und Ort des Essens sind für bestimmte Gesellschaftsschichten rund um den Globus zu einem ebenso wichtigen Teil der persönlichen Selbstdarstellung geworden wie Kleidung, Auto, Armbanduhr und Handymarke. Die Industrie liefert zu diesen Trendwellen zumindest die passenden Soßen und Gewürzmischungen.

3. Trend »Vegetarismus«: Dies ist der Klassiker unter den Ess-Trends. Er kommt nie ganz aus der Mode und findet aus immer neuen Gründen seine Anhänger. Die Abneigung und Unfähigkeit der Menschen, Tiere zu töten, dürfte heute gegenüber anthroposophischen und gesundheitlichen Argumenten überwiegen. Wer nicht gut kochen kann und nicht immer nur Rohkost mag, greift zu Industrieprodukten.

4. Trend »Grazing«: »Keine abgegrenzten Mahlzeiten zu sich nehmen, sondern kontinuierlich kleine Zwischenmahlzeiten.« Dieser Trend ist zur Zeit auch unter der Bezeichung Food-on-Move ein Wachstumsmarkt. Man reserviert für das Essen keine spezielle Zeit mehr, sondern isst, wenn es parallel zu einer anderen Tätigkeit möglich ist: Frühstück im Gehen auf dem Weg zur Arbeit, Mittagessen beim Joggen und Abendessen an der Kinokasse. Die Industrie steht mit Snacks und Automatenprodukten für diesen Trend bereit.

5. Trend »Konsumentenmacht«: »Die Konsumenten mit all ihren Ambitionen und modischen Attitüden werden zunehmend die eigentlichen Hersteller von Nahrungsmitteln.« Inzwischen gibt es dafür in allen Bereichen der Wirtschaft den Begriff des Prosumers. Die Produzenten machen kurzfristig und exakt das, was der Verbraucher gerade wünscht. Die Spannweite reicht vom Fruchteis bis zur Autofarbe.

6. Trend »Neue Ehrlichkeit«: »Es wird den kollektiven Tagtraum von einem ehrlichen, unverfälschten, sauberen Essen geben.« Vertreten wird diese Richtung besonders von der Slowfood-Bewegung und den biologisch-dynamischen Landwirten mit Selbstvermarktung. Die Industrie hat keine Angst davor, denn der Verbraucher wechselt in seinem Verhalten von einem Trend zum anderen, manchmal innerhalb von Minuten.

7. Trend »Brainfood«: »Ernährungsweise, die innere Bilder und Fantasien durch Nahrungsmittel stimuliert.« Heute werden unter Brainfood eher leistungssteigernde Nahrungsmittel und Substanzen verstanden. Bilder und Fantasien holt man sich bei Computerspielen, im Fernsehen oder in der Diskothek.

8. Trend »Neo-Rohkost«: »Verklärung von roher, unbearbeiteter Nahrung ... eine Art Anti-Veredelung durch High-Tech, eine künstlich erzeugte Natürlichkeit«. Dieser Trend ist nur eine Variante der »Neuen Ehrlichkeit.« In Japan zeigen Meisterköche ihr Können, indem der Fisch, dessen Häppchen auf dem Teller liegen, im Aquarium als Invalide vor dem Gast weiterschwimmt. Auch gibt es dort den Trend, Gemüse unter Reinraumbedingungen zu züchten. Man darf es nicht waschen, weil es sonst mit Keimen kontaminiert wird.

9. Trend »High-Tech-Natürlichkeit«: »Künstliche Aromen und künstliche Konservierungsstoffe werden für die Ernährung immer wichtiger werden.« Da immer mehr Menschen unabhängig von

Zeit und Ort jeden nur erdenklichen Genuss erleben möchten, ohne dass er zuviel kosten darf, werden heute alle erdenklichen Aromen erzeugt. Vom Krabbenaroma über Brathähnchenduft bis hin zur Rattenbouillon.

10. Trend »Pop-Essen«: »Essen als Teil der Abendunterhaltung.« Wenn Essen an interessanten Orten mit aufwendigem Rahmenprogramm zu einem eigenständigen Event wird, ist die Gastronomie schnell mit Convenience-Food zur Hand. Fertiggerichte finden nicht nur im Privathaushalt, sondern auch in der Gastronomie, speziell der Erlebnisgastronomie, immer mehr Anhänger. Aufwärmen, aufreißen, abschmecken und fantasievoll auf dem Teller dekorieren. Es schmeckt und sieht gut aus.

Wie ein Blick auf die Gegenwart zeigt, sind die meisten dieser Trends schon Alltag, zumindest dort, wo ein gewisser Wohlstand anzutreffen ist. Doch trotz der futuristischen Begriffe und der Veränderungen im Verbraucherverhalten hat sich an den Ernährungsgrundlagen nur wenig gewandelt.

Am Beginn eines jeden Nestlé-Produkts stehen Rohstoffe aus der Natur – daran wird sich auch in absehbarer Zukunft nichts ändern. Vielleicht werden tierische Produkte immer häufiger durch pflanzliche ersetzt, aber die Natur bleibt die einzige Quelle für Rohstoffe. Unter den buchstäblich Tausenden, die es gibt, sind Kaffee, Kakao, Milch, Soja und Getreide die wichtigsten. Über jeden einzelnen dieser Stoffe, seine Behandlung und Verwendung besitzt Nestlé umfassende Kenntnisse, die es während seines mehr als 130-jährigen Bestehens erworben hat. Sie ermöglichen es, diese Rohstoffe in immer attraktivere und dabei auch gesündere Produkte umzuwandeln, die auf die Geschmackswünsche des Verbrauchers eingehen, diese manchmal aber auch lenken oder vorwegnehmen, und so interessante neue Konzepte und Möglichkeiten schaffen.

In Zukunft kann der Verbraucher immer mehr Produkte mit positivem gesundheitlichem Effekt erwarten, ohne dass jedoch

Nahrungsmittel zu Arzneimitteln werden. Essgenuss und Convenience werden für Nestlé immer absoluten Vorrang haben. Wie die ersten probiotischen Produkte beweisen, schließen sich Essvergnügen und Gesundheit nicht aus, sondern ergänzen sich gegenseitig. Neue Produkte aus der F&E von Nestlé werden gesundheitsfördernde Wirkungen haben, und zwar in Bereichen wie Zuckerkrankheit (Diabetes), Knochenschwund (Osteoporose) und Übergewicht, Herz-Kreislauf-System, Hautbeschaffenheit und sogar Gehirnmetabolismus, da der Zusammenhang zwischen Ernährung und Gehirnleistung immer offensichtlicher wird.

Um die Ernährung einer zunehmenden Weltbevölkerung sicherzustellen, bedarf es ebenfalls weiterer intensiver Anstrengungen im Bereich Forschung und Entwicklung. Die technologischen Mittel, den Welthunger zu beseitigen, existieren nach Meinung von Nestlé schon heute, aber es gibt auch andere meinungsbildende Kräfte, die den Stand der Wissenschaft als noch nicht so weit fortgeschritten ansehen.

Die Qualität von Nahrungsmitteln und Getränken wird von staatlicher Seite nur vom Standpunkt der gesetzlichen Vorschriften und Handelsnormen oder unter hygienischen beziehungsweise volksgesundheitlichen Aspekten der Endprodukte betrachtet. Damit sind zumindest alle formalen Bedingungen von Qualität erfüllt. Allerdings wird sich allein damit kaum ein Nahrungsmittelunternehmen zufrieden geben. Deshalb beinhaltet die Qualitätsbeurteilung aus der Unternehmenssicht zahlreiche weitere Kriterien, die zur Zufriedenheit des Konsumenten beitragen.

Das sind:

- physiologische Aspekte wie Nährwert und andere gesundheitsfördernde Eigenschaften;
- Bequemlichkeit, Essvergnügen und Geselligkeit;
- mit den Sinnen wahrnehmbare Produkteigenschaften wie Geschmack, Konsistenz, Zusammensetzung, Farbe und Aussehen eines Produkts;
- Preis, Erschwinglichkeit sowie das Verhältnis von Preis zu Qualität.

Für den Konsumenten werden alle diese Kriterien unbewusst zu einer Checkliste, die, kombiniert mit seinen Gewohnheiten und Vorlieben, die persönliche Wahl beeinflussen. Die größte Schwierigkeit bei der Entwicklung eines neuen Produktes, das echten Verbraucherbedürfnissen und -wünschen entsprechen soll, besteht darin, dass man sich nicht ausschließlich auf einen oder zwei dieser Punkte konzentrieren kann, sondern alle Kriterien gleichzeitig berücksichtigen muss. Selbst das sicherste und nahrhafteste neue Produkt wird vom Konsumenten nur dann gekauft, wenn es rundum attraktiv ist. Abgesehen von Notsituationen trifft dieser Umstand nicht nur auf Überfluss-, sondern auch auf Mangelgesellschaften zu. Ungewohnte Nahrung wird nicht akzeptiert.

Die fünf Sinne und die genauen Kenntnisse der nationalen oder regionalen Besonderheiten spielen deshalb eine wichtige Rolle, wenn es darum geht, die Kundenbedürfnisse zu erfüllen und damit einen langfristigen Wettbewerbsvorteil zu erzielen und zu erhalten. Aus diesem Grund baute Nestlé seine Kompetenzen in der Grundlagenforschung und Verfahrenstechnologie stark aus, um den Aspekt der sensorischen Qualität für die gesamte Palette der Produkte zu optimieren.

Die ersten Laboratorien von Nestlé wurden hauptsächlich dazu eingerichtet, um im gesamten Produktionsprozess – von den Rohstoffen bis zu den Endprodukten – die Einhaltung strengster Qualitäts- und Sicherheitsnormen zu garantieren. Heute sind diese Kontrollen nicht nur bei Nestlé, sondern überall Standard. Trotzdem stehen die Konsumenten wegen einer Reihe von Vorfällen der industriellen Nahrungsfertigung kritisch gegenüber. Zu diesen Vorfällen gehören Verunreinigungen in Mehrwegflaschen, Erreger in Süßspeisen aus Großküchen, die unvorschriftsmäßige Aufbereitung von Frischei und selbst Würmer in Frischfisch oder an BSE erkrankte Rinder, was gar nichts oder nur am Rande mit der industriellen Nahrungsmittelherstellung und der Vermarktung im großen Stil zusammenhängt. Obwohl Lebensmittel heute sicherer sind denn je, was auch von allen offiziellen Stellen bestätigt wird –

unter anderem deshalb, weil die Analysemethoden innerhalb der vergangenen dreißig Jahre um ein Mehrfaches besser geworden sind – ist die Auffassung der Öffentlichkeit eine andere. Nestlé bemüht sich daher allein und auch in Zusammenarbeit mit Regierungen und Verbänden aktiv um eine wissenschaftlich korrekte Information der Öffentlichkeit. Jedoch nur mit geringem Erfolg.

Auch wenn Nestlé die benötigten pflanzlichen Rohstoffe nicht selbst anbaut, betrachtet sich das Unternehmen auch für deren gesamte Herstellung, vom Samen über die Düngung bis zur Ernte, Transport und Lagerung als verantwortlich. Das gilt entsprechend auch für die tierischen Produkte. Ein weltweites Netz lokaler, regionaler und internationaler Kontroll-Laboratorien stellt sicher, dass jegliches potenzielle Risiko sofort ausgeschaltet wird. Im Nestlé-Forschungszentrum arbeitet ungefähr ein Viertel der insgesamt 600 Mitarbeiter in der Abteilung für Qualitäts- und Sicherheitskontrolle, die mit allen Niederlassungen in ständigem Kontakt steht.

Die nach dem neuesten Stand der Technik eingerichteten Laboratorien arbeiten nach modernsten, international anerkannten Normen und Methoden. Die Leistungen des Unternehmens im Bereich der mikrobiellen und toxikologisch bedingten Nahrungsmittelsicherheit werden von international angesehenen, für Lebensmittelgesetzgebung zuständigen Behörden wie der amerikanischen Food and Drug Administration (FDA) anerkannt. Diese in vielen Jahren aufgebaute Glaubwürdigkeit spiegelt sich besonders im Nestlé-Qualitätssiegel wider. Jedes Problem und jeder auch nur noch so kleine Fehler hätte, über die Medien weltweit verbreitet, sofort Auswirkungen auf die Glaubwürdigkeit und Akzeptanz der überwiegenden Zahl der Produkte, die ja nahezu alle das Nestlé-Gütesiegel tragen. Deshalb ist es nicht nur ein universelles Qualitätsversprechen an die Kunden, sondern bindet auch das Unternehmen wesentlich stärker ein, als es bei nur national bekannten und unabhängig voneinander agierenden Marken der Fall wäre.

Functional Food für die Gesundheit

Auch in den hoch entwickelten Ländern wird der Mensch in Zukunft in erster Linie essen, weil er sich Energie zuführen muss, die er anschließend wieder verbrauchen kann. Sein Problem besteht allerdings nicht mehr darin, überhaupt etwas Essbares zu finden, sondern sich angesichts eines überquellenden Angebots zu entscheiden. Diese Entscheidung wird in Zukunft noch weitaus mehr als heute von zwei Aspekten getragen werden: zum einen davon, welches von allen Angeboten das beste ist, und zum anderen, welchen Vorteil bzw. zusätzlichen Komfort mir das Angebot meiner Wahl bietet. Die Entwicklungsachsen für Nahrungsmittel sind also Qualität und Komfort.

Ein wichtiges Element der Qualität und in Zukunft vielleicht das wichtigste wird die Gesundheit sein. Nicht etwa in dem Sinne, dass die Nahrungsmittel die Arzneimittel ersetzen, aber im Sinne der Prävention von Krankheiten. Wer richtig isst, wird seltener krank werden. Das hört sich in der Theorie ziemlich einfach an, gestaltet sich aber in der Praxis erheblich schwieriger. Für jeden Wirkstoff braucht man einen Träger. Diesen in der Nahrungspalette zu definieren, in seiner Menge zu quantifizieren und in seiner Chronologie zu prognostizieren, ist ein äußerst komplexes Unterfangen, das heute noch Schwierigkeiten bereitet.

Die Zufuhr von Nahrung unterscheidet sich ganz erheblich von der Zufuhr eines Medikaments. Ein Medikament nimmt man im Allgemeinen im Bewusstsein einer Krankheit. Es wird in den üblichen Darreichungsformen als Pille, Tablette, Kapsel oder Tropfen angeboten. Dazu gib es genaue Anleitungen: »Dreimal täglich eine halbe Tablette mit Wasser vor den Mahlzeiten«.

Ganz anders bei der Nahrung. Nestlé führt als Beispiel gern die Bitte von Dritte-Welt-Gruppen an, die bekannten Maggi-Würfel für den afrikanischen Markt mit zusätzlichen Mineralien und Vitaminen zu versetzen; Maggi-Würfel zählen dort zu den Grundnahrungsmitteln, und auf diese Weise ließen sich die Mangelerscheinungen in der Bevölkerung besser bekämpfen. Eine im Prinzip bestechenden Idee, die sich nach eingehender Prüfung durch Nestlé jedoch nicht in die Praxis umsetzen ließ.

Maggi-Würfel werden in Afrika zwar sehr häufig verwendet, aber nur als Würze, also in sehr geringer Dosierung. Sollte die Ergänzung mit Mineralien und Vitaminen Wirkung zeigen, müsste die Menge der zu konsumierenden Maggi-Würfel ganz erheblich erhöht werden. Das mag zwar den Umsatz steigern, wäre aber durch die dann zugeführten Salz- und Würzmengen für die Menschen schon wieder ungesund. Eine generelle Veränderung des Essverhaltens wäre sinnvoller als jede Art von Anreicherung der Maggi-Würfel, auch wenn sie noch so beliebt und gängig sind.

Es kommt also bei der Optimierung der Nahrung darauf an, die Wirkstoffe mit den geeigneten Trägern zu kombinieren. Zum Beispiel wäre Schokolade für eine präventive Ernährung als Träger sehr gut geeignet, doch ist eine »Süßigkeit« und ein vermeintlicher »Dickmacher« gerade in hoch entwickelten Ländern aus psychologischen Gründen ungeeignet. Der Empfehlung »täglich zwei Tafeln Schokolade« würde niemand auf Dauer ernsthaft folgen wollen.

Von entscheidender Bedeutung bei der Entwicklung von krankheitsvorbeugenden Nahrungsmitteln ist dennoch die richtige Auswahl der Träger und weniger die Bereitstellung von Wirkstoffen. Allerdings ist Nestlé in der glücklichen Lage, mit Joghurts, Milchpulver und Zerealien über Träger zu verfügen, die täglich genutzt werden. Es kommt in Zukunft nämlich weniger darauf an, wer die Wirkstoffe erfindet und herstellt, Pharma- oder Lebensmittelindustrie, sondern wer die Träger bietet, die der Verbraucher sich wünscht.

Schon heute ist die Palette »funktioneller« Lebensmittel verhältnismäßig groß: von isolierten Nährstoffen über Diätzusätze bis hin zu speziell konzipierten Lebensmitteln – wie probiotische Milchprodukte – gibt es für fast jeden Geldbeutel und viele Anwendungszwecke das geeignete Produkt. Dieser Trend zu mehr Gesundheit wird auch noch durch steigende Gesundheitskosten und die Überalterung der Bevölkerung unterstützt.

Die positive Wirkung einzelner Nahrungsmittelinhaltsstoffe auf den menschlichen Organismus wird durch eine ständig wachsende Anzahl von wissenschaftlichen Studien untersucht. Dabei lässt sich heute viel leichter eine Beziehung zwischen biochemischen Strukturen – die natürlicherweise in der Nahrung vorkommen – und deren Wirkung auf die Gesundheit herstellen.

Die Aufmerksamkeit für gesunde Produkte ist zwar groß, doch die Verwirrung ebenso. Für Konfusion sorgen bei den Verbrauchern an erster Stelle die neuen Begriffe – Designerfood, Pharmafood, Functional Food und Nutraceuticals. Während die ersten beiden Begriffe mehr für Produkte stehen, die sich an Kraftsportler oder Athleten wenden, sind die beiden anderen auch für den alltäglichen Einsatz interessant.

Unter *Functional Foods* versteht man allgemein Nahrungsmittel, »die durch Zugabe bestimmter Nährstoffe/Zutaten so modifiziert wurden, dass sie spezifischen gesundheitlichen Nutzen beziehungsweise Vorteile erbringen.«

In Japan, der Geburtsstätte des Functional Food, entwickelte man sogar eine noch genauere Definition: Functional Foods sind Nahrungsmittel (keine Kapseln, Tabletten oder Puder), die auf Inhaltsstoffen natürlichen Ursprungs basieren. Sie können und sollten als Teil der täglichen Nahrungszufuhr aufgenommen werden. Sie haben dabei eine definierte Funktion auf den Organismus:

- Verbesserung der Immunabwehrfunktionen,
- Vorbeugung spezifischer Krankheiten,
- Unterstützung bei der Genesung von bestimmten Krankheiten,
- Kontrolle von physischen und psychischen Beschwerden,
- Verlangsamung des Alterungsprozesses.

Bereits 1988 beschlossen in Japan ein Expertengremium und das Ministerium für Gesundheit und Wohlfahrt, Functional Food zu legalisieren. Heute sind in Japan etwa 350 Firmen mit einem Umsatz von derzeit 6 Milliarden DM in diesem Markt tätig. Dieser Erfolg beim Verbraucher ist für europäische Lebensmittelkonzerne noch Zukunftsmusik. Doch immer zahlreichere neue Produkte in diesem Segment weisen auch in diese Richtung.

Laut des japanischen Gesundheitsministeriums wirken Nutraceuticals – Nahrungsmittelinhaltsstoffe mit medizinischem oder gesundheitlichem Nutzen – positiv auf den Organismus. Es kann sich dabei um isolierte Nährstoffe, Diätzusätze oder genetisch entwickelte Designer-Nährstoffe handeln. Die Palette reicht von Ballaststoffen über Oligosaccharide, Zuckeralkohole, Aminosäuren, Peptide und Proteine, Glycoside, Alkohole, Isoprenoide und Vitamine, Choline, Milchsäurebakterien, Mineralien, ungesättigte Fettsäuren bis zu anderen wie Phytochemicals und Antioxidantien.

Ohne Zweifel besitzen einige der hier genannten Substanzen tatsächlich ernährungsphysiologisch wertvolle Eigenschaften für den Organismus. Ergänzend zur obigen Aufzählung lassen sich mehrfach ungesättigte Fettsäuren hinzufügen. Dabei stehen Fischöle besonders in der Diskussion. Verschiedene physiologische Funktionen können beispielsweise therapeutische Effekte auf Arteriosklerose und entzündliche chronische Erkrankungen haben. Mittlerweile sind beispielsweise die gesundheitsfördernden Eigenschaften der Ballaststoffe hinlänglich bekannt, so dass ich im folgenden nur einige der oben genannten Nutraceuticals näher erklären werde.

Zu den Phytochemicals, besser bekannt unter dem Begriff der sekundären Pflanzenstoffe, gehören alle chemischen Substanzen, die in Pflanzen natürlicherweise vorkommen. Allgemein werden unter diesem Begriff nur diejenigen mit biologischer Aktivität zusammengefasst wie Farbstoffe, Abwehrstoffe gegen Schädlinge und Krankheiten sowie Wachstumsregulatoren. Im Gegensatz zu Kohlenhydraten einschließlich Ballaststoffen, Proteinen und Fetten wirken die sekundären Pflanzenstoffe nicht im primären Stoffwechsel und haben auch keine Nährstoffwirkung für den Menschen. Die Stoffgruppen sind chemisch sehr unterschiedlich, kommen nur in geringen Mengen vor und üben pharmakologische Wirkungen aus. Mit einer gemischten Kost werden täglich etwa 1,5g sekundäre Pflanzenstoffe aufgenommen, die aus 5000 bis

10 000 verschiedenen Substanzen bestehen. Als spezifische Geruchs- und Geschmacksstoffe beeinflussen sie die Lebensmittelauswahl. Die gesundheitsfördernden Wirkungen von sekundären Pflanzenstoffen sind sehr vielfältig. Sie sind antikanzerogen, antioxidativ, immunmodulierend, Blutdruck regulierend, Blutglukose regulierend, antimikrobiell, antithrombotisch, entzündungshemmend, Cholesterin senkend und verdauungsfördernd.

Bereits Anfang des Jahrhunderts verkauften Apotheker fermentierte Milchprodukte, die die häufig aus mangelnder Hygiene auftretenden Darminfekte therapieren sollten. Heute gibt es neue gesundheitsfördernde Joghurts mit der Aufschrift »Probiotika«; häufig enthalten diese zusätzlich noch so genannte Prebiotika. Der Unterschied zwischen herkömmlichen und probiotischen Milchprodukten besteht darin, dass bei letzteren die Milchsäurebakterien nicht nur aus technologischen und geschmacklichen Gründen eingesetzt werden. Deshalb ist die Anzahl lebender Keime im Produkt erhöht, damit die Chance besteht, dass mehr von ihnen in den Darm gelangen.

Probiotika sind also oral zu verabreichende Zubereitungen mit lebenden Mikroorganismen, welche das Verhältnis der Mikroorganismen im Darm zueinander so beeinflussen, dass möglichst positive Effekte für den Organismus eintreten.

Prebiotika hingegen sind nicht verdauliche Bestandteile der Nahrung, die gezielt das Wachstum und/oder die Aktivität von einer oder mehreren Gruppen von Mikroorganismen im Dickdarm in einem Ausmaß steigern, dass daraus positive Effekte auf den Organismus resultieren. Fructooligosaccharide und Galaktooligosaccharide bewirken zum Beispiel eine signifikante Steigerung der Bifidumbakterienanzahl.

Die meist verwendeten Joghurtbakterienkulturen sind Lactobacillus bulgaricus und Streptococcus thermophilus. Zusätzlich werden bestimmten probiotischen Produkten Lactobacillus acidophilus beziehungsweise casei zugesetzt. Der entscheidende Unterschied: Einige Milchsäurebakterien gehen schon an der von ihnen selbst produzierten Milchsäure zugrunde, weil sie den niedrigen pH-Wert nicht vertragen. Andere Stämme hingegen sind durchaus säureresistent. Sie erreichen trotz des überaus sauren Milieus im Magen, der Gallensalze und der proteolytischen Enzyme im Dünndarm den Dickdarm. Grundvoraussetzung für eine probiotische Wirkung ist die Passage lebender Keime durch den Magen und den Dünndarm. Bei einigen Bakterien ist dieser »Übertritt« bewiesen.

Nicht nur Nestlé, sondern auch die Firmen Danone und Yakult setzen auf die alleinige Zugabe von probiotischen Milchsäurebakterien. Bei dem Produkt Yakult handelt sich im engen Sinne nicht um Joghurt. Der verwendete Lactobacillus casei Shirota ist sehr fettempfindlich; deshalb verwendet der Hersteller einen Ansatz auf Magermilchpulverbasis.

Die Kritiker der Nahrungsmittelindustrie sagten zunächst, dass sich die Werbeslogans zwar gut anhörten – »ein täglicher Beitrag für ihre Gesundheit« –, jedoch fehle noch eine lückenlose wissenschaftliche Beweisführung. Ob die probiotischen Joghurts wirklich ein absolutes Novum in Sachen gesunder Ernährung darstellen, sei fraglich. Von den bekannten Bifidobakterien erreichten maximal 30 Prozent den Dünndarm lebend, von den neuen Bakterien seien es lediglich bis zu 40 Prozent. Trotzdem ließen sich die Lebensmittelkonzerne die Markteinführung der »neuen« Produkte einiges kosten: 16 Millionen DM hat Nestlé beispielsweise in die Werbung für LC1 gesteckt.

Wenn diese Argumente auch heute noch von den Kritikern liebevoll gepflegt werden, dann nur deshalb, weil sie sich nicht darum bemüht haben, ihren Mangel an Informationen auszugleichen und ihren veralteten Kenntnisstand zu aktualisieren. Nestlé befindet sich zur Zeit in der Zwickmühle zwischen erforschten Fakten und öffentlichem Redeverbot. In Deutschland, aber auch in vielen anderen Ländern, wird vom Gesetzgeber scharf zwischen Nahrungsmitteln und Arzneiprodukten unterschieden. Deshalb darf ein Hersteller von Lebensmitteln keine konkreten Aussagen hinsichtlich des gesundheitlichen Nutzens seiner Produkte machen, selbst wenn dieser eindeutig wissenschaftlich bewiesen ist. Nur zu gern würde Nestlé mit einigen schlagkräftigen Argumenten an die Öffentlichkeit gehen, die aber nur zur Folge hätten, dass die Produkte dann nicht mehr im Lebensmittelhandel, sondern in der Apotheke verkauft werden müssten. Dass Nahrung nicht nur satt, sondern auch gesund macht, hatten die Gesetzgeber in dieser Form nicht vorausgesehen. Der Verbraucher kann deshalb immer häufiger davon ausgehen, dass sich hinter lahmen Werbesprüchen im Nahrungsbereich mehr Leistung verbirgt, als man erwartet.

Geschmack hat enge Grenzen

Globale Strategien und lokale Produkte gehören zusammen. Die meisten Menschen sind davon überzeugt, dass die Nahrung, die sie zu sich nehmen, die Art der Zubereitung und auch der Geschmack der eigentlich richtige sei und die Menschen in anderen Regionen der Welt sich nur aus Armut und Mangel mit anderen Speisen in einer anderen Zubereitung und mit einem anderen Geschmack ernähren. Das ist ein Irrtum; denn die Menschen glauben dies überall, und es gibt überall Delikatessen und bevorzugte Nahrungsmittel, die in anderen Weltregionen schlicht Ekel erregen würden, sollte man sie essen müssen.

In Westafrika ist zum Beispiel die Rattenbouillon ein sehr beliebtes Maggi-Produkt. Natürlich enthält diese Bouillon aus vielfältigen Gründen keine Ratten, aber sie hat den typischen, hoch geschätzten Rattengeschmack. Ratten sind eine Delikatesse, die nicht jeden Tag auf den Tisch kommt. Da Ratten nicht gezüchtet, sondern nur gejagt werden können, sind sie nicht immer und überall verfügbar, was bereits eine industrielle Verarbeitung erschweren würde. Es sprechen aber auch hygienische und gesundheitliche Aspekte dagegen. Da Ratte aber einen intensiven Wildgeschmack hat, den auch die Europäer schätzen, war es für Nestlé kein großes Problem, der Bouillon das spezielle Aroma zu verleihen.

Zu Affen- und Fledermausrezepten gehört in Afrika traditionell eine Bouillon mit Zwiebelaroma. Auch hier konnte Maggi ein entsprechendes Produkt anbieten, das sich am Markt als sehr erfolgreich erwies. Im Grunde genommen funktionieren die Bouillon-Märkte Afrikas nicht anders als die Märkte in Europa nach dem Zweiten Weltkrieg, nur mit dem Unterschied, dass die Geschmacksrichtungen etwas anders sind.

Nach dem Zweiten Weltkrieg gehörten Hühner in der deutschen Küche nicht zum Alltagsessen, sondern kamen allenfalls am Sonntag auf den Tisch, denn sie waren besonders teuer. Entsprechend stark war auch die Nachfrage nach Hühnerbouillon, der preiswerten Variante dieser Delikatesse. Dann begann die Hühnerzucht im Rahmen der Massentierhaltung, und die Preise für Hühnerfleisch sanken, aber auch die Wertschätzung. Heute hat die Rindsbouillon in Deutschland und in der Schweiz die Hühnerbouillon von ihrem bevorzugten Platz verdrängt.

Anders ist es in Osteuropa und Russland. Diese Märkte sind heute Hühnerbouillon-Märkte. In der Ukraine sind Hühner zum Beispiel verhältnismäßig teuer, weil es dort noch keine professionelle Hühnerzucht gibt. Aber nicht jede Bouillon gleicht der anderen, und nicht überall wird die Bouillon auf die gleiche Weise verzehrt.

In Südamerika wird Bouillon zum Beispiel beim Kochen von Reis eingesetzt. Damit der Reis schön hell bleibt, muss auch die Bouillon klar sein. Und wenn in Europa in einer Bouillon kleine Petersilienstückchen schwimmen müssen, so sind sie in Südamerika völlig fehl am Platz, denn sie würden den Reis aussehen lassen, als sei er verunreinigt.

Der Geschmack Zentraleuropas stößt weltweit keineswegs auf große Zustimmung. Ganz im Gegenteil, auch wenn dies die europäischen Verfechter einer regionalen Küche nicht gern hören. Geschmack ist zwar ein ganz wesentliches kulturelles Element, aber keines, das sich nach den Kriterien »richtig oder falsch« bewerten lässt.

Wenn eine Nestlé-Niederlassung den jeweiligen Erwartungen nicht entspricht, wird sie auf ihren Produkten sitzen bleiben. Aber es ist nicht der Geschmack allein. Auch die Zubereitung des Essens und die eingesetzten Rohmaterialien unterscheiden sich weltweit zum Teil erheblich. Natürlich existiert auch in Asien keine einheitliche Geschmacksrichtung und insofern ist das Adaptionscenter in Singapur für sehr vielfältige Kundenwünsche zuständig.

In den jeweiligen Märkten gibt es sogenannte Applikationsgruppen, die für eine rasche Anpassung der Produktion an veränderte Bedingungen, beispielsweise andere Rohmaterialien, zuständig sind. Ihre Arbeit dient auch dazu, auf veränderte Marktsituationen reagieren zu können, wenn etwa ein Wettbewerber erfolgreich mit einer anderen Geschmacksnuance am Markt auftritt oder vor Ort neue Verpackungsmaterialien verfügbar geworden sind.

Oft sind es aber auch nur scheinbar kleine Details, die korrigiert werden müssen, wenn zum Beispiel Tomatenflocken aus einem neuen Anbaugebiet bezogen werden und der Verarbeitungsprozess den speziellen Eigenschaften dieses Rohmaterials angepasst werden muss. Eine andere Aufgabe der Applikationsgruppen liegt in der so genannten Line Extension, also der Ausweitung und Anpassung der Produktpalette an örtliche Gegebenheiten. Dabei ändert sich nichts an der grundsätzlichen Herstellung, sondern eher etwas in der generellen Produktausstattung. So muss zum Beispiel ein Pfannkuchen in Österreich anders beschaffen sein als in Deutschland. Allein im Food-Bereich kommen ungefähr 10 000 verschiedene Ingredenzien zum Einsatz, aus denen rund 20 000 verschiedene Produkte kombiniert und hergestellt werden.

Fritz Wieshofer, Leiter des Strategischen Geschäftsbereichs Food, ist der festen Überzeugung, dass sich Konsumgewohnheiten nicht verändern lassen. Sie unterliegen zwar einem Wandel, aber der ist kaum zu steuern. Die Chancen von Nestlé liegen darin, dem Verbraucher neue Produkte oder veränderte Produkte anzubieten, die Entscheidung wird aber vom Verbraucher getroffen.

Wieshofer und sein Team sind unter anderem dafür verantwortlich, die Kernkompetenzen in ihrem jeweiligen Bereich zu bewahren und auf dem aktuellen Stand zu halten. Das heißt auch, der Forschung die Richtung anzugeben. Außerdem müssen sie den

Niederlassungen bei der Lösung von Personalproblemen behilflich sein, denn sie kennen in ihrem Bereich weltweit alle Nestlé-Spezialisten. Auch bei Investitionen werden die Strategischen Geschäftseinheiten beratend hinzugezogen.

Die Gleichschaltung des europäischen Geschmacks findet nicht statt. Nicht einmal in Europa oder in der Europäischen Gemeinschaft lässt sich eine Vereinheitlichung der Nahrungsmittel feststellen, wie Robert Raeber, Generaldirektor für die Zone Europa, mir in einem Gespräch veranschaulichte.

Die Konsumgewohnheiten der Menschen in Europa wachsen zwar in kleinen, ausgewählten Bereichen zusammen, sind aber bei näherer Betrachtung längst nicht so einheitlich, wie immer behauptet wird. Insbesondere Produkte, die nicht aus einer spezifischen kulturellen Tradition kommen, können überall Fuß fassen: McDonald's schmeckt den Menschen überall (oder auch nicht) ebenso wie Coca-Cola. Aber schon beim Kaffee gibt es Unterschiede. Es gibt keinen einheitlichen europäischen Kaffeegeschmack. Während in Mittelmeerländern stark gerösteter Kaffee mit kräftigem Körper bevorzugt wird, liebt der Deutsche einen schwächer gerösteten, milden, leicht säuerlichen Kaffee. Bestimmte kulinarische Produkte wie zum Beispiel Pizza Margarita gehören auch zu den Spezialitäten, die weite Verbreitung gefunden haben, andere Pizzen werden dem jeweiligen Geschmack angepasst. In Deutschland isst man laut Raeber übrigens dreimal so viel Pizza wie in Italien.

Aber die Unterschiede überwiegen. Für Tomatensuppen gibt es zum Beispiel kein europäisches Standardrezept. In Frankreich liebt man gebundene Suppen, in Deutschland Brühen mit kleinen Stükken darin.

Auch weiterhin wird es starke regionale Küchen geben, die sich zum Teil sogar noch weiter auseinander entwickeln, meint Raeber. Regionale Spezialitäten entwickeln sich nach seiner Beobachtung sehr gut. Hier sieht er für mittlere Hersteller, die Nischenprodukte anbieten, echte Chancen, auch im größer gewordenen Europa.

Nestlé verkauft in Europa 4000 Einzelprodukte, davon sind aber nur weniger als einhundert in den verschiedenen Ländern total identisch. In Westeuropa ist lediglich der Schokoladengeschmack ziemlich gleich. After Eight, Smarties und Lions Schokoriegel schmecken allen. Aber selbst die Haustiere haben teilweise schon regionale Geschmackspräferenzen, obgleich immer behauptet wird, dass Petfood den Hunden und Katzen rund um den Globus immer gleich gut schmecken würde.

Auch bei Zerealien gibt es Unterschiede, da in bestimmten Ländern bestimmte Cornflakes-Spezialitäten bevorzugt werden. Und wer glaubt, dass Babynahrung und Babymilch auf einen untrainierten Gaumen stoßen würde, der irrt. Denn nicht die Kinder entscheiden, was gekauft wird, sondern die Mütter. Und wenn sie die Babynahrung probieren, möchten sie den für sie typischen Geschmack wiederfinden. Deshalb gibt es auch beim Karottenbrei unterschiedliche Rezepte; in Frankreich bevorzugt man zum Beispiel mehr Salz als in anderen Ländern. Nahrung muss also nicht nur gesund sein, sondern immer auch dem antrainierten Geschmack entsprechen. Sie muss möglichst so schmecken, wie man es aus der Kinderstube kennt, »wie bei Muttern«.

Vor allem im Bereich der kulinarischen Produkte gibt es große Unterschiede. Maggiwürze ist ein typisches regionales Produkt. In Frankreich gibt es eine regelrechte Maggiwürze-Grenze, die in Lothringen verläuft. Maggiwürze wird in Deutschland, der Schweiz und Österreich verwendet, aber auch in Polen, Tschechien und der Slowakei. Dort sind früher Maggifabriken gewesen, und Maggi hat sich über Generationen hinweg als ein ganz traditionelles Speisegewürz gehalten. Die Maggigrenze in Lothringen zeigt, wie sehr Tradition die Essgewohnheiten bestimmt. In den ehemals deutschen Gebieten wird immer noch Maggi gekauft, während manchmal ein paar Kilometer weiter in einem französischen Ort Maggi nie zu den akzeptierten Würzen zählen wird.

Auch die scheinbar so simplen Suppen-Brühwürfel müssen ganz speziellen nationalen Anforderungen genügen. In Osteuropa erwartet man, dass eine Geflügelbrühe dunkel ist, in Westeuropa muss sie hingegen goldig hell sein. Das Auge isst eben mit. Selbst bei Produkten wie Mayonnaisen gibt es erhebliche Unterschiede. Die Thomys-Mayonnaise in Deutschland ist leicht süßlich, die in der Schweiz säuerlich.

Zu den neuen Produkten, die wieder sämtliche Geschmacksgrenzen überwinden können, gehört zum Beispiel der LC1 GO Drink. Beim Joghurt scheiden sich allerdings die Geister schon wieder. Je nach örtlicher Tradition muss er stichfest wie in Deutschland sein oder gerührt wie in Frankreich.

Russische Schokolade ist ein ganz eigenes Thema. Sie muss dunkel und leicht bitter sein. Milchschokolade mit zartem Schmelz wird nicht als Qualitätsprodukt akzeptiert. In Russland ist man auch stolz auf die eigenen Marken. Deshalb hat Nestlé diese alten Marken belassen; allerdings wird die Schokolade inzwischen in modernen, an westlichen Standards orientierten Fabriken mit qualitativ hochwertigen Inhaltsstoffen produziert. Aber der Geschmack ist geblieben. Ebenfalls kaum bekannt ist, dass die Russen zu den größten Eiskremkonsumenten der Welt zählen, und Nestlé ist Marktführer auf dem russischen Markt.

Der Nestlé-Konzern ist nach Märkten organisiert und passt sich in der Ausstattung seiner Produkte jeweils den entsprechenden Märkten an, betont Raeber. Verantwortlich ist der Marktchef, der seine Konsumenten kennen muss und dafür zu sorgen hat, dass ihnen die richtigen Produkte angeboten werden.

Die These, dass der Geschmack durch die Globalisierung und durch die globalen Aktivitäten von Unternehmen wie Nestlé weltweit gleichgeschaltet wird, hat sich demnach nicht bewahrheitet. Trotzdem diagnostizieren die Kritiker der Industrie bei Kindern in Europa eine Verarmung der sensorischen Wahrnehmung unterschiedlicher Geschmacksrichtungen und -differenzierungen. Liegt das an der Industrie oder am Verbraucher selbst, der nicht mehr gezwungen ist, eine Nahrung zu sich zu nehmen, die ihm nicht schmeckt, nur weil er hungrig ist?

Geschmack ist ein äußerst komplexes Phänomen. Was als wohlschmeckend empfunden wird und was nicht, hat seine Wurzeln zunächst einmal im örtlichen Nahrungsangebot. Eskimos lebten monatelang nur von Fleisch, weil im Polarwinter keine Pflanzen wuchsen. Bestimmend für die Geschmacksorientierung sind weiterhin die Tradition, die Kultur und natürlich auch die Religion. Dies alles bündelt sich in der Erziehung, in bestimmten familiären Verhaltensweisen und in guten oder schlechten Angewohnheiten. Hinzu kommen noch individuelle physiologische Komponenten wie Allergien, aber auch psychologische. Wer einmal selbst gesehen hat, wie mit einem Rinderkopf Aale »geangelt« werden – Günter Grass hat es in seinem Buch *Die Blechtrommel* sehr ausführlich beschrieben –, wird vielleicht keinen Appetit mehr auf diese Fische haben. Außerdem verändert sich der Geschmack eines Menschen im Laufe seines Lebens, und auch die Geschmackswahrnehmungen von Männern und Frauen sind unterschiedlich, weil der Geschmack nämlich nach Möglichkeit die Versorgung des Körpers mit den richtigen Nahrungsmittelkombinationen steuern soll.

Was wo weshalb an Nahrungsmitteln gekauft und verzehrt wird, unterliegt also nur sehr bedingt dem Einfluss der Industrie und erst recht nicht dem Einfluss eines einzelnen Unternehmens. Allerdings beeinflussen sich Angebot und Nachfrage gegenseitig. Dabei wird das Angebot einerseits immer breiter, weil der Mensch Abwechslung liebt und auch die Küche dem internationalen Lebensstil folgt, andererseits bleiben die regionalen Vorlieben auch in den Variationen erhalten. Pizzas schmecken in Deutschland anders als in Italien und die chinesische Küche dürfte ihre traditionelle Vielfalt auf dem deutschen Mittagstisch auch weitgehend eingebüßt haben.

Weltweit sind die unterschiedlichsten Geschmacksvariationen und -orientierungen natürlich durchaus noch vorhanden. Nur würden deutsche Kinder ein japanisches Luxusfrühstück mit kaltem Reis, Essiggemüse und rohem Fisch nicht als sonderlich appetitlich empfinden, obgleich sie dabei sicher ihre Geschmacksnerven gut trainieren könnten. Nicht die Nestlé-Zentrale in der Schweiz bestimmt, was schmeckt und konsumiert wird, sondern der Verbraucher vor Ort, den Nestlé mit einem breiten Netzwerk von Niederlassungen und einem höchst variantenreichen Angebot für sich gewinnen muss. Wenn der Konsument einseitiger und einfallsloser isst, als es sich manche Food-Päpste wünschen, sollten diese die Ursachen nicht bei der Industrie suchen. Die Ernährung spiegelt nur die gesellschaftlichen Verhältnisse und Entwicklungen wider. Dass man diese durch eine Veränderung der Ernährung auch verändern kann, möchte ich nicht ausschließen. Warten wir ab, was die Zukunft bringt.

7 | Macht durch Nahrung?

»Macht ist eine mystische Geschichte«, sagte Helmut Maucher in unserem Gespräch.

»In bestimmten Bereichen hat jemand wie ich oder auch ein Unternehmen wie Nestlé Macht. Allerdings existiert in der Wirtschaft auch die beste Form von Machtverteilung, das ist der Wettbewerb. Im Wettbewerb wird jeden Tag die Macht neu verteilt. Deshalb sind auch die Kartellgesetze richtig, denn sie nehmen nicht die Größe an sich zum Maßstab, sondern die Marktanteile, so dass keine monopolistischen Strukturen entstehen können. Macht muss begrenzt werden, einerseits eben durch den Wettbewerb und andererseits durch verbindliche Regeln, dazu gehören Anti-Trust- und Wettbewerbsgesetze.Wenn die Wettbewerbsgesetzgebung richtig funktioniert, haben wir immer und auf allen Gebieten Konkurrenten und können nicht tun, was wir wollen, sondern müssen Rücksicht nehmen, auf den Handel ebenso wie auf die Wettbewerber. Wir müssen also um den Konsumenten, über den wir keine Macht haben, kämpfen.

Wir versuchen deshalb schon Macht in einer bestimmten Form aufzubauen, indem wir Markenpräferenzen fördern und Marktpositionen besetzen, um darüber einen Einfluss auf das Marktgeschehen zu gewinnen, den nicht jeder jeden Tag wegwischen kann. Weil wir Marken haben und Konsumpräferenzen, also einen gewissen Nachfragesog, der nicht von einem Tag auf den anderen verschwindet, verfügen wir in einem durch den Wettbewerb und die Wettbewerbsgesetzgebung begrenzten Rahmen über Marktmacht. Dann gibt es die interne Macht. Ein Chef hat da natürlich Macht. In dem Sinne, dass viele Leute von ihm in irgendeiner Form abhängen, ob sie befördert werden, ob sie das gewünschte

Gehalt bekommen, und insofern ist das eine Machtausübung. Aber auch die hat Grenzen. Erstens haben wir Gewerkschaften und Betriebsräte sowie ein öffentliches Umfeld, die alle sofort kritisch reagieren würden, wenn da ungerechtfertigte Dinge laufen. Und zweitens, jeder Chef hat Kollegen. Obwohl ich formell gegen alle hätte entscheiden können, konnte ich auf lange Sicht doch nur im Konsens leben. Denn wenn meine Kollegen nicht zustimmten, nicht eine ähnliche Politik verfolgten, nicht mit mir einverstanden gewesen wären, dann wäre ich irgendwo aufgelaufen. Ob ich formell die Macht habe oder nicht. Also kann ich nicht andauernd gegen alle entscheiden. Aber immerhin treffe ich doch viele Entscheidungen, ob nun der eine genommen wird oder der andere, ob jemand versetzt wird oder Karriere macht, aber das funktioniert nur so lange, wie ich im Prinzip Sachen tue, die rechtens sind. Wenn es nicht mehr rechtens ist, verliere ich meine Macht und meine Autorität, weil die Mitarbeiter und Kollegen dann meine Entscheidungen nicht mehr verstehen.

Von manchen Seiten wird uns vorgeworfen, dass wir die ganze Welt regieren und die Politiker in der Hand hätten. Das stimmt nun überhaupt nicht. Wenn das der Fall wäre, dass wir die Welt regierten, dann würde sie sicher anders aussehen. Wir haben die verschiedensten politischen und wirtschaftlichen Systeme, die für uns Rahmenbedingungen darstellen, innerhalb derer wir in Malaysia, auf den Philippinen, in Deutschland und in Frankreich oder sonst irgendwo arbeiten. Wenn wir die Macht hätten, das zu ändern, wären die Bedingungen doch überall viel ähnlicher. Als Wähler zählen wir relativ wenig, wir sind nicht die Massen. Also, ob jemand die Wahl gewinnt oder nicht, hängt nicht davon ab, ob der Maucher ihm zustimmt oder nicht. Auch das ist eben begrenzt. Viele andere Leute haben da mehr Macht, ob das die Kirchen, die Gewerkschaften oder die Konsumenten an sich sind, das sind Massen, nach denen ein Politiker sich ausrichten muss, denn er muss deren Stimmen gewinnen.

Ich habe natürlich Möglichkeiten, die andere Menschen nicht haben. Es gibt wenige Leute auf der Welt, die mir die Bitte um ein

Gespräch abschlagen würden. Wenn ich in ein Land komme und der Präsident oder der Regierungschef nicht gerade abwesend ist, habe ich gute Chancen, dass er mich empfängt, wenn ich ihn darum bitte. Das heißt, ich habe die Möglichkeit, im Gespräch den entscheidenden Leuten etwas zu erklären, ihnen meinen Standpunkt darzulegen und sie vielleicht zu beeinflussen. Aber er braucht dem nicht zu folgen. Weil er nach anderen, politischen Gesichtpunkten entscheidet. Aber wenn ich ein guter Kommunikator bin und mein Gesprächspartner das Gefühl hat, das, was der Maucher sagt, ist nicht so dumm und es ist eigentlich etwas, was ich berücksichtigen sollte, dann habe ich einen Einfluss ausgeübt. Diese Art von Macht ist eigentlich keine Macht, aber es ist eine Möglichkeit, wichtige politische Führer gedanklich zu beeinflussen, weil er mir zunächst einmal zuhört. Aber sonst müssen wir überall den politischen Rahmen akzeptieren. Natürlich können wir auch über Verbände in wirtschaftspolitische Debatten eingreifen wie andere Institutionen auch. Ich habe schon zu vielen Fragen Stellung genommen, und keineswegs immer mit Erfolg. Man denke nur an mein Fiasko in der Gentechnologie. Ich habe mit diesem Thema auch zum Teil provoziert, meine eigenen Leute haben gezittert, weil ich so frech gewesen bin. Die haben Angst gehabt um ihre Umsätze. Ich habe gesagt, das muss sein, irgendeiner muss das Eis brechen, und es ist auch gebrochen. Ich habe versucht, verschiedene Gebiete zu erwähnen, auf denen ich Einfluss ausüben kann, wo ich die Möglichkeit habe, angehört zu werden, und wo ich, hauptsächlich intern, gewisse Macht habe, obwohl ich die nicht gegen alle anderen ausüben kann, denn das funktioniert in keinem Unternehmen.

Man muss sich immer bewusst sein, dass die Aufrechterhaltung des Wettbewerbs das wichtigste Mittel gegen Machtkonzentration ist. Unkontrollierbare Macht entsteht überall da, wo Kritik ausgeschaltet ist, wo Monopole entstehen, wo es nur eine Partei gibt, wo die Führung nicht demokratisch gewählt wird, wo also verschiedene Gewalten in einer Hand liegen oder die Gewaltenkontrolle nicht funktioniert. Verbunden mit menschlicher Arroganz hat das immer zu Katastrophen geführt. Jede Macht braucht Kontrolle.

Es heißt ja, dass wir durch die Globalisierung mehr Macht bekommen hätten. Das ist ein Märchen. Wir haben mehr Möglichkeiten, Geschäfte auf der ganzen Welt zu betreiben, weil der Handel freier geworden ist, weil Schutzzölle weggefallen sind, weil die Eigentums- und Besitzrechte in den verschiedenen Staaten stärker beachtet werden, weil alle miteinander vernetzt sind. Es ist heute eher möglich, auch dort Wirtschaft zu betreiben, wo es vor zwanzig Jahren noch kompliziert war. Wir konnten damals in fast keinem asiatischen Staat die Mehrheit an einer Nestlé-Gesellschaft besitzen. Wir mussten bei jedem Detail zahllose Bürokraten fragen, was übrigens eine der besten Methoden war, die Korruption zu fördern. Sobald man keine Gesetze hat, sondern von Fall zu Fall entscheidet, nimmt die Korruption automatisch exponentiell zu.«

Es entwickelte sich dann folgender Dialog. Auf meine Frage: »Könnte man Sie nicht so interpretieren, dass Sie Macht durch Nahrung haben, weil Sie durch Ihre Produkte im Grunde ganz pragmatische Grundlagen dafür schaffen, dass sich der Entfaltung der Menschenrechte, wo auch immer, Entwicklungsmöglichkeiten bieten?«, antwortete Helmut Maucher:

»Das sind positive Beiträge, mit denen wir Wesentliches gestalten, aber es ist keine Macht.«

»Doch, Sie haben die Macht, auf diese Weise etwas zu beeinflussen. Sie haben die Macht, diese Grundlagen zu schaffen.«

»Ja, aber das führt zu keiner Machtausübung über diese Leute, es führt durch unser Gestalten nur zu einer Verbesserung der Lebensbedingungen für die Menschheit.«

»Es liegt an Ihnen oder an Ihrem Geschick, wie Sie die Grundlagen dafür schaffen, dass die Leute gestalten können, und das ist doch eine positive Form. Macht ist doch nicht unbedingt etwas Negatives.«

»Ja, das gibt ein positives Gefühl. Wir freuen uns, wenn wir derartige Beiträge leisten können, aber das kann nicht nur Nestlé machen, das kann Unilever machen, das kann jedes Unternehmen auf irgendeinem Sektor machen.«

»Andere tun es vielleicht nicht in dem Maße. Unternehmen, die zum Beispiel ihr Geld damit verdienen, dass sie Panzer oder andere Waffen verkaufen, die leisten keinen Beitrag zur menschlichen Entwicklung.«

»Das ist sicher richtig. Man muss den Begriff Macht genau definieren. Ich möchte es einmal so sagen, wir können die Entwicklung der Menschheit positiv beeinflussen. Ob das allerdings Macht ist oder nicht, das ist eine Frage der Definition.«

Nachwort

Wenn ich das, was ich über Nestlé erfahren habe, mit dem vergleiche, was ich über andere große Konzerne weiß, erkenne ich zwei wesentliche Differenzierungspunkte:

- die Quellen der wirtschaftlichen Macht und
- die Motive der Menschen, die sie ausüben.

In der Nahrungsindustrie ist man seit jeher auf den Markt angewiesen. Niemand muss bestimmte Produkte der Nahrungsindustrie und erst recht nicht einer bestimmten Marke kaufen, denn es gibt – mit Ausnahme von Übergangszeiten von wenigen Jahren in sich entwickelnden Märkten – genügend Alternativen. Man kauft Nestlé-Produkte, weil man sie will. Es ist der Markt, der dem Unternehmen die Macht verleiht und sie ihm auch wieder entziehen kann. Das ist nicht in allen Wirtschaftsbereichen so.

Entspringt die Macht zum Beispiel dem Besitz und der Verfügung über knappe Güter, über Rohstoffe, Grund und Boden oder Energieträger wie Erdöl, dann werden sich die Strategien zur Erhaltung und Sicherung der Unternehmensmacht nicht am Markt orientieren und sich erheblich von den Strategien Nestlés unterscheiden. Viele Monopolunternehmen zum Beispiel in den Bereichen Post und Telekommunikation sind heute noch dabei, zu lernen, was es heißt, nicht den Markt zu bestimmen, sondern vom Markt bestimmt zu werden. Das gleiche gilt auch für Quasimonopole wie die Energieerzeuger oder auch die Stahlindustrie.

Bei all diesen Unternehmen stand nie der Mensch im Mittelpunkt des Interesses; nicht der Kunde, sondern das knappe Gut selbst zählte und die Macht, die man damit ausüben konnte. So haben sich die Unternehmen auch verhalten, menschenverachtend wäre zu viel gesagt, aber missachtend trifft es schon. Manche, die ein bisschen langsamer lernen, verhalten sich heute noch so. Ideenarm, stur und arrogant, zwischen den Vorständen und Managern solcher Unternehmen und dem Rest der Welt klafft immer noch ein riesiger Abgrund.

Auch die Banken beziehen ihre Macht nicht aus dem Markt, sondern aus der Verfügungsgewalt über den eigenen und den Besitz anderer. Auf sie trifft sinngemäß das zu, was Viviane Forrester über den Terror der Ökonomie sagt:

»Die Minderheit, die Kapital und Macht besitzt, braucht die Mehrheit nicht mehr, um den eigenen Wohlstand zu vermehren. Arbeitnehmer sind ein überflüssiger Kostenfaktor. Die Börse ist zu einer Spielbank geworden. Es geht nicht mehr um Werte, sondern nur noch um Wetten. Eine Wertschöpfung aus materiellen Gütern findet kaum noch statt. Virtuelle Werte werden auf surrealen Märkten gehandelt. Es gibt keine wirkliche Produktivität, es werden keine realen Güter produziert, und doch werden immer größere Profite gemacht.«

Auch das ist bei Nestlé anders. Die Märkte sind ebenso real wie die Produkte. Niemand sollte also mit gutem Gewissen alle großen Unternehmen ohne jede Differenzierung in einen Topf werfen und pauschal verdammen. Wer nicht differenziert, leugnet die Wirklichkeit.

Aber fast noch wichtiger als die Quellen der Macht sind für mich die Motive der Menschen eines Unternehmens. Ich bin der Überzeugung, dass diejenigen, die heute in aller Welt die Spitzenpositionen bei Nestlé besetzen, einen Auswahlprozess durchgemacht haben, der sich nicht nur auf die fachliche, sondern auch auf die menschliche Qualifikation richtete. Das dürfte ausreichend belegt worden sein. In anderen Unternehmen, mit anderen Produkten, anderen Führungsstrukturen oder mit wenigen Großaktionären als alles bestimmende »Eigentümer« ist es oft anders, zumindest meines Wissens. Solange Nestlé im Geiste der von Helmut Maucher und Peter Brabeck verabschiedeten Management- und Führungsprinzipien arbeitet, wird niemand Angst vor der Macht durch Nahrung zu haben brauchen.

Anhang

Die grundlegenden Management- und Führungsprinzipien von Nestlé

Bei diesem Dokument handelt es sich um einen nüchternen und pragmatischen Versuch, einige Gedanken über die Management- und Führungsprinzipien von Nestlé zu Papier zu bringen. Diese sollten überall dort Anwendung finden, wo die Nestlé-Gruppe ihre Aktivitäten entfaltet. Es handelt sich keinesfalls um ein ›mission statement‹.

In ihrer langen Entwicklung vom kleinen, lokalen Betrieb zur weltweit führenden Nahrungsmittelgesellschaft hat Nestlé die beneidenswerte Fähigkeit gezeigt, sich einem ständig sich wandelnden Umfeld anzupassen, ohne dabei ihre Grundprinzipien und ihr zentrales Wertsystem einzubüßen, die für den langfristigen Erfolg so wichtig sind. Im Verlaufe der letzten Jahre hat Nestlé diese Fähigkeit nicht nur beibehalten, sondern traditionelle Werte wurden wieder gefestigt und weiter verstärkt.
Heute – und mehr noch in der Zukunft – wird der Wandel einen noch merklicheren Einfluss darauf ausüben, wie wir unser Geschäft betreiben. Eine komplexe und dezentralisierte Organisation wie Nestlé muss einen hohen Grad von Flexibilität und Schnelligkeit beibehalten, um sich diesen neuen Realitäten anzupassen und dabei ihre globale Wettbewerbsfähigkeit zu erhöhen, ohne gleichzeitig die Kohärenz mit den hier niedergelegten, mehr langfristigen Werten und Prinzipien zu verlieren.
Die wachsende Anzahl von Mitarbeitern, die rund um die Welt zu unserem Unternehmen stoßen, macht es sehr wichtig, dass dieses Dokument in seiner Gesamtheit verstanden und von den leitenden Mitarbeitern auf allen Stufen unserer Organisation angewendet wird. Es ersetzt auch das früher eingeführte Konzept von ›Management Commitment/Employee Involvement‹.

Wir weisen Sie schließlich besonders auf den letzten Absatz dieser Prinzipien hin. Er lautet: ›Abgesehen von beruflicher Tüchtigkeit und Erfahrung, stellen die Fähigkeit und der Wille, diese Prinzipien anzuwenden, die wichtigsten Kriterien für eine Beförderung dar – und nicht der Pass oder die ethnische oder nationale Herkunft einer Person!‹

unterzeichnet von
(H. Maucher) (P. Brabeck)

1. Allgemeine Prinzipien
Nestlé richtet sich mehr auf Menschen und Produkte aus als auf Systeme. Systeme sind notwendig und nützlich, dürfen aber niemals zum Selbstzweck werden;
Nestlé will im Interesse seiner Aktionäre Werte vermehren. Das Unternehmen zielt jedoch nicht auf eine kurzfristige Maximierung von Gewinn und Aktienwert auf Kosten einer erfolgreichen langfristigen Unternehmensentwicklung ab. Nestlé ist sich jedoch der Notwendigkeit bewusst, jedes Jahr einen ordentlichen Gewinn zu erzielen;
Nestlé strebt ein möglichst großes Maß an Dezentralisierung an, ist sich aber bewusst, dass die Festlegung der grundlegenden Unternehmenspolitik und der Strategie sowie die Notwendigkeit einer konzernweiten Koordination und Managemententwicklung dieser Dezentralisierung Grenzen setzen;
Nestlé verfolgt das Ziel, eine kontinuierliche Verbesserung seiner Geschäftstätigkeit zu erreichen, um nach Möglichkeit einschneidende Sofortmaßnahmen und abrupten Wandel zu vermeiden.

2. Organisatorische Prinzipien
Nestlé befürwortet:
flache Strukturen mit wenigen Hierarchie-Ebenen und breiten Kontrollspannen, unter Einschluss von Projektteams und Arbeitsgruppen. »Networking« und horizontale Kommunikation werden gefördert, ohne aber die Entscheidungsstrukturen zu verwischen. Diese Prinzipien zielen darauf ab, Organisationsstruktur und Arbeitsmethoden flexibler und

effizienter zu gestalten, ohne die grundlegende Hierarchie zu untergraben (nach dem Prinzip: so viel Hierarchie wie nötig, so wenig wie möglich);
klare Verantwortungsebenen in der Managementstruktur. Wir vermeiden zu zahlreiche hierarchische Ebenen und beschränken die Stabsarbeit auf jene Aufgaben, die zur Unterstützung der Linienverantwortlichen notwendig sind;
eine klare Festlegung der Linien- und Funktionszuständigkeiten sowie ihrer gegenseitigen Abhängigkeiten. Um operationelle Geschwindigkeit und Verantwortung zu gewährleisten, räumt Nestlé der Linienverantwortung ein leichtes Übergewicht gegenüber den ebenso wichtigen Funktionsstrukturen ein. Wenn nun ein Linien-Entscheid gegen den Antrag einer Funktion ausfällt, diese aber gewichtige Einwände hat, so besprechen die beiden Parteien das Problem oder unterbreiten es der nächsthöheren Ebene, wenn keine Lösung gefunden wird;
auf jeder Stufe der Organisation ein Team mit Spitze und nicht ein Team als Spitze (Teamarbeit mit verantwortlicher Leitung).

3. Das Wertschöpfungs-Führungskonzept von Nestlé
Die Angehörigen des Nestlé-Managements geben auf allen Ebenen der stetigen betrieblichen Wertschöpfung gegenüber der Ausübung formaler Autorität den Vorzug. Sie delegieren alles, was delegiert werden kann, ohne dabei jedoch ihre eigene Verantwortung aufzugeben.

4. Eigenschaften und Merkmale eines Nestlé-Managers
Je höher Position und Verantwortung eines Nestlé-Managers, desto wichtiger werden neben Berufsausbildung, Fähigkeiten und praktischer Erfahrung die folgenden Auswahlkriterien für Führungspersönlichkeiten:

- Mut, Nerven, Gelassenheit und die Fähigkeit, mit Stress umzugehen
- Lernfähigkeit, Sensibilität für Neues und Einfühlungsvermögen
- Kommunikationsfähigkeit und Fähigkeit zur Motivation und Förderung von Mitarbeitern
- Fähigkeit zur Schaffung eines innovativen Klimas
- Denken in Zusammenhängen

- Glaubwürdigkeit: mit anderen Worten »tun, was man predigt«
- Bereitschaft, Änderungen zu akzeptieren und Fähigkeit, den Wandel zu steuern
- internationale Erfahrung und Verständnis für andere Kulturen.
- Darüber hinaus: breit angelegte Interessen, eine gute Allgemeinbildung, verantwortungsbewusstes Verhalten und Auftreten sowie eine solide Gesundheit.

5. Das Nestlé-Konzept der Einbeziehung der Mitarbeiter

Die Einbeziehung der Nestlé-Mitarbeiter aller Stufen beginnt mit einer angemessenen Information und Kommunikation über die allgemeinen Unternehmensaktivitäten und über die spezifischen Aspekte ihrer Tätigkeit.

Alle Änderungen und möglichen Verbesserungen sollten besprochen und erläutert werden. Die Mitarbeiter sollen dazu aufgefordert werden, ihre eigenen Ideen in den Prozess einzubringen. Dies trägt zur Motivation der Nestlé-Belegschaft bei, schafft mehr Arbeitszufriedenheit und leistet einen Beitrag zur persönlichen Entwicklung bei gleichzeitiger Verbesserung der Ergebnisse des Unternehmens.

Nestlé misst Fortbildung und Entwicklung der Mitarbeiter große Bedeutung bei; das Unternehmen ist sich jedoch der Tatsache bewusst, dass die Auswahl der geeigneten Personen sehr wichtig ist und Effektivität und Ergebnis der Schulungsmaßnahmen wesentlich steigert.

6. Grundlagen der Nestlé-Kultur

Starke Ausrichtung auf Qualitätsprodukte und Markenartikel

Henri Nestlé war ein deutscher Unternehmer und Apotheker, der in Vevey in der Schweiz lebte. Da ihn die hohe Kindersterblichkeit jener Zeit beschäftigte, entwickelte er auf der Basis wissenschaftlicher Erkenntnisse ein revolutionäres Produkt mit Namen »Farine Lactée Nestlé« (»Nestlé-Kindermehl«), das dazu beigetragen hat, das Leben vieler Kinder auf der ganzen Welt zu retten.

Seit dieser Zeit haben Produktqualität, Innovation und starke Marken Priorität für Nestlé. Bereits ganz zu Anfang entschied sich Nestlé für sein Familienwappen, das Nest, als Markenzeichen des Unternehmens.

Respekt für andere Kulturen und Traditionen

Von seiner Gründung an entwickelte Nestlé seine Geschäftstätigkeit auf internationaler Ebene. Dies war zum Teil auf den Unternehmensgeist von Henri Nestlé zurückzuführen, aber auch auf die Tatsache, dass die Schweiz im Hinblick auf eine Nutzung der erforderlichen Größenvorteile einen zu kleinen Markt darstellte. Desgleichen war sich Nestlé immer schon der Tatsache bewusst, dass Nahrungsmittel eine enge Bindung zu den lokalen Essgewohnheiten und zu den sozialen Gebräuchen des jeweiligen Landes aufweisen müssen.

Deshalb zeigt Nestlé seit jeher Respekt für die Kulturen und Traditionen aller Länder, in denen das Unternehmen seine Produkte vertreibt. Das Unternehmen versucht, sich so weit wie möglich an die Sitten und Gebräuche der verschiedenen Länder, in denen es tätig ist, anzupassen. Nestlé akzeptiert daher kulturelle und soziale Unterschiede und ist gegen jede auf ethnischen, religiösen oder anderen Gründen beruhende Diskriminierung.

Darüber hinaus vertritt Nestlé die Auffassung, dass ihre Geschäftstätigkeit langfristig nur dann vorteilhaft sein kann, wenn sie gleichzeitig für das jeweilige Land von Nutzen ist. Auf einen kurzen Nenner gebracht heißt dies: globales Denken und globale Strategien, aber lokales Handeln und lokales Engagement.

Die wichtigsten Elemente der allgemeinen Nestlé-Kultur, die überall eingehalten werden müssen

Abgesehen von der internationalen Einstellung und der Achtung der Verschiedenartigkeit, ist Nestlé einer Reihe von grundlegenden kulturellen Werten verpflichtet. Diese Werte, die teilweise auf den Schweizer Ursprung des Unternehmens zurückgehen, wurden im Laufe seiner langen Geschichte weiterentwickelt; sie haben sich als sinnvoll und angemessen erwiesen und lassen sich wie folgt zusammenfassen:

- ein eher pragmatisches als dogmatisches Vorgehen bei der Geschäftstätigkeit;
- eine realistische Einstellung und Entscheidungen, die auf Tatsachen, nicht auf Träumen oder Illusionen beruhen;
- Arbeitsethik, Integrität, Ehrlichkeit und Qualität;

- auf Vertrauen basierende Beziehungen, wobei gegenseitige Aufrichtigkeit erwartet wird und Intrigen abgelehnt werden;
- eine persönliche, direkte Art des Umgangs mit dem Anderen, so dass bürokratische Verfahren auf ein Mindestmaß reduziert werden können;
- die Mitarbeiter von Nestlé geben nicht an, sind sich aber ihres Wertes sowie des positiven Image ihres Unternehmens bewusst. Sie sind prinzipiell bescheiden, haben jedoch Stil und einen Sinn für Qualität;
- die Mitarbeiter von Nestlé sind für dynamische und zukunftsorientierte Trends auf den Gebieten Technologie, Änderungen der Verbrauchergewohnheiten sowie Geschäftsideen und -möglichkeiten offen, wahren jedoch die Achtung für grundlegende menschliche Werte, Einstellungen und Verhaltensweisen. Nestlé hat gegenüber kurzfristigen Modeerscheinungen und selbsternannten »Gurus« eine skeptische Einstellung.

Nestlé – ein menschliches Unternehmen

Nestlé ist davon überzeugt, dass seine Mitarbeiter das wertvollste Kapital des Unternehmens sind. Dies kommt in der Einstellung und im Verantwortungsbewusstsein des Unternehmens gegenüber den Mitarbeitern zum Ausdruck.

Nestlé ist kein anonymes Unternehmen, das seine Produkte an anonyme Verbraucher vertreibt. Es ist ein menschliches Unternehmen, das sich bemüht, den Bedürfnissen der einzelnen Menschen auf der ganzen Welt gerecht zu werden.

7. Engagement des Managements

Die Angehörigen des Nestlé-Managements auf allen Ebenen zeigen ein starkes Engagement für das Unternehmen, seine Weiterentwicklung, seine Kultur und die oben beschriebenen Führungsprinzipien.

Abgesehen von beruflicher Tüchtigkeit und Erfahrung, stellen die Fähigkeit und der Wille, diese Prinzipien anzuwenden, die wichtigsten Kriterien für eine Beförderung dar – und nicht der Pass oder die ethnische oder nationale Herkunft einer Person!

Danksagung

An allererster Stelle möchte ich meiner Frau Ruth danken. Sie hat an der Entstehung dieses Buches den gleichen Anteil wie ich. Wir haben gemeinsam recherchiert, Interviews geführt und geschrieben. Dass ihr Name nicht auf dem Titel steht, sondern meiner, hat nichts mit der Leistung, sondern etwas mit den Gesetzen des Marktes zu tun.

Dann danke ich besonders Helmut Maucher und Peter Brabeck-Letmathe. Sie haben entschieden, uns die Türen Nestlés zu öffnen. François Perroud hat alles getan, was in seiner Kraft stand, um uns die Materialien bei Nestlé zu beschaffen, die wir brauchten, und uns den Weg zu unseren zahlreichen Ansprechpartnern zu bahnen. Er hat uns aber auch auf Themen und Fragestellungen aufmerksam gemacht, die wir sonst vielleicht übersehen hätten.

Weiter gilt mein Dank Juan B. Santos und seinem Team auf den Philippinen. Sie haben uns mit großer Offenheit und Freundlichkeit empfangen und uns in jeder Weise geholfen, auch wenn wir sicher manchmal eine Belastung waren. Außerdem haben sie unbemerkt stets für unsere Sicherheit gesorgt, was wir nachträglich besonders zu schätzen wissen.

Wir danken Frau Lilia Bautista, Frau Ludivina Y. Garces-Holst und Frau Alice Sanz de la Gente für die informativen Gespräche.

Zwei Personen sollten ebenfalls nicht unerwähnt bleiben, Gabriele Kühn, die für die Übersetzungen aus dem Englischen zuständig war, und Thomas Montasser, dem es zu verdanken ist, dass dieses Buch bei der Deutschen Verlags-Anstalt überhaupt erscheint. Mein Verleger, Jürgen Horbach, gab mir zum Ende meiner Arbeit einige entscheidende Ratschläge, während Michael Neher die Startphase begleitete. Die meiste Mühe hatte sicher Stefan Bollmann, mein Lektor, der mit mir gemeinsam das Manuskript bis zur endgültigen Fassung durcharbeitete.

Quellenverzeichnis

Die Interviews mit folgenden Gesprächspartnern wurden zum Teil in wörtlicher Rede wiedergegeben:

Helmut O. Maucher
Peter Brabeck-Lethmathe
Franciso Castaner
Rober Raeber
Rupert Gasser
Carlos E. Represas
Frank Cella
Juan B. Santos
Andrea Pfeifer
Fritz Wieshofer
François-Xavier Perroud

Bücher

Bergmann, Karin: *Industriell gefertigte Lebensmittel. Hoher Wert und schlechtes Image?* Berlin Heidelberg 1999.

Birus, Thomas: *Was macht die Tiefkühlpizza knusprig? Die wundersamen Zutaten der modernen Küche.* Frankfurt 2000.

Bolz, Norbert: *Die Wirtschaft des Unsichtbaren. Spiritualität – Kommunikation – Design – Wissen: Die Produktivkräfte des 21. Jahrhunderts.* München 1999.

Breidenbach, Joana/Zukrigl, Ina: *Tanz der Kulturen. Kulturelle Identität in einer globalisierten Welt.* München 1998.

Council of Environmental Quality (Hrsg.): *Global 2000. Der Bericht an den Präsidenten.* Frankfurt 1980.

Diamond, Jared: Arm und Reich. *Die Schicksale menschlicher Gesellschaften.* Frankfurt 1999.

Epping, Bernhard: *Geheime Rezepte. Wie die Gentechnik unser Essen verändert.* Stuttgart 1997.

Fiddes, Nick: *Fleisch. Symbol der Macht.* Frankfurt 1998.

Der Fischer Weltalmanach. Zahlen, Daten, Fakten 2000. Frankfurt 1999.

Forrester, Viviane: *Der Terror der Ökonomie.* Wien 1997.

Fuchs, Richard: *Functional Food. Medikamente in Lebensmitteln. Chancen und Risiken.* Berlin 1999.

Gabler Wirtschafts-Lexikon. Wiesbaden 1988.

Gerken, Gerd/Konitzer, Michael A.: *Trends Zweitausendundfünfzehn.* München 1995.

Grimm, Hans-Ulrich: *Die Suppe lügt. Die schöne neue Welt des Essens.* Stuttgart 1998.

Ders.: *Aus Teufels Topf. Die neuen Risiken beim Essen.* Stuttgart 1999.

Hauchler, Ingomar u.a. (Hrsg.): *Globale Trends 1998. Fakten, Analysen, Prognosen.* Frankfurt 1997.

Harris, Marvin: *Wohlgeschmack und Widerwillen. Die Rätsel der Nahrungstabus.* Stuttgart 1990.

Heer, Jean: *Nestlé hundertfünfundzwanzig Jahre von 1866 bis 1991.* Vevey 1991.

Herles, Wolfgang: *Die Machtspieler. Hinter den Kulissen großer Konzerne.* Düsseldorf und München 1998.

Hilgers, Arnold/Hoffmann, Inge: *Gesund oder krank. Das Immunsystem entscheidet.* Berlin Heidelberg 1995.

Dr. Hoffmann, Inge/Dr. Hilgers, Arnold: *Fitmacher fürs Immunsystem. Abwehrschwächen erkennen und bekämpfen, Vitalstoffe, die das Immunsystem stärken und vor Krankheiten schützen.* München 1997.

Hofstede, Geert: *Lokales Denken, globales Handeln. Kulturen, Zusammenarbeit und Management.* München 1997.

Imug – Institut für Markt-Umwelt-Gesellschaft (Hrsg.) u.a.: *Der Unternehmenstester.* Reinbek 1999.

König, Johann-Günther: *Alle Macht den Konzernen. Das neue Europa im Griff der Lobbyisten.* Reinbek 1999.

Kurz, Robert: *Schwarzbuch Kapitalismus. Ein Abgesang auf die Marktwirtschaft*. Frankfurt am Main 1999.

Von Laffert, Simone: *Was darf ich noch essen? Auswege aus der Ernährungsmisere*. Bergisch Gladbach 1997.

Landes, David: *Wohlstand und Armut der Nationen. Warum die einen reich und die anderen arm sind*. Berlin 1991.

Langbein, Kurt/Mühlberger, Manfred/Skalnik, Christian: *Kursbuch Lebensqualität. Die Umwelt schonen, Geld sparen und angenehm leben. Entscheidungshilfen für den Alltag*. Ohne Ort 1995.

Martin, Hans-Peter/Schumann, Harald: *Die Globalisierungsfalle. Der Angriff auf Demokratie und Wohlstand*. Reinbek 1997.

Maucher, Helmut: *Marketing ist Chefsache*. Düsseldorf 1993.

v. Paczensky, Gert/Dünnebier, Anna: *Leere Töpfe, volle Töpfe. Die Kulturgeschichte des Essens und Trinkens*. München 1994.

Pendergrast, Mark: *Für Gott, Vaterland und Coca-Cola. Die unautorisierte Geschichte der Coca-Cola-Company*. München 1997.

Ders.: *Uncommon Grounds. The History of Coffee and How It Transformed Our World*. New York 1999.

Pollmer, Udo u.a.: *Prost Mahlzeit! Krank durch gesunde Ernährung*. Köln 1996.

Ders. u.a.: *Vorsicht Geschmack. Was ist drin in Lebensmitteln*. Stuttgart Leipzig 1998.

Popp, Fritz-Albert: *Die Botschaft der Nahrung*. Frankfurt 1999.

Reich, Robert B.: *Die neue Weltwirtschaft. Das Ende der nationalen Ökonomie*. Frankfurt 1997.

Reinecke, Ingrid/Thorbrietz, Petra: *Lügen, Lobbies, Lebensmittel. Wer bestimmt, was Sie essen müssen*. Reinbek 1998.

Tomasko, Robert M.: *Aufbruch zu neuer Größe. Fünf Wege zu einer starken Marktposition*. Düsseldorf 1997.

Trauffer, Regula: *Manger en Chine. Essen in China*. Vevey 1997.

UNDP: *Bericht über die menschliche Entwicklung 1999*. Bonn 1999.

Verbraucher-Zentrale Nordrhein-Westfalen e.V. (Hrsg.): *Bio-Kost oder Hightech-Food? Moderne Lebensmittel und gesunde Ernährung*. Düsseldorf 2000.

Worldwatch Institute: *Report zur Lage der Welt 1999. Daten für das Überleben unseres Planeten*. Frankfurt 1999.
Ders.: Overfed and Underfed: *The Global Epidemic of Malnutrition*. Washington 2000.

Diverse Ausgaben von Zeitungen und Zeitschriften

Financial Times Deutschland,
Focus,
Frankfurter Allgemeine Zeitung,
Managermagazin,
Der Spiegel,
Stern,
Tageszeitung,
Wirtschaftswoche.

Aus dem Internet

Datenbank *Genios*
Suchmaschine *fireball*
Suchmaschine *paperball*
Deutsche Presse Agentur (dpa)

Weiteres Material

Geschäftsberichte und Broschüren von Nestlé
Diverse Reden und interne Unterlagen von Nestlé